★ Diese Geschichte ist erfunden. Ähnlichkeiten mit realen Personen, Gruppen oder Ereignissen sind zufällig und nicht beabsichtigt.

Ich habe mein Leben für 10.000 Yen pro Jahr verkauft

3

SUGARU MIAKI STORY × ZEICHNUNGEN SHOUICHI TAGUCHI

Mediaworks Bunko „3 Tage Glück"
Character Design: E9L – Shouichi Taguchi

Inhalt

Ich habe mein Leben für 10.000 Yen pro Jahr verkauft

3

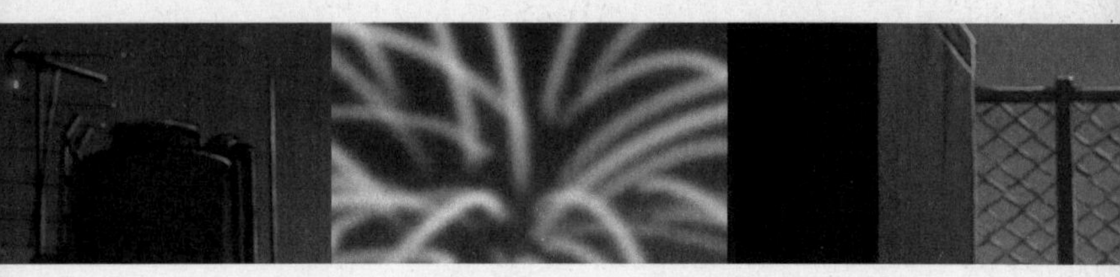

Kapitel 12

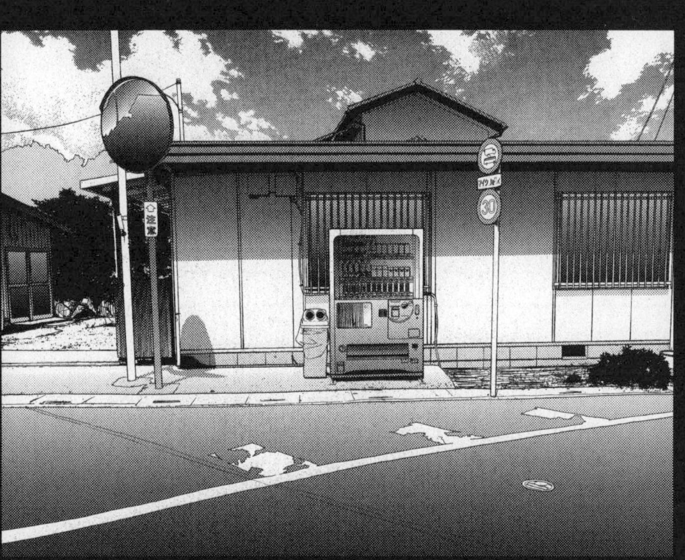

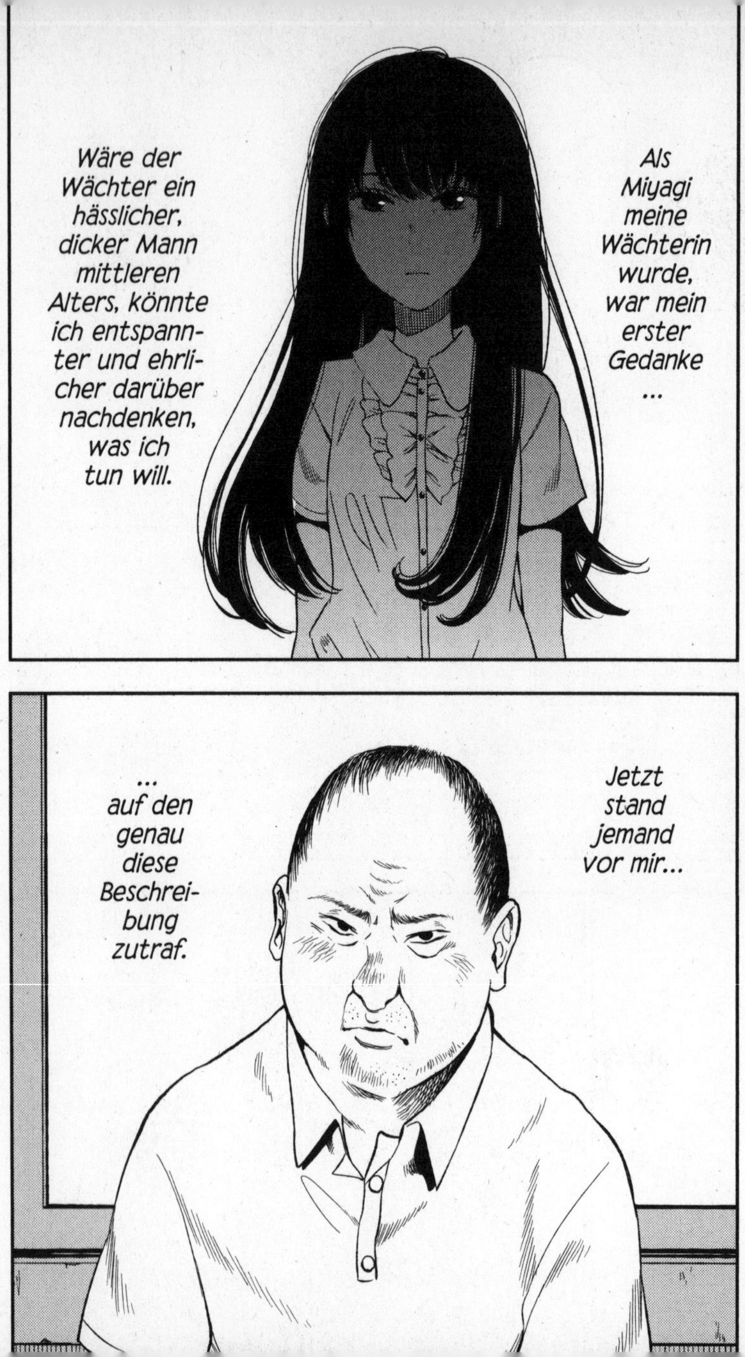

Als Miyagi meine Wächterin wurde, war mein erster Gedanke ...

Wäre der Wächter ein hässlicher, dicker Mann mittleren Alters, könnte ich entspannter und ehrlicher darüber nachdenken, was ich tun will.

Jetzt stand jemand vor mir...

... auf den genau diese Beschreibung zutraf.

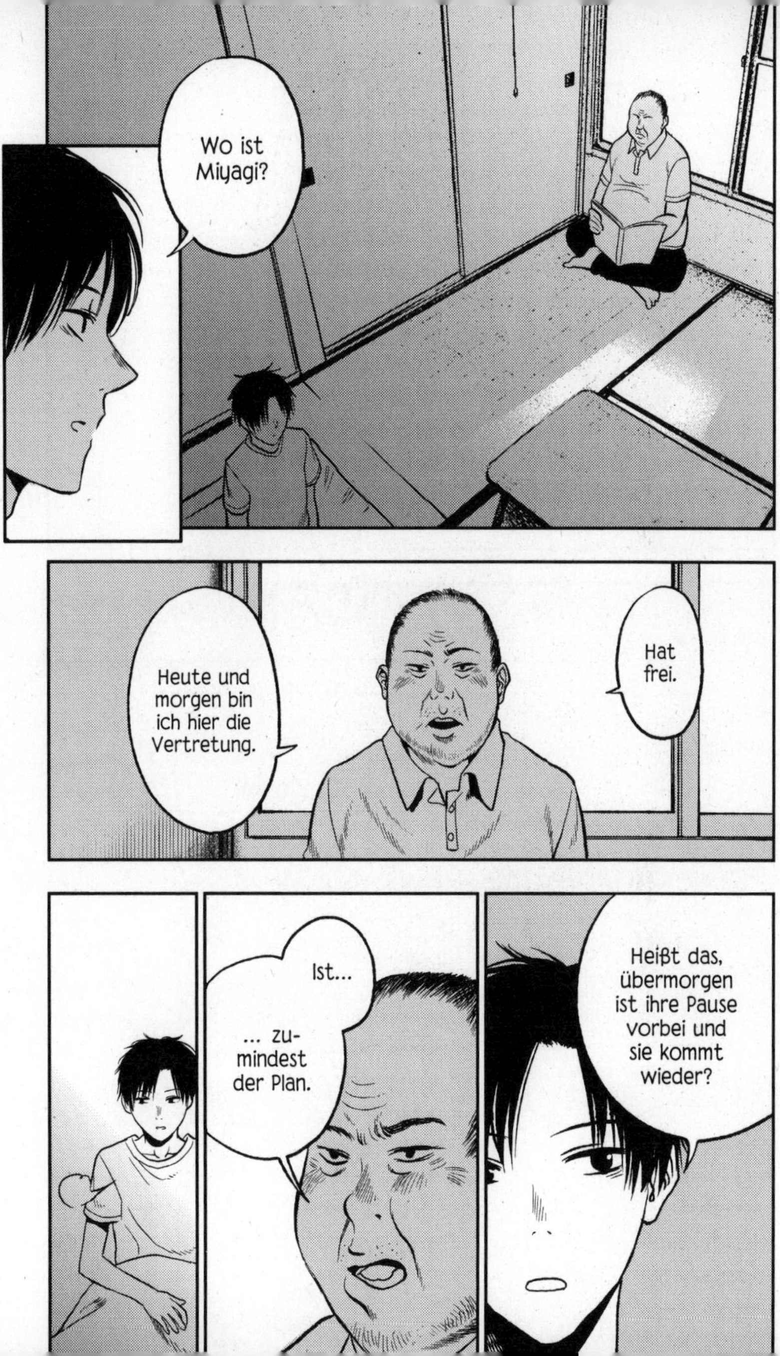

Wo ist Miyagi?

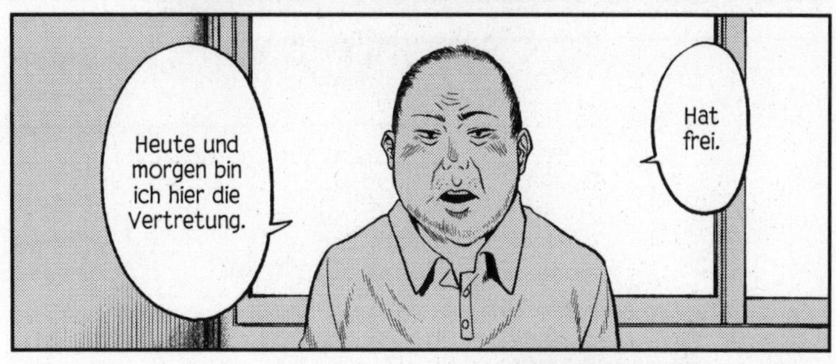

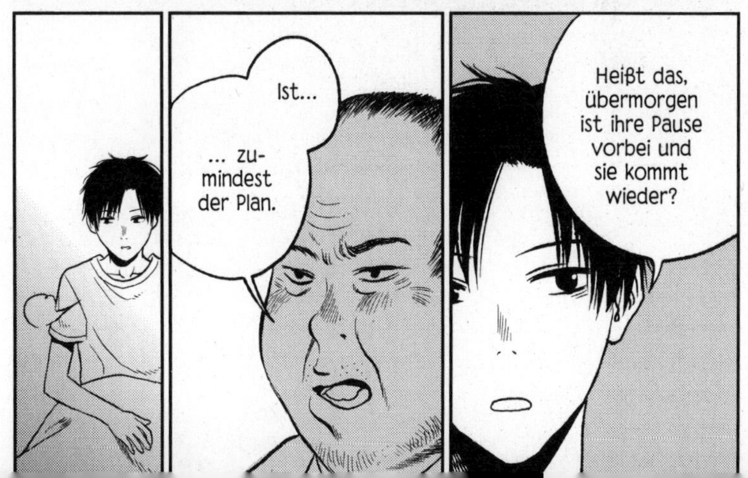

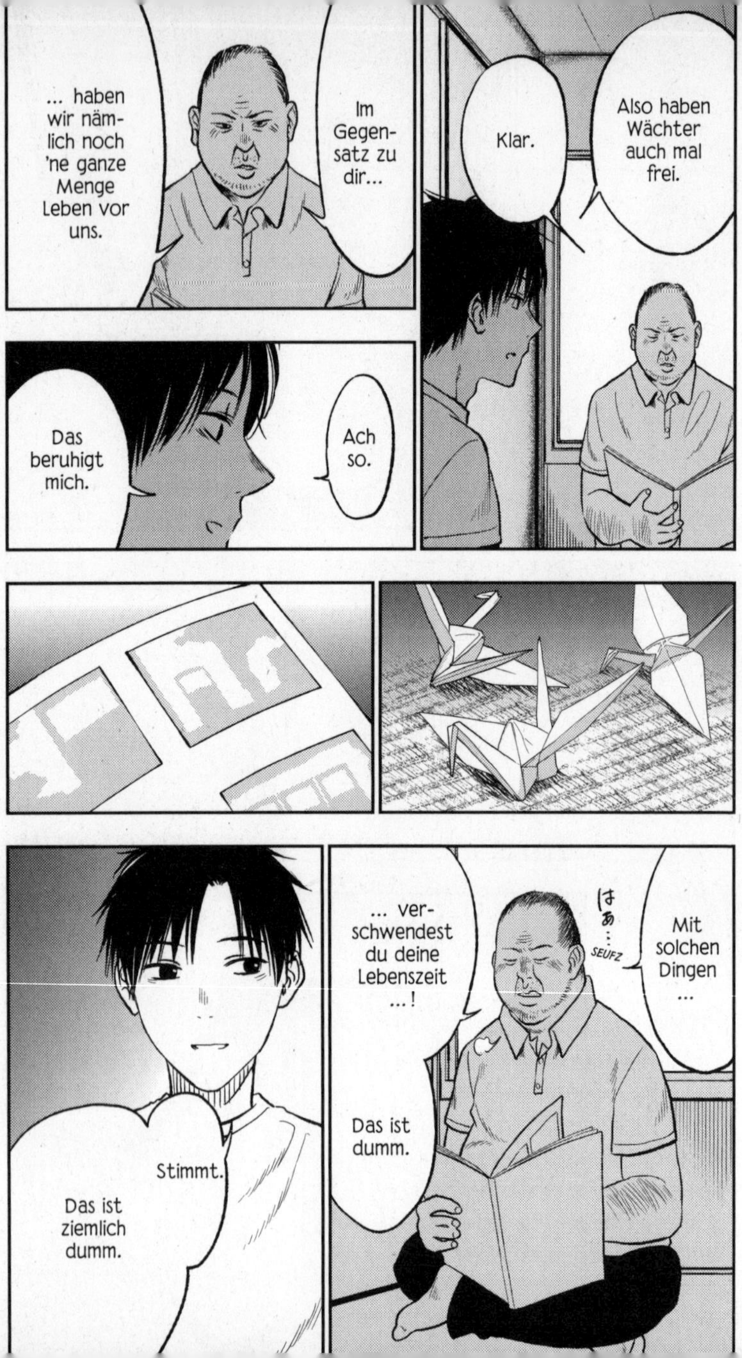

Also haben Wächter auch mal frei.

Klar.

Im Gegensatz zu dir...

... haben wir nämlich noch 'ne ganze Menge Leben vor uns.

Ach so.

Das beruhigt mich.

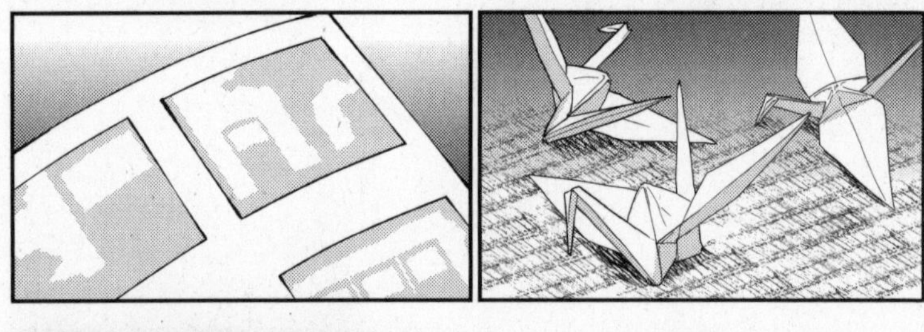

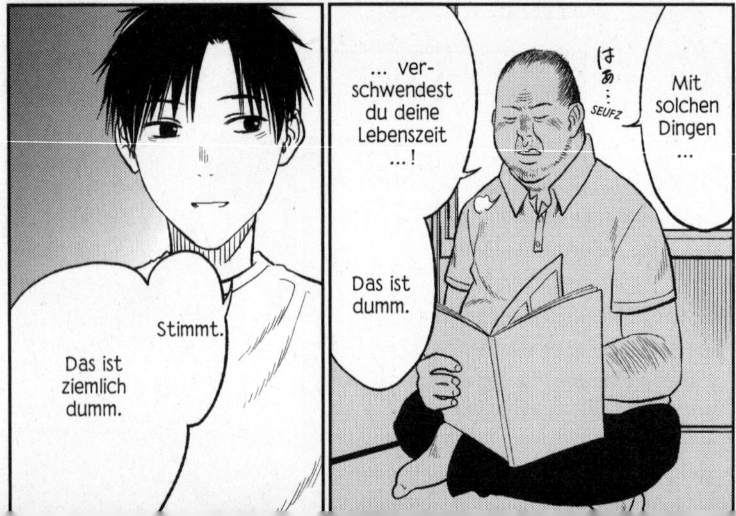

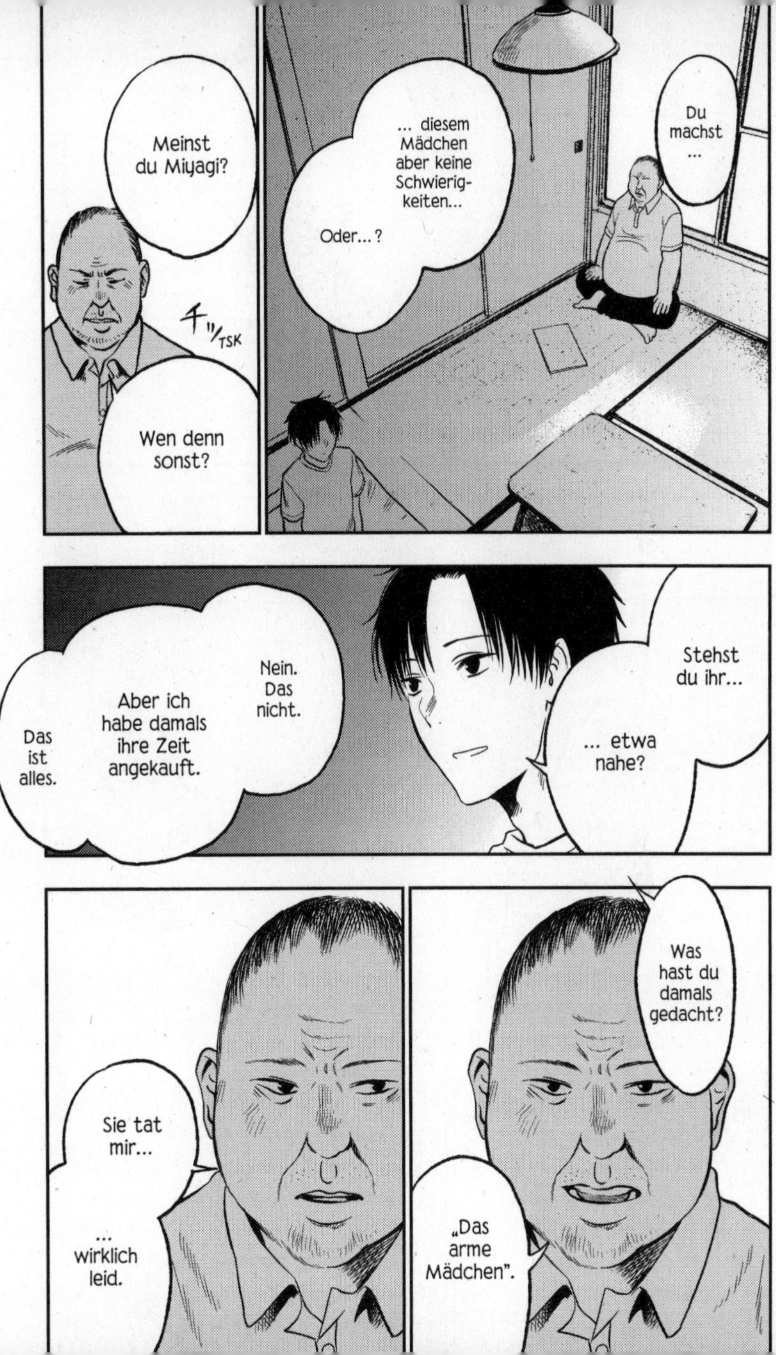

Du machst ...
... diesem Mädchen aber keine Schwierigkeiten...
Oder...?
Meinst du Miyagi?
チッ/TSK
Wen denn sonst?

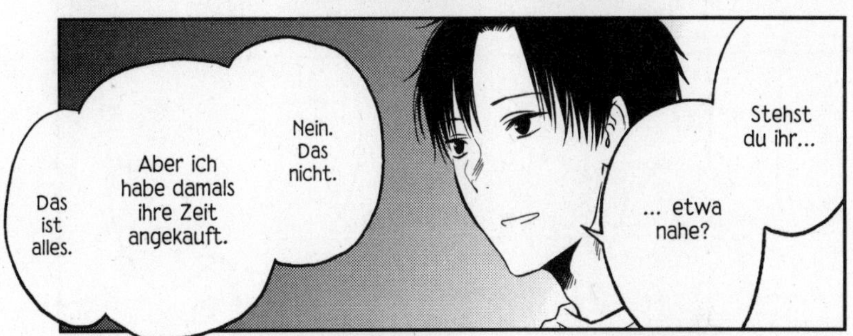

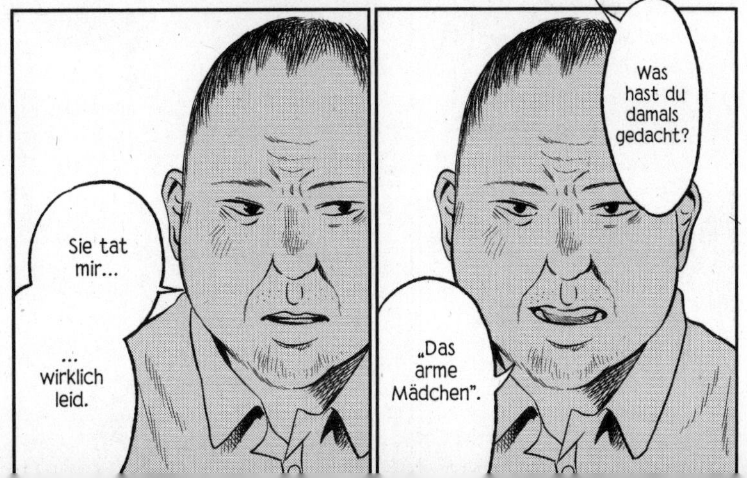

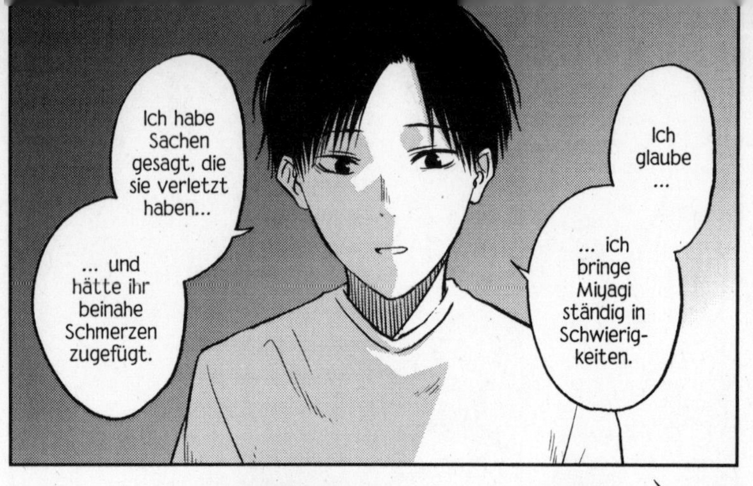
Ich glaube ...
... ich bringe Miyagi ständig in Schwierigkeiten.
Ich habe Sachen gesagt, die sie verletzt haben...
... und hätte ihr beinahe Schmerzen zugefügt.

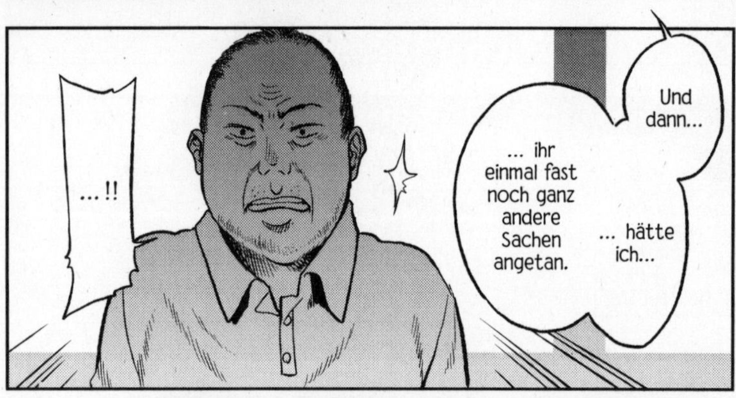
Und dann...
... hätte ich...
... ihr einmal fast noch ganz andere Sachen angetan.
... !!

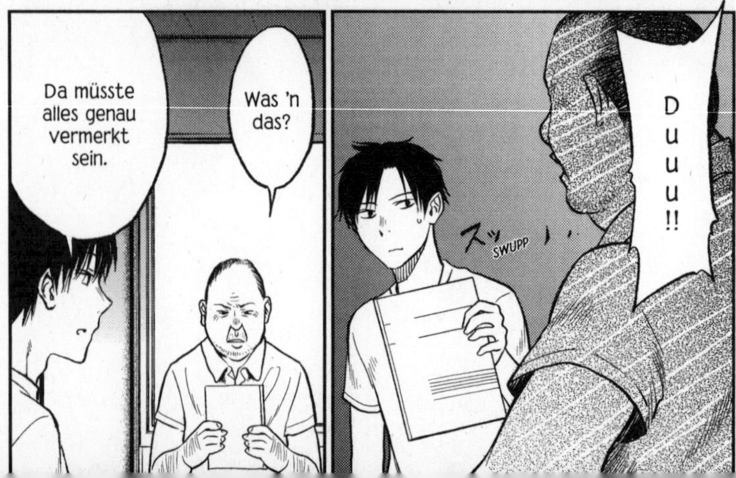
Duuu!!
SWUPP
Was 'n das?
Da müsste alles genau vermerkt sein.

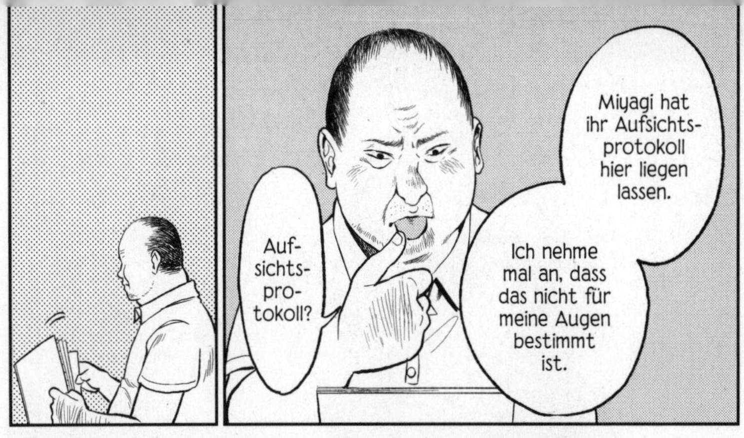
Miyagi hat ihr Aufsichtsprotokoll hier liegen lassen.
Ich nehme mal an, dass das nicht für meine Augen bestimmt ist.
Aufsichtsprotokoll?

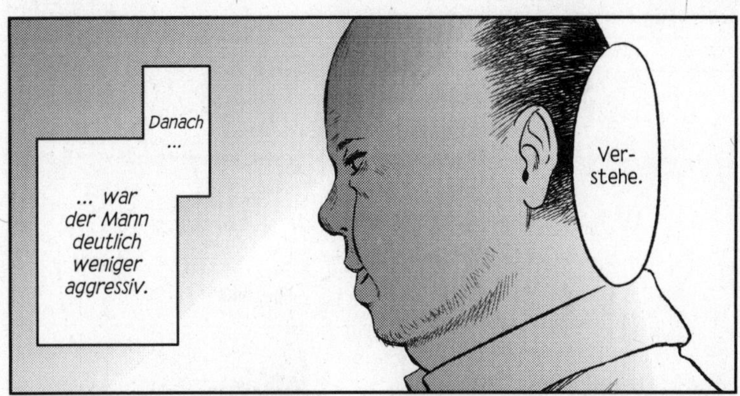
Verstehe.
Danach ...
... war der Mann deutlich weniger aggressiv.

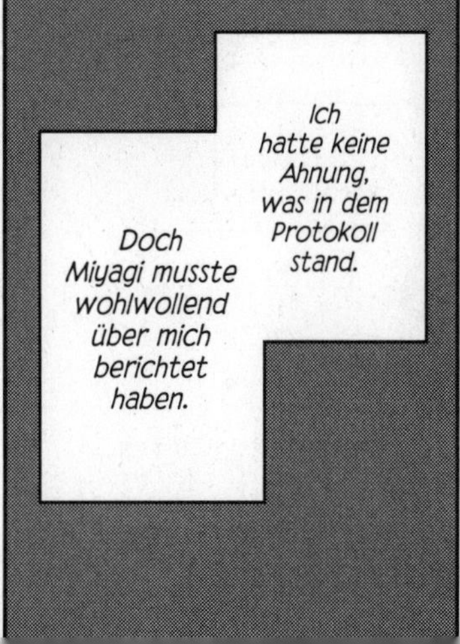
Ich hatte keine Ahnung, was in dem Protokoll stand.
Doch Miyagi musste wohlwollend über mich berichtet haben.

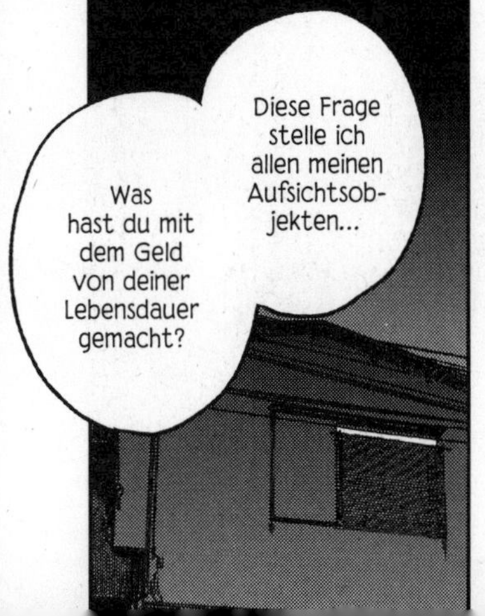
Diese Frage stelle ich allen meinen Aufsichtsobjekten...
Was hast du mit dem Geld von deiner Lebensdauer gemacht?

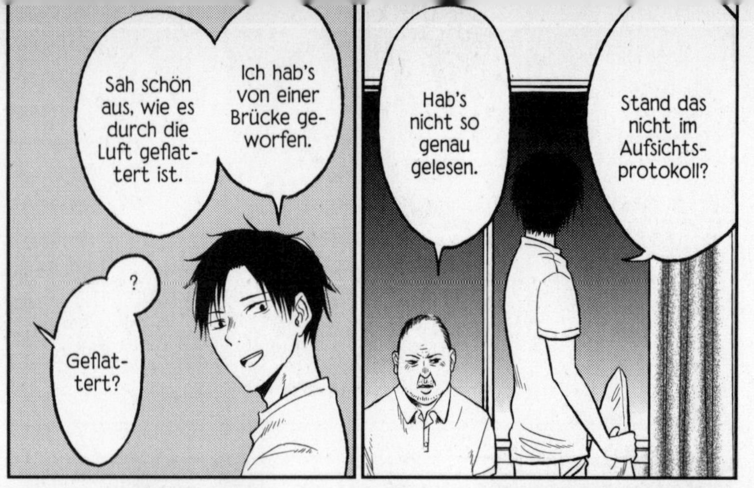
Stand das nicht im Aufsichtsprotokoll?
Hab's nicht so genau gelesen.
Ich hab's von einer Brücke geworfen.
Sah schön aus, wie es durch die Luft geflattert ist.
?
Geflattert?

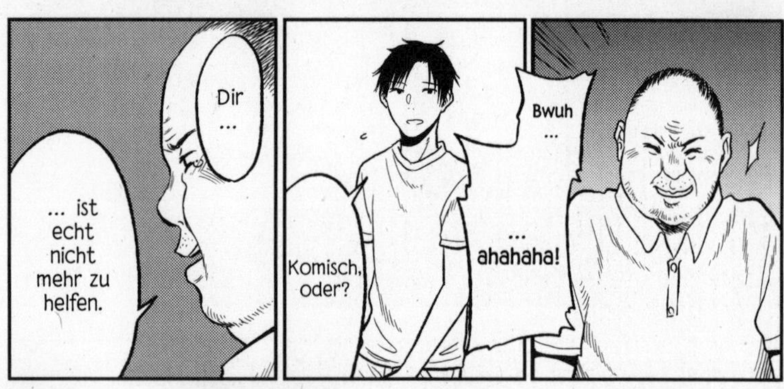
Bwuh ...
... ahahaha!
Komisch, oder?
Dir ...
... ist echt nicht mehr zu helfen.

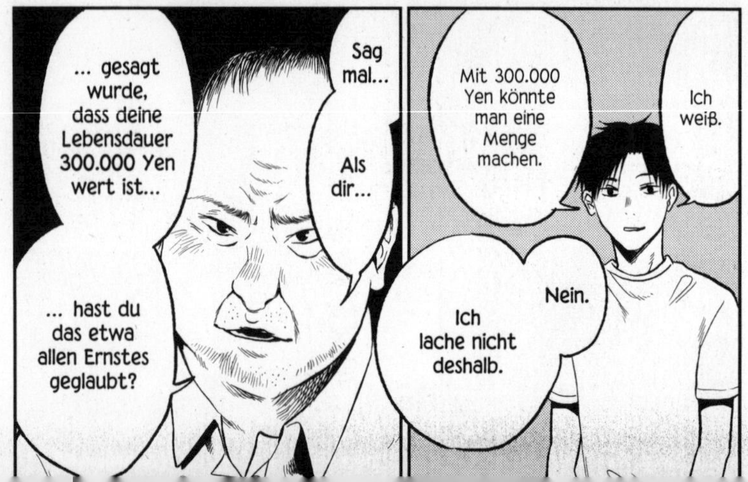
Ich weiß.
Mit 300.000 Yen könnte man eine Menge machen.
Nein.
Ich lache nicht deshalb.
Sag mal...
Als dir...
... gesagt wurde, dass deine Lebensdauer 300.000 Yen wert ist...
... hast du das etwa allen Ernstes geglaubt?

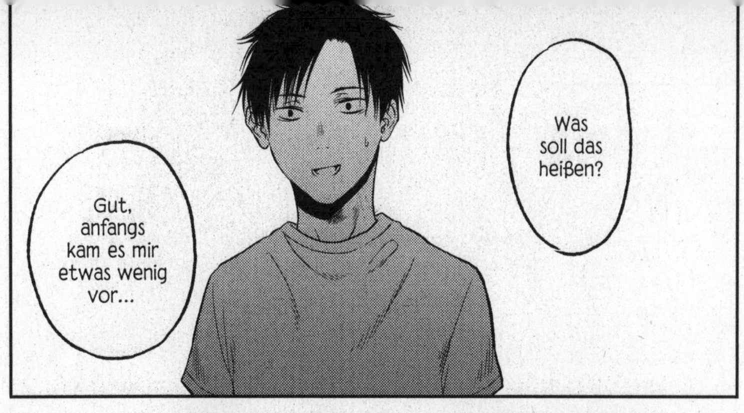

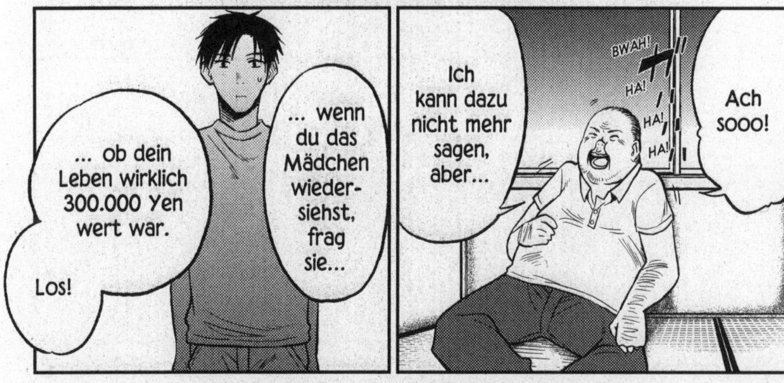

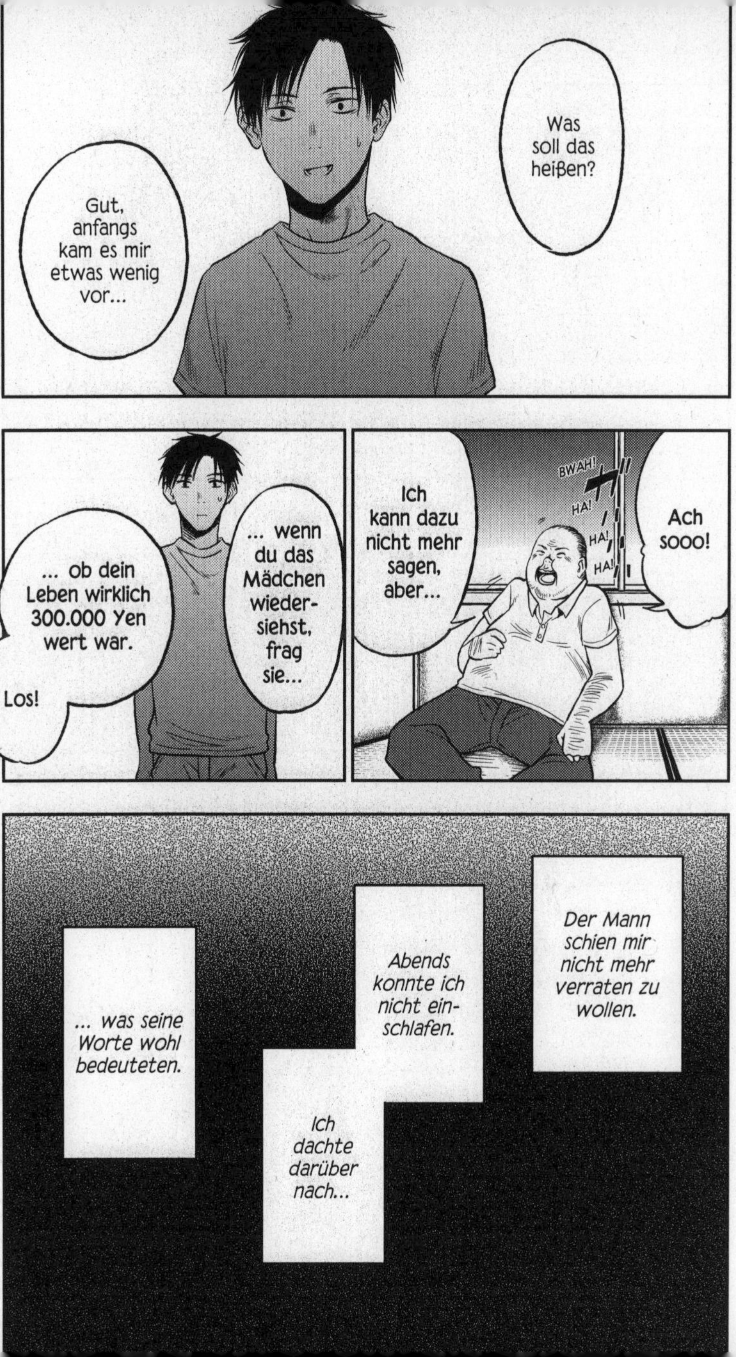

Der Mann schien mir nicht mehr verraten zu wollen.

Abends konnte ich nicht einschlafen.

Ich dachte darüber nach...

... was seine Worte wohl bedeuteten.

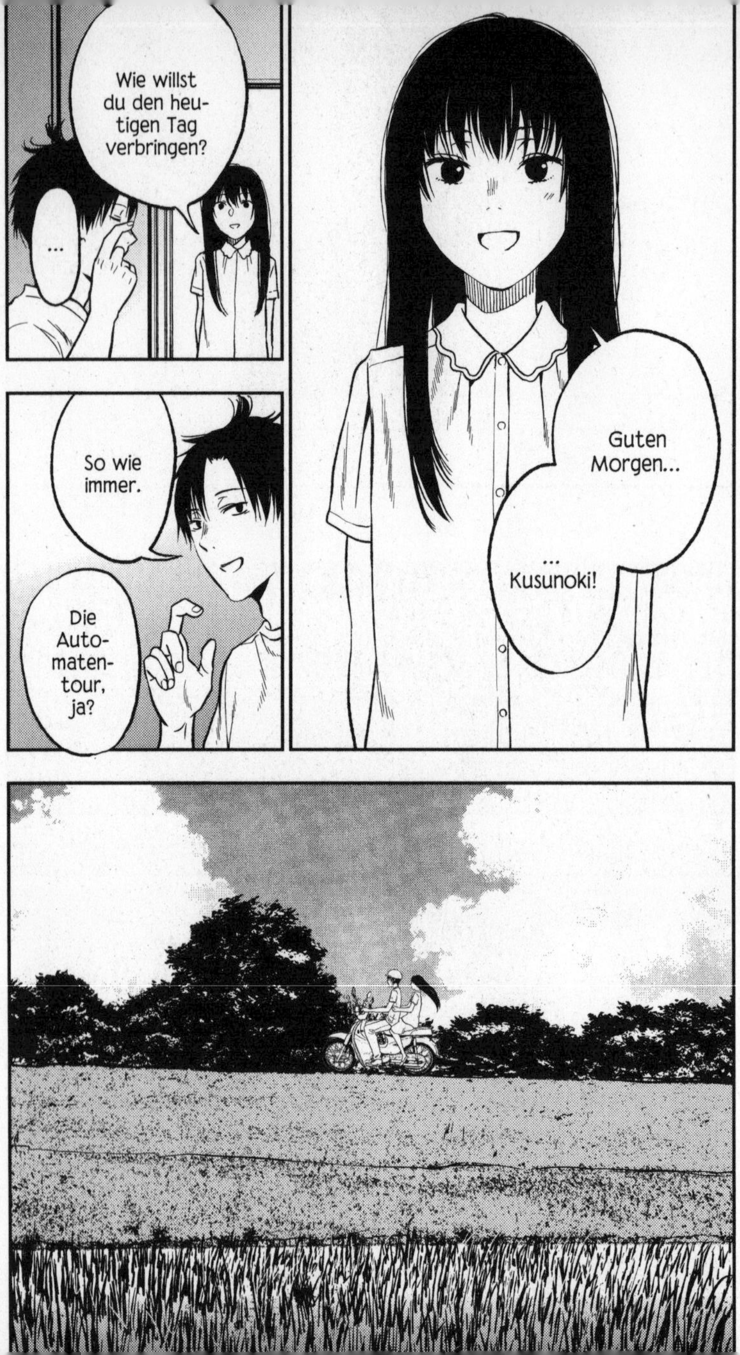

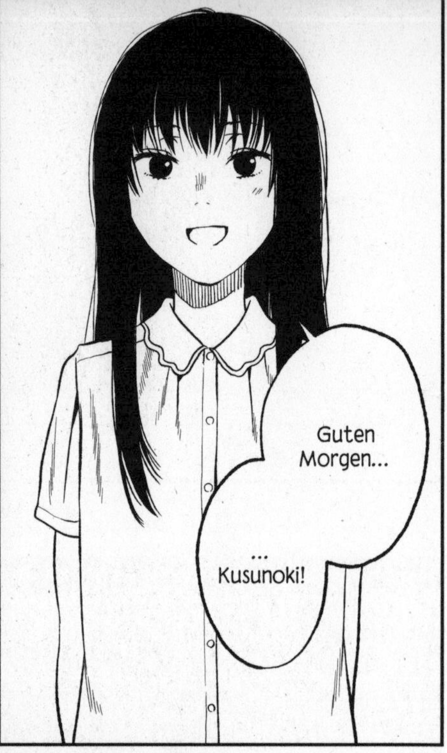
Guten Morgen...
... Kusunoki!

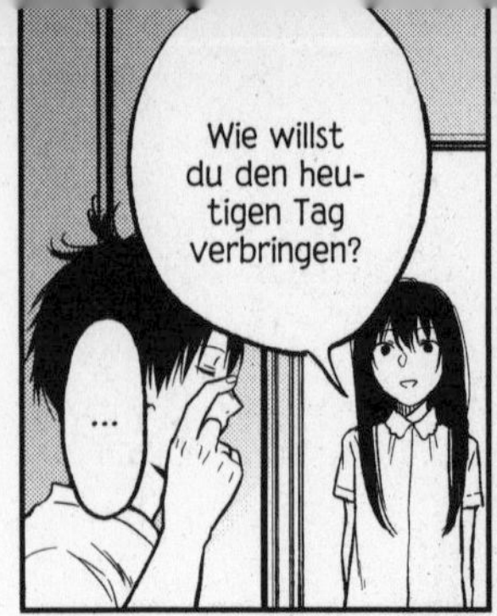
Wie willst du den heutigen Tag verbringen?
...

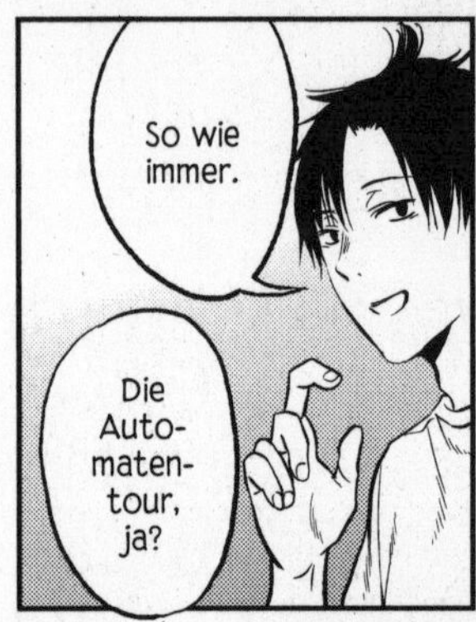
So wie immer.
Die Automatentour, ja?

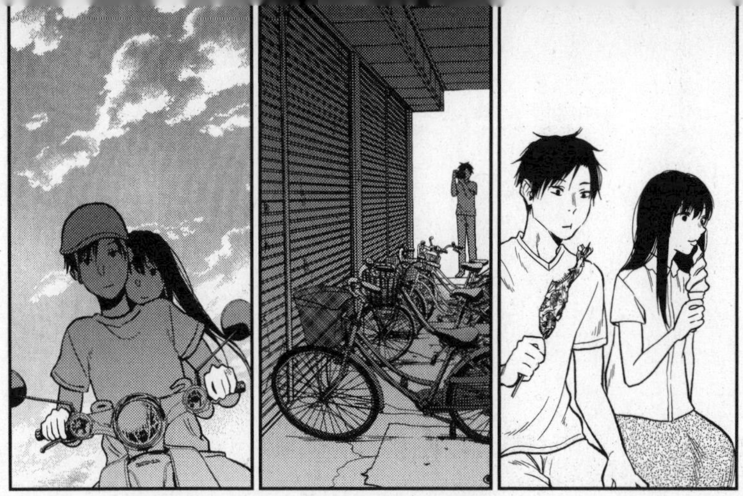

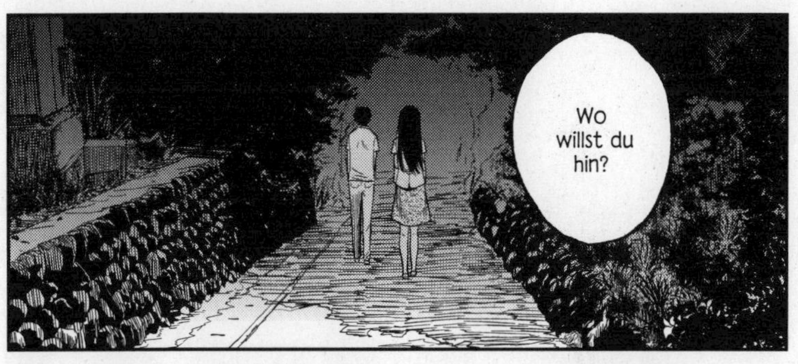

Wo willst du hin?

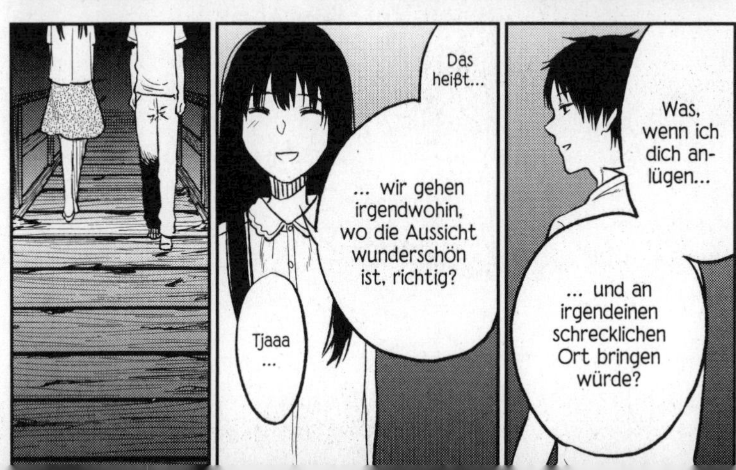

Was, wenn ich dich anlügen...
... und an irgendeinen schrecklichen Ort bringen würde?
Das heißt...
... wir gehen irgendwohin, wo die Aussicht wunderschön ist, richtig?
Tjaaa ...

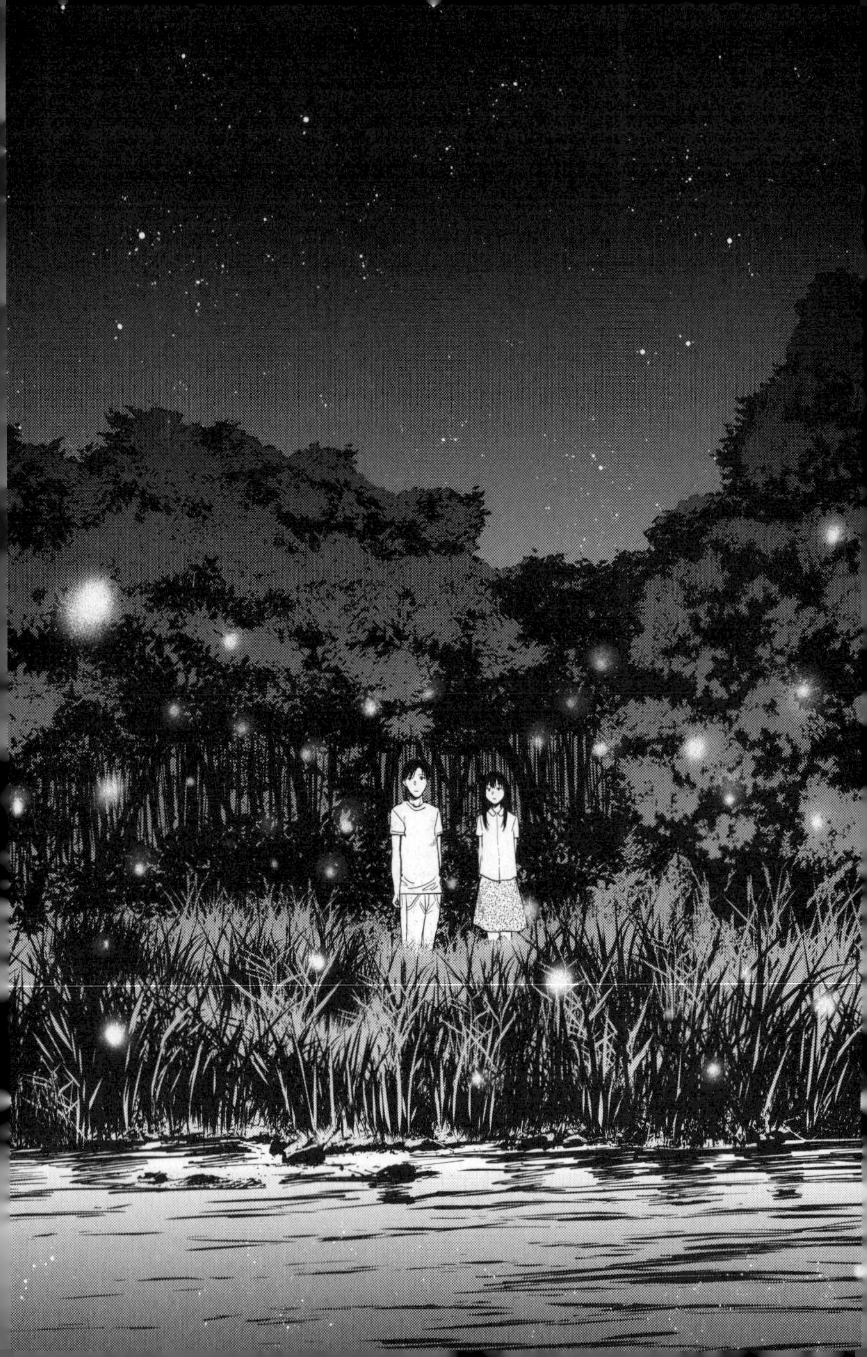

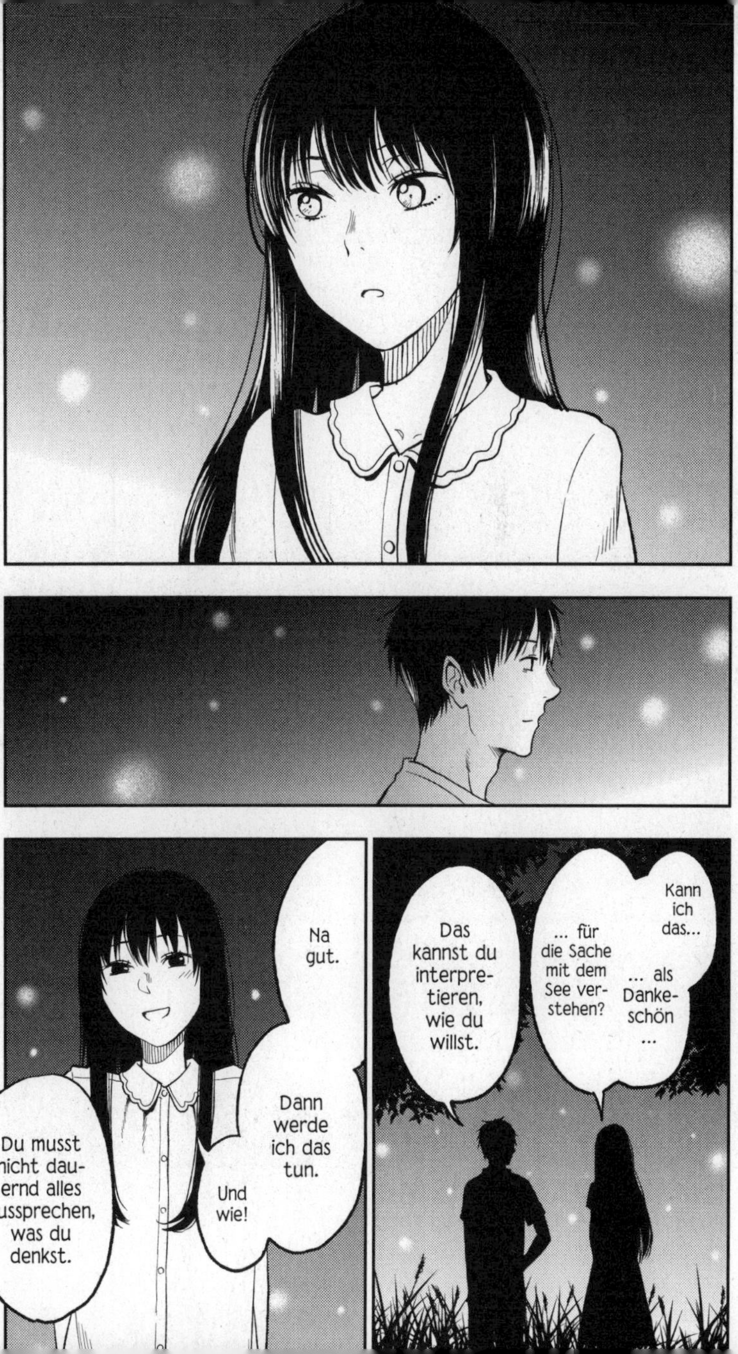

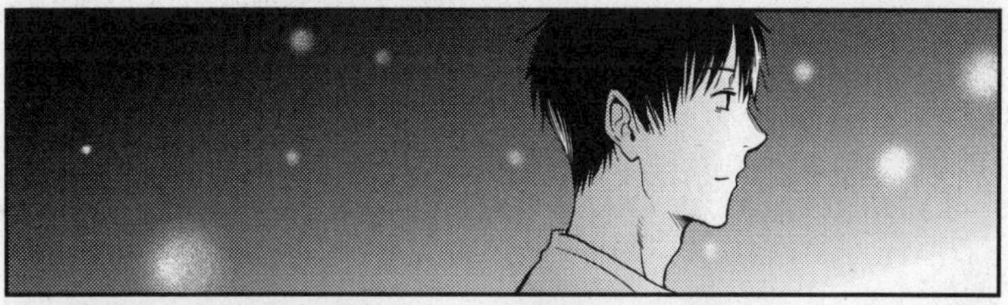

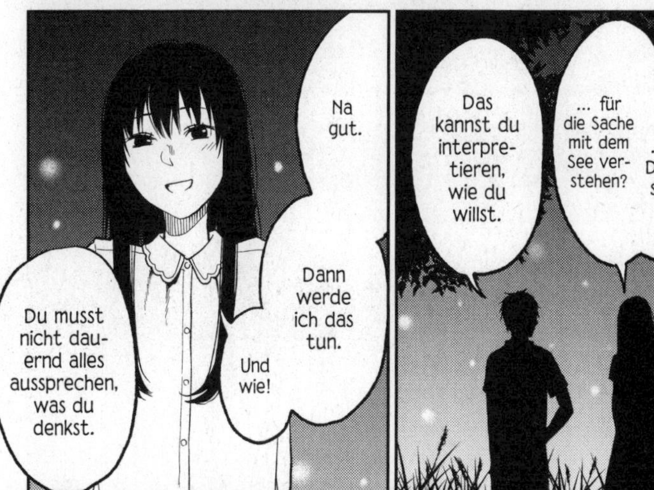

Kann ich das...
... als Dankeschön ...
... für die Sache mit dem See verstehen?
Das kannst du interpretieren, wie du willst.
Na gut.
Dann werde ich das tun.
Und wie!
Du musst nicht dauernd alles aussprechen, was du denkst.

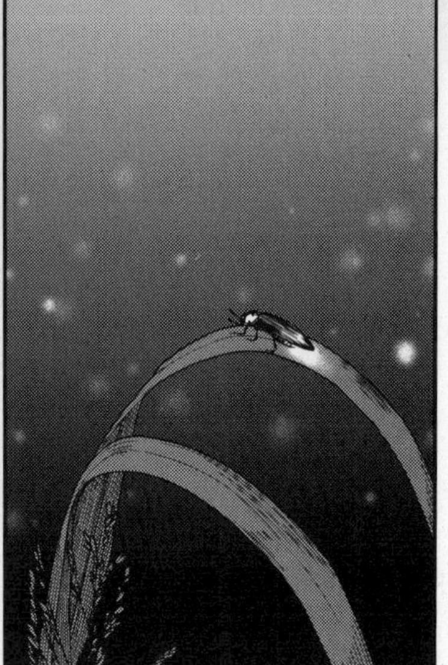
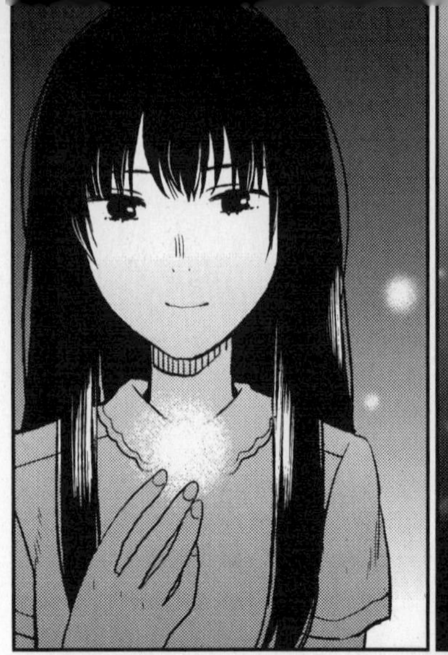
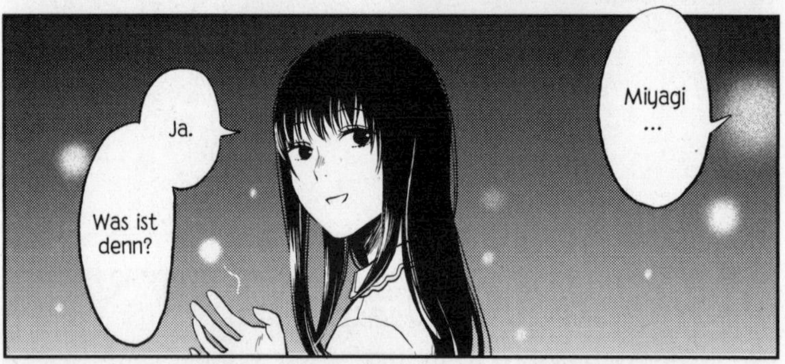
Miyagi ...
Ja.
Was ist denn?
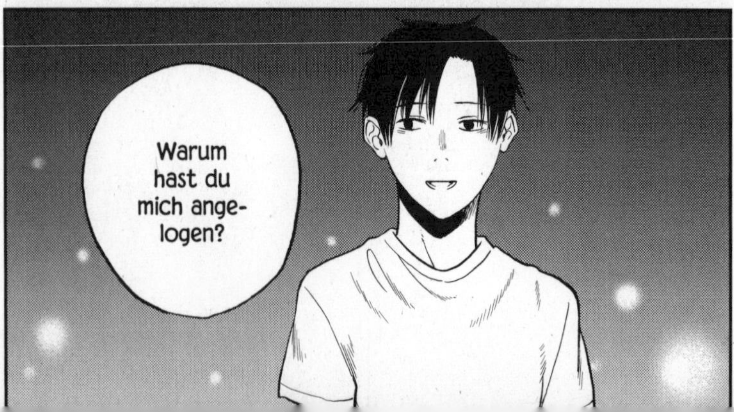
Warum hast du mich ange-logen?

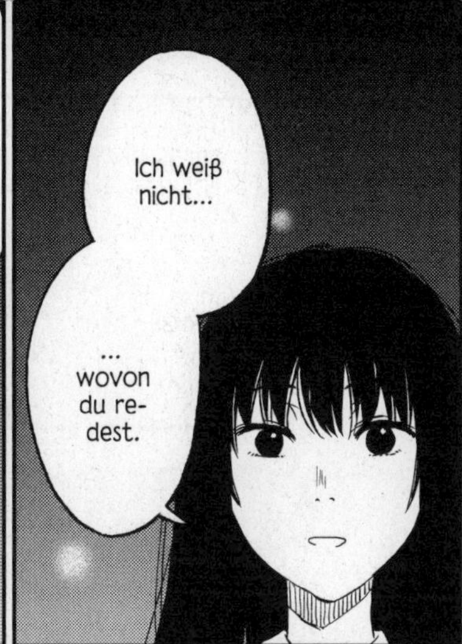
Ich weiß nicht...
... wovon du redest.

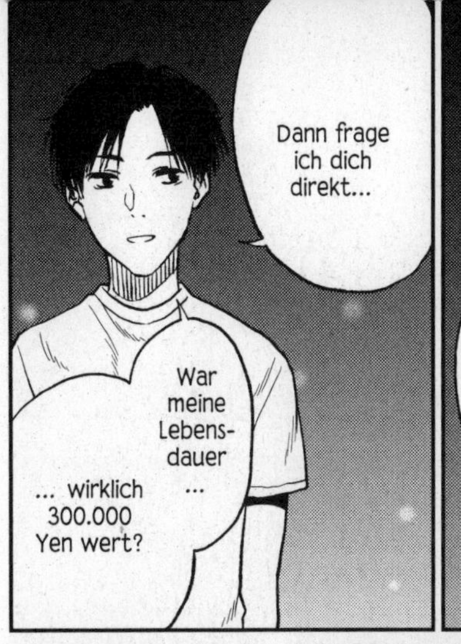
Dann frage ich dich direkt...
War meine Lebensdauer ...
... wirklich 300.000 Yen wert?

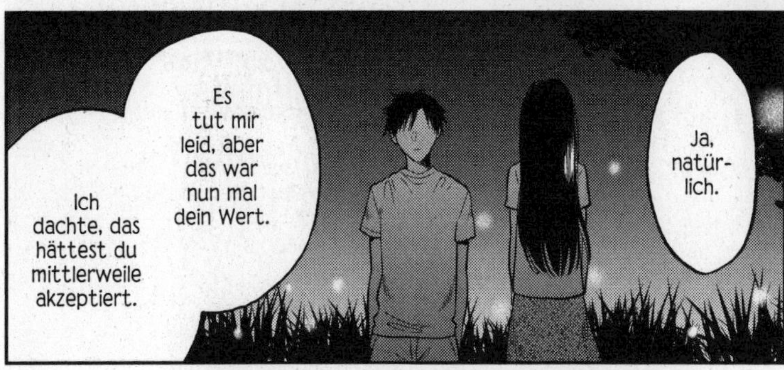
Ja, natürlich.
Es tut mir leid, aber das war nun mal dein Wert.
Ich dachte, das hättest du mittlerweile akzeptiert.

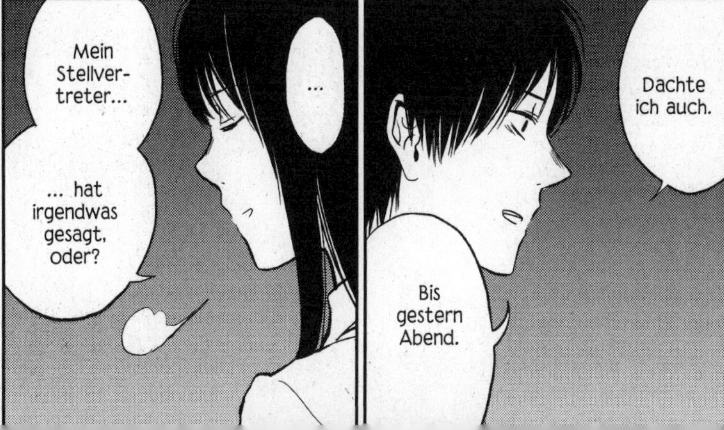
Dachte ich auch.
Bis gestern Abend.
...
Mein Stellvertreter...
... hat irgendwas gesagt, oder?

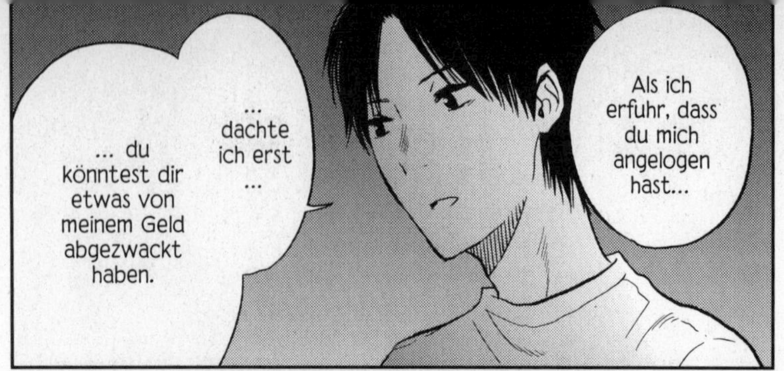
Als ich erfuhr, dass du mich angelogen hast...
... dachte ich erst ...
... du könntest dir etwas von meinem Geld abgezwackt haben.

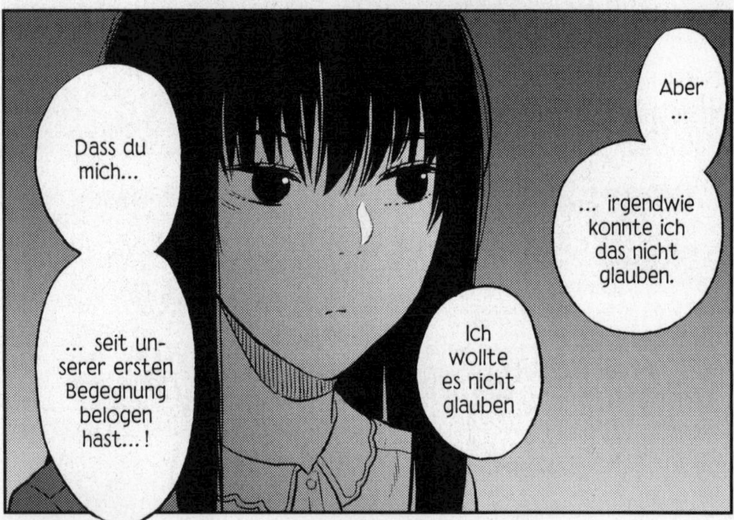
Aber ...
... irgendwie konnte ich das nicht glauben.
Ich wollte es nicht glauben
Dass du mich...
... seit unserer ersten Begegnung belogen hast...!

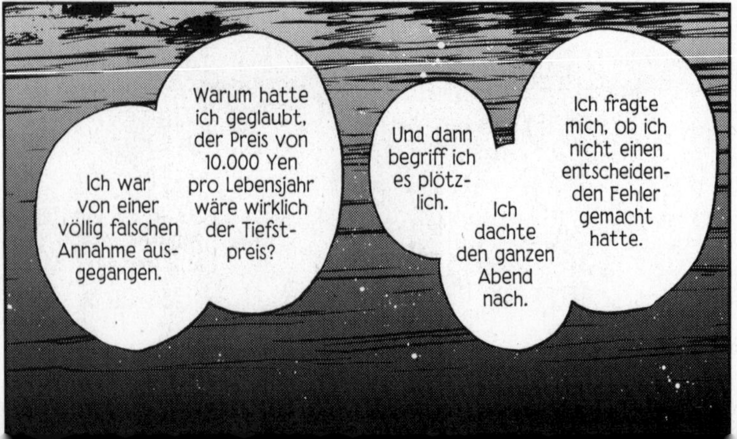
Ich fragte mich, ob ich nicht einen entscheidenden Fehler gemacht hatte.
Ich dachte den ganzen Abend nach.
Und dann begriff ich es plötzlich.
Warum hatte ich geglaubt, der Preis von 10.000 Yen pro Lebensjahr wäre wirklich der Tiefstpreis?
Ich war von einer völlig falschen Annahme ausgegangen.

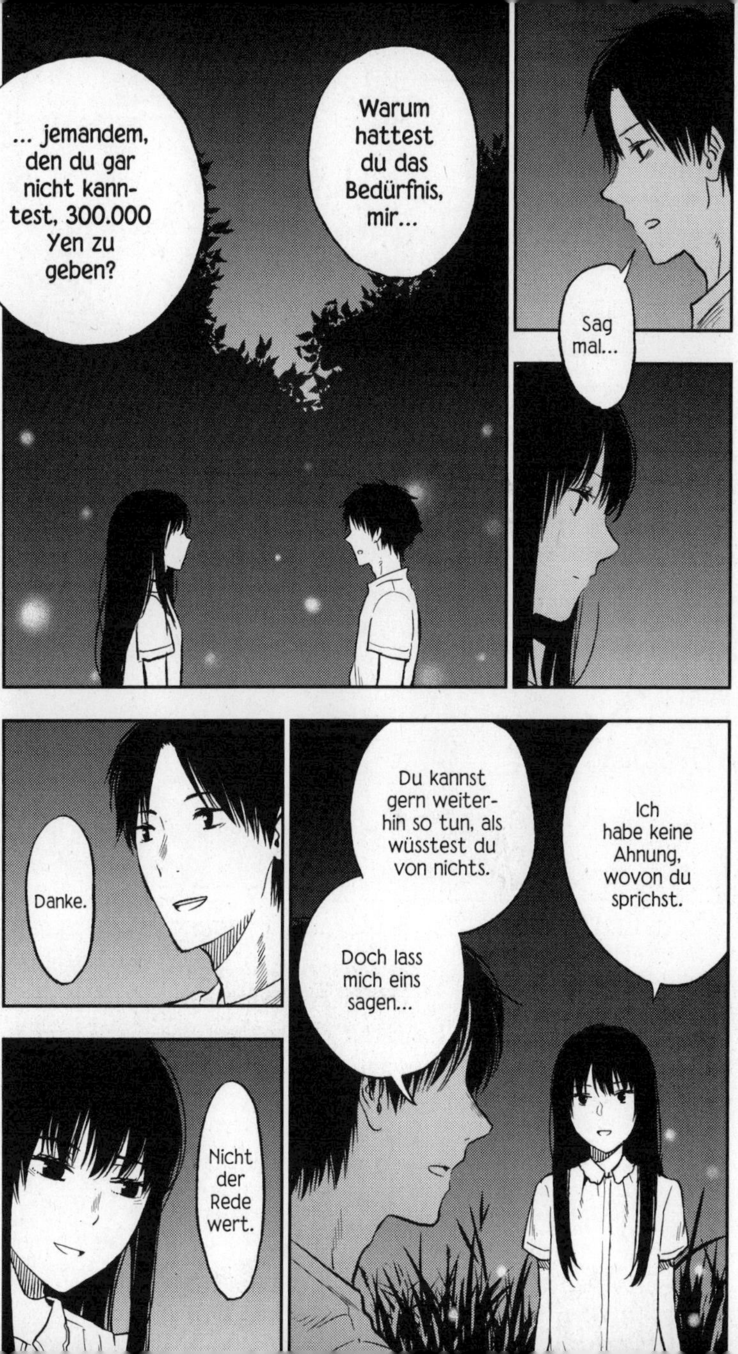

Sag mal...

Warum hattest du das Bedürfnis, mir...

... jemandem, den du gar nicht kanntest, 300.000 Yen zu geben?

Ich habe keine Ahnung, wovon du sprichst.

Du kannst gern weiterhin so tun, als wüsstest du von nichts.

Doch lass mich eins sagen...

Danke.

Nicht der Rede wert.

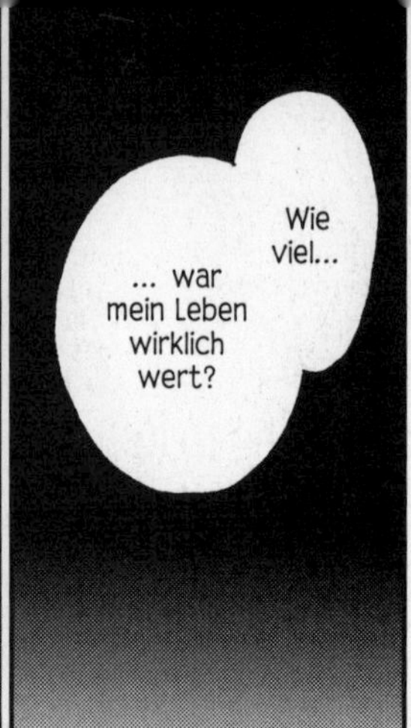
Wie viel...
... war mein Leben wirklich wert?

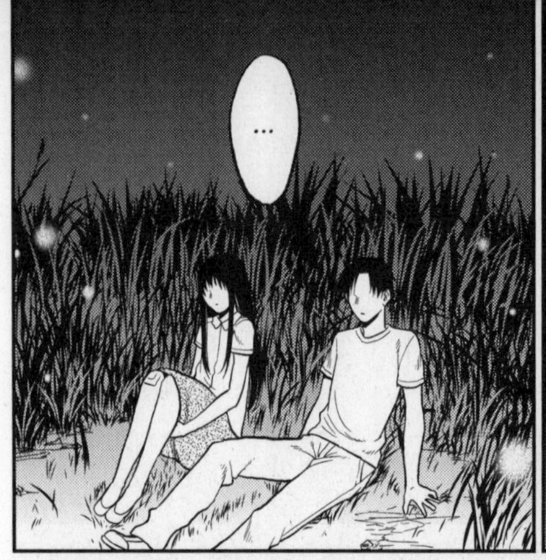
...

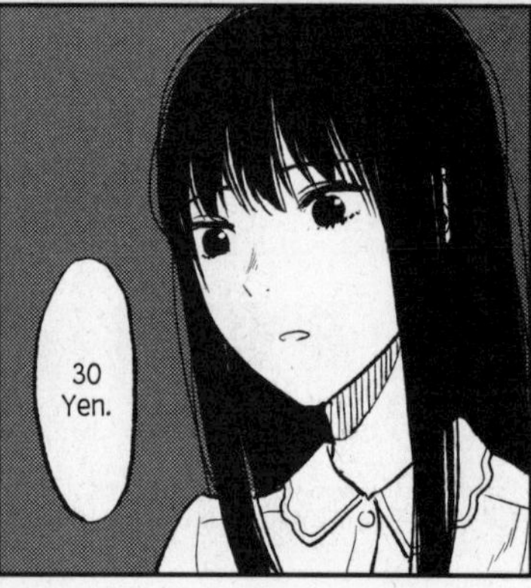
30 Yen.

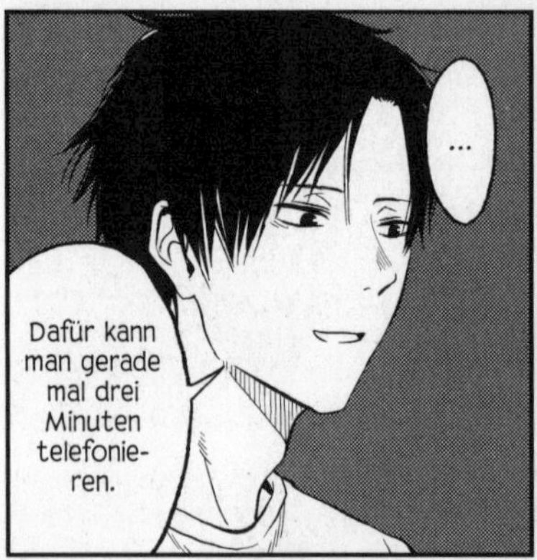
...
Dafür kann man gerade mal drei Minuten telefonieren.

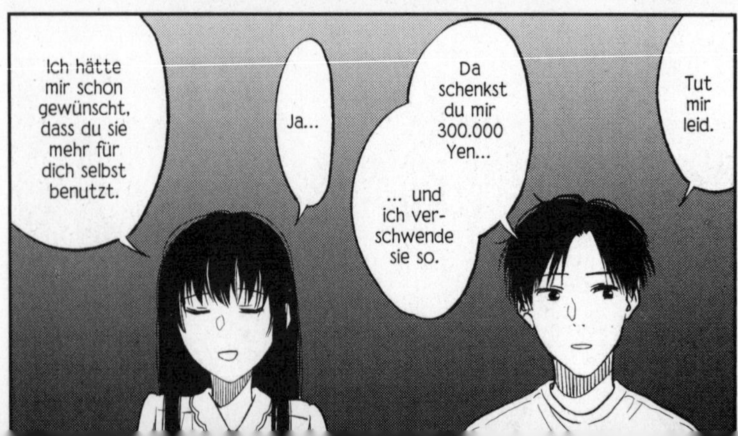
Tut mir leid.
Da schenkst du mir 300.000 Yen...
... und ich verschwende sie so.
Ja...
Ich hätte mir schon gewünscht, dass du sie mehr für dich selbst benutzt.

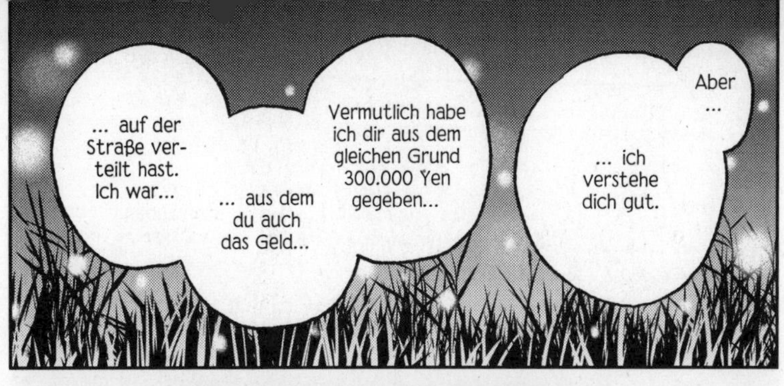
Aber ...
... ich verstehe dich gut.
Vermutlich habe ich dir aus dem gleichen Grund 300.000 Yen gegeben...
... aus dem du auch das Geld...
... auf der Straße verteilt hast. Ich war...

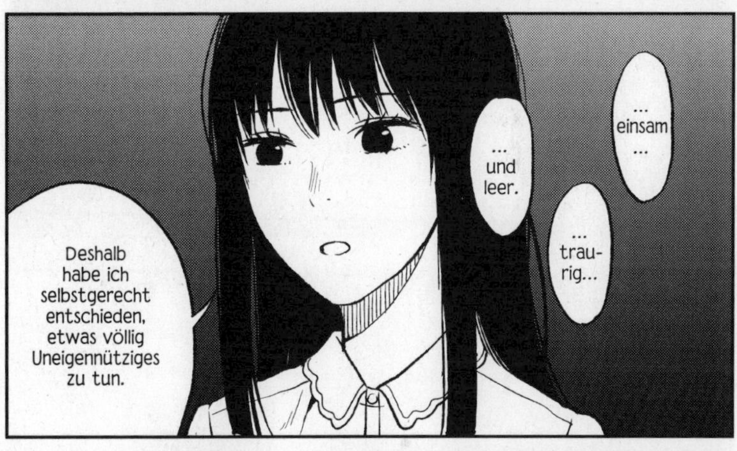
... einsam ...
... und leer.
... traurig...
Deshalb habe ich selbstgerecht entschieden, etwas völlig Uneigennütziges zu tun.

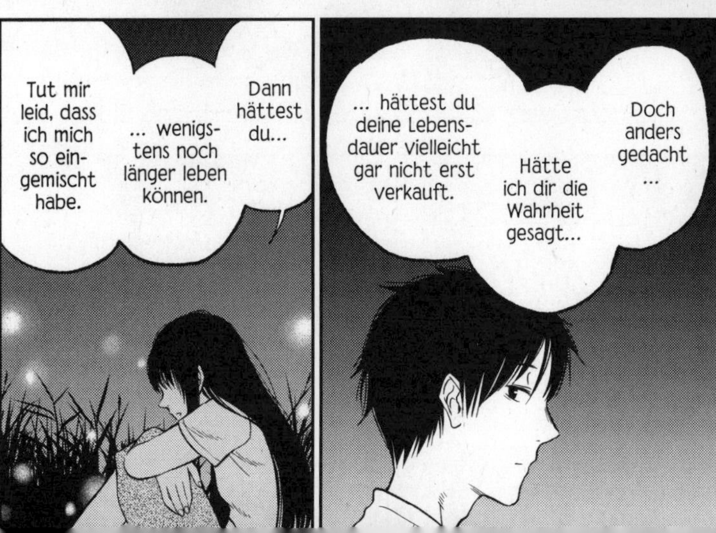
Doch anders gedacht ...
Hätte ich dir die Wahrheit gesagt...
... hättest du deine Lebensdauer vielleicht gar nicht erst verkauft.
Dann hättest du...
... wenigstens noch länger leben können.
Tut mir leid, dass ich mich so eingemischt habe.

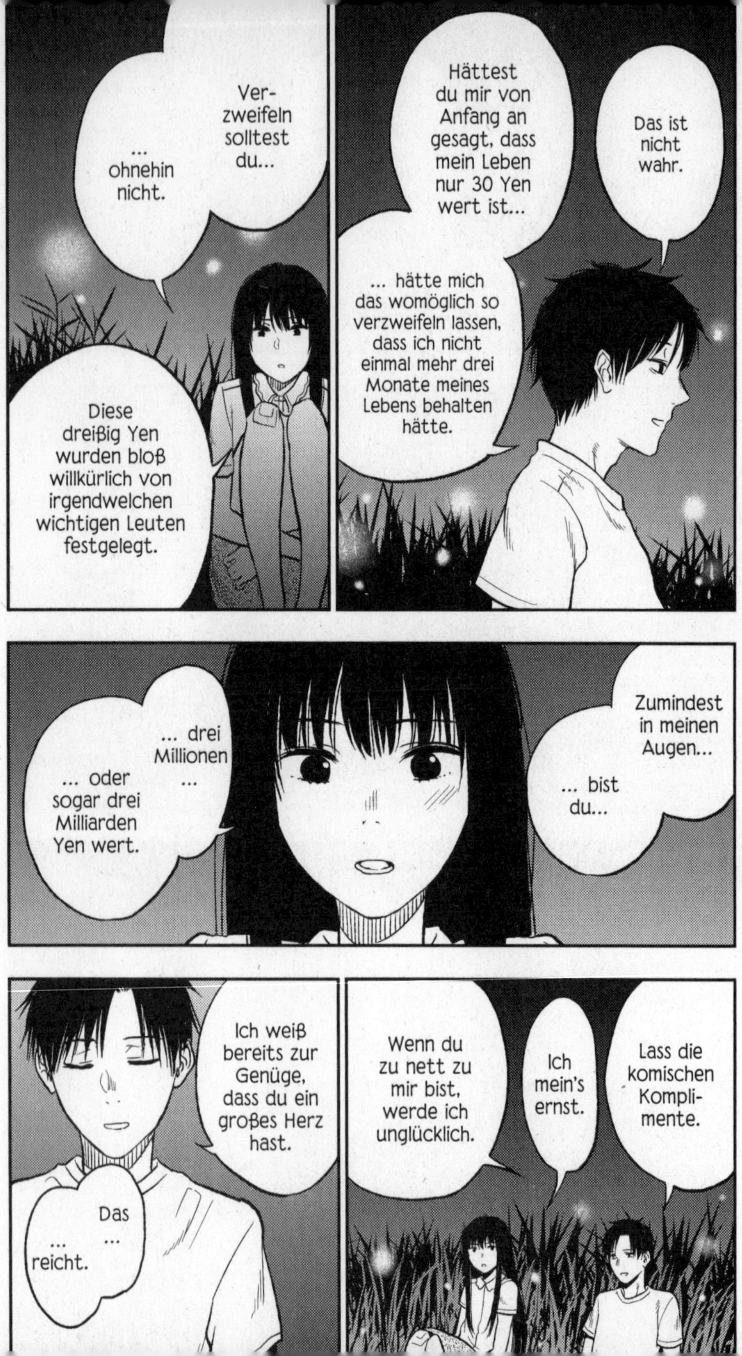

Das ist nicht wahr.

Hättest du mir von Anfang an gesagt, dass mein Leben nur 30 Yen wert ist...

... hätte mich das womöglich so verzweifeln lassen, dass ich nicht einmal mehr drei Monate meines Lebens behalten hätte.

Verzweifeln solltest du...

... ohnehin nicht.

Diese dreißig Yen wurden bloß willkürlich von irgendwelchen wichtigen Leuten festgelegt.

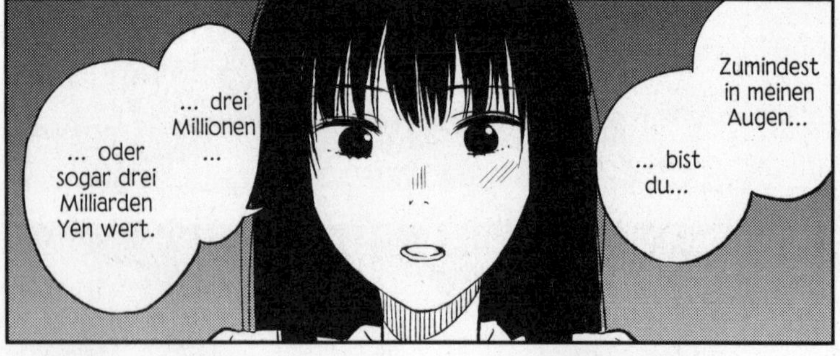

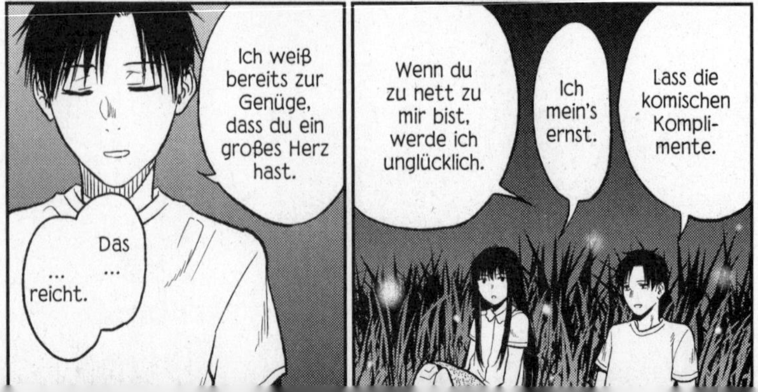

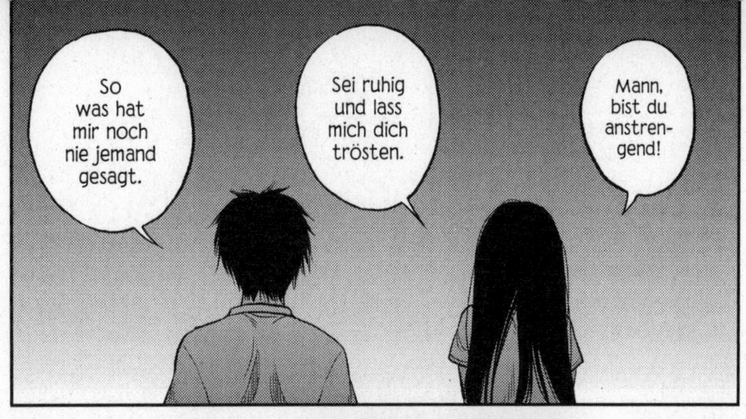

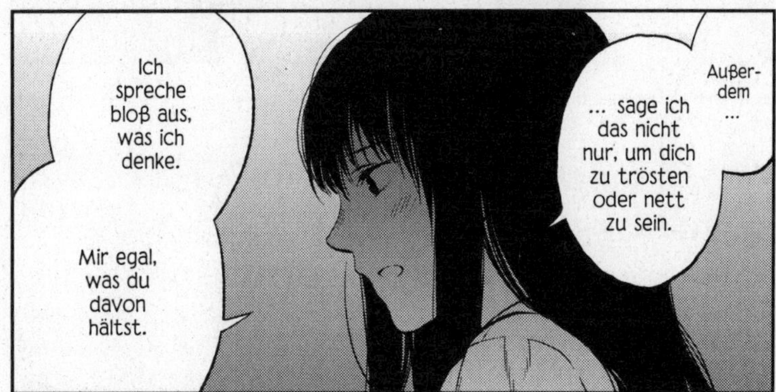

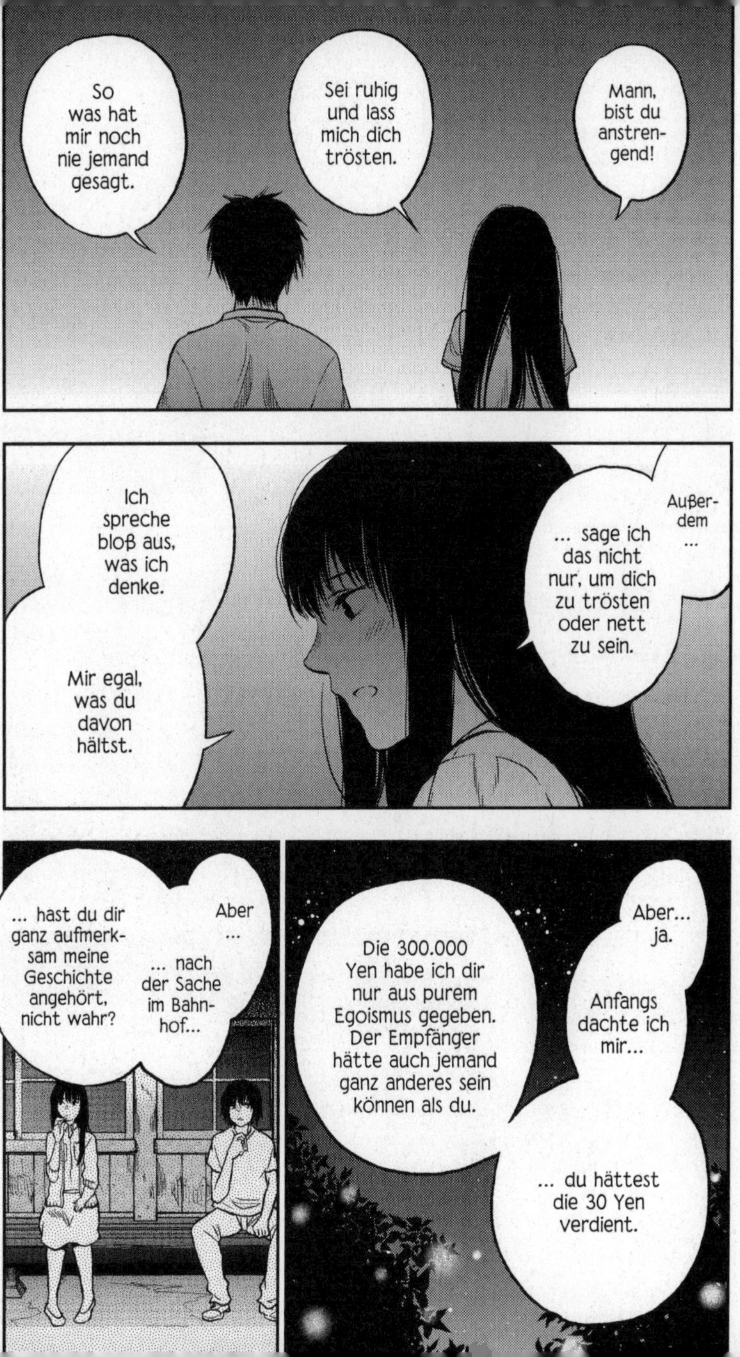

Aber... ja.

Anfangs dachte ich mir...

... du hättest die 30 Yen verdient.

Die 300.000 Yen habe ich dir nur aus purem Egoismus gegeben. Der Empfänger hätte auch jemand ganz anderes sein können als du.

Aber ...

... nach der Sache im Bahnhof...

... hast du dir ganz aufmerksam meine Geschichte angehört, nicht wahr?

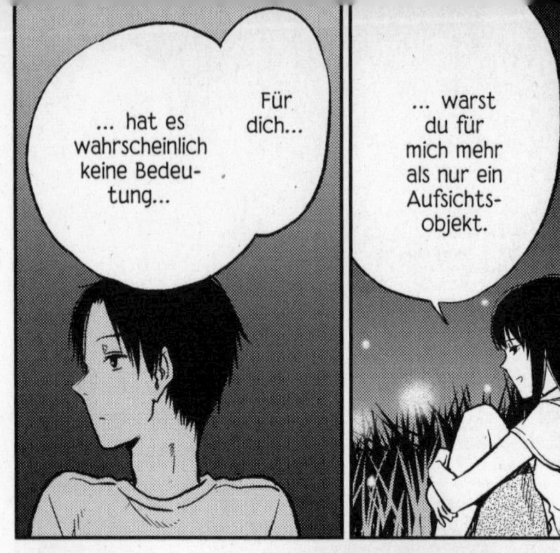
Für dich...
... hat es wahrscheinlich keine Bedeu-tung...

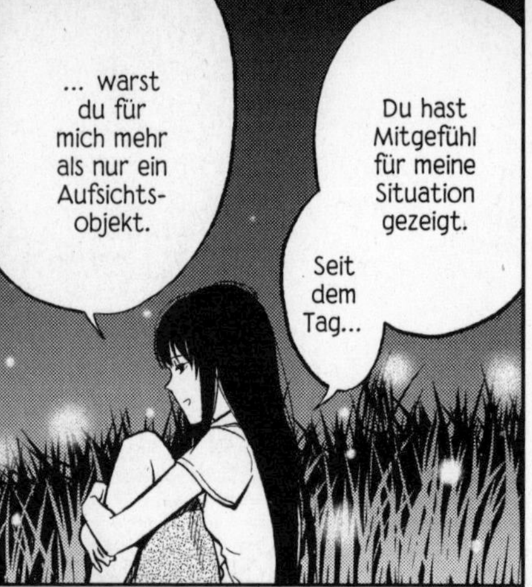
Seit dem Tag...
Du hast Mitgefühl für meine Situation gezeigt.
... warst du für mich mehr als nur ein Aufsichts-objekt.

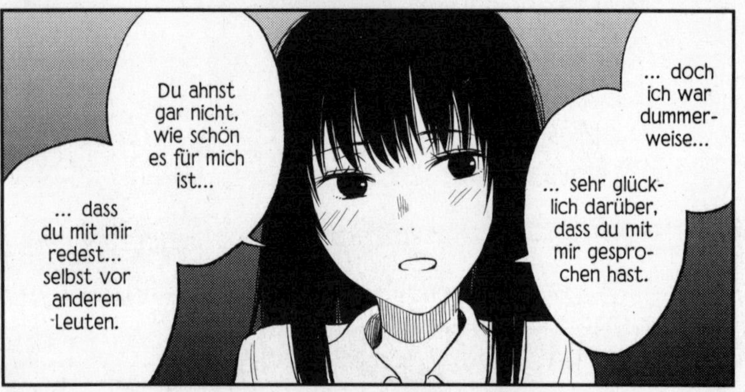
... doch ich war dummer-weise...
... sehr glück-lich darüber, dass du mit mir gespro-chen hast.
Du ahnst gar nicht, wie schön es für mich ist...
... dass du mit mir redest... selbst vor anderen Leuten.

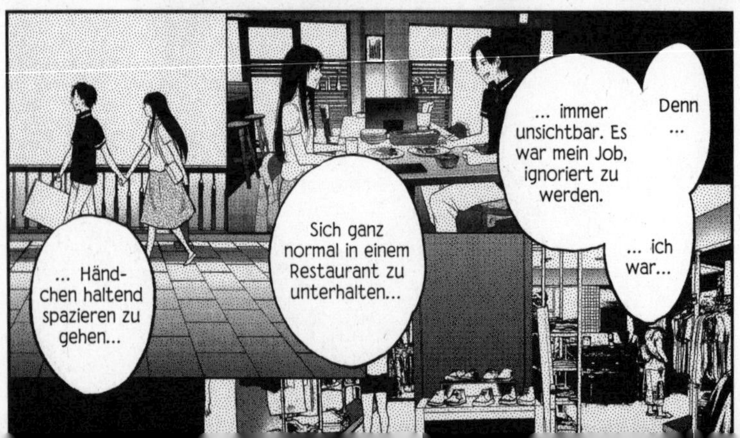
Denn ...
... immer unsichtbar. Es war mein Job, ignoriert zu werden.
... ich war...
Sich ganz normal in einem Restaurant zu unterhalten...
... Händ-chen haltend spazieren zu gehen...

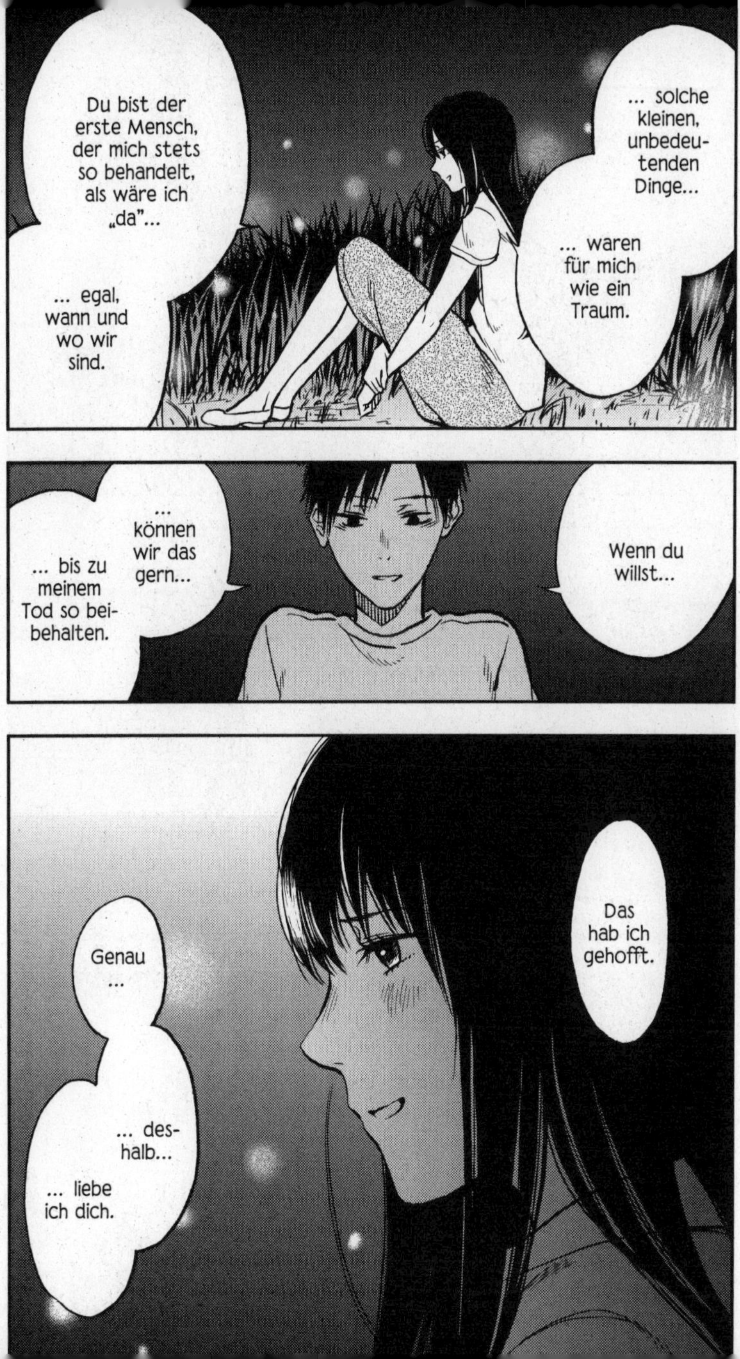

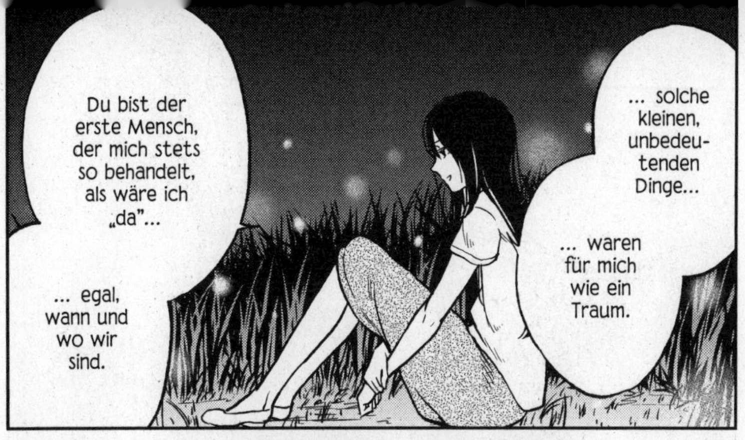

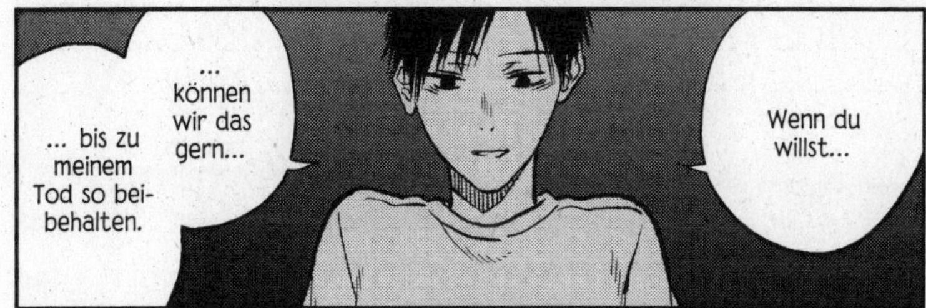

Das hab ich gehofft.

Genau ...

... deshalb...

... liebe ich dich.

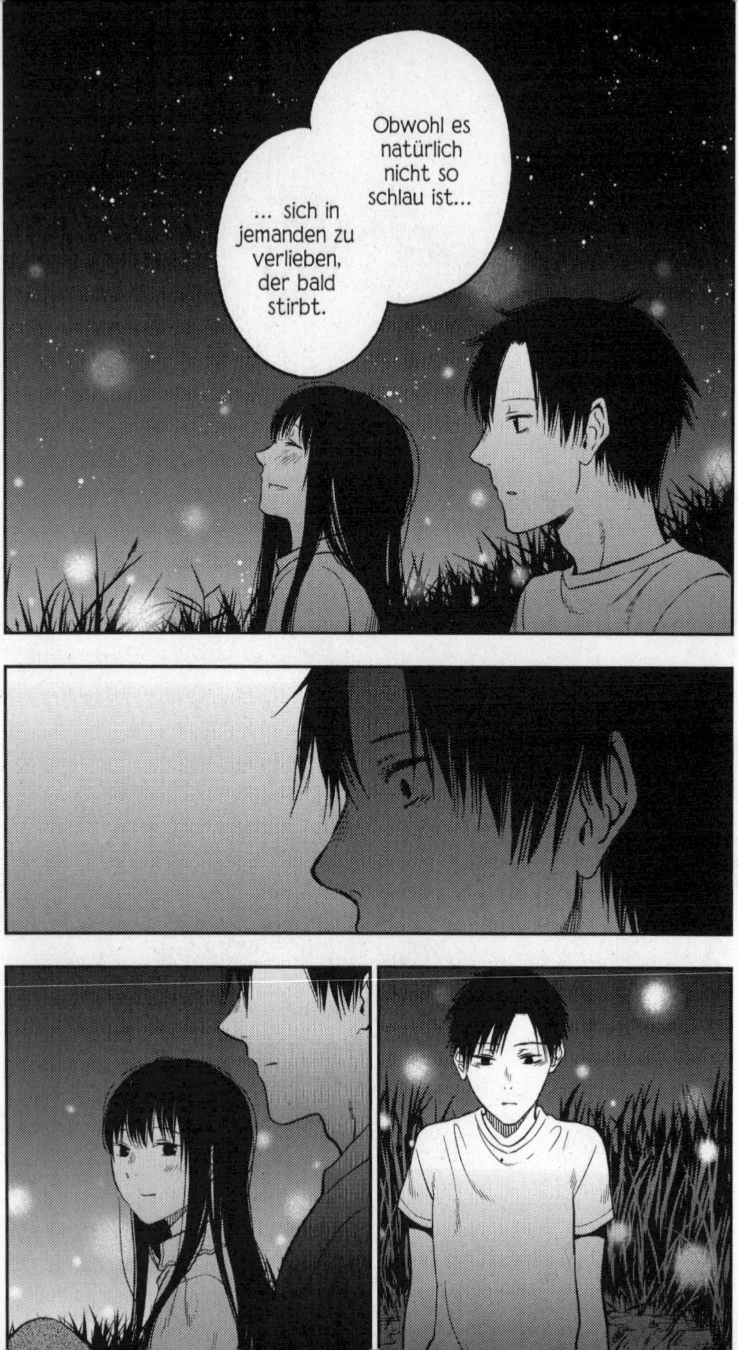

Obwohl es natürlich nicht so schlau ist...

... sich in jemanden zu verlieben, der bald stirbt.

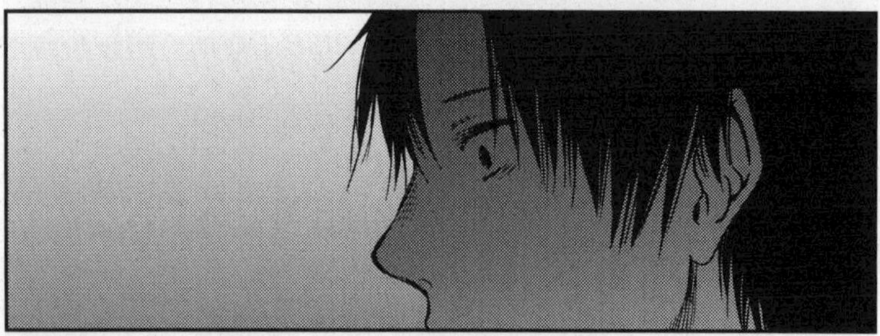

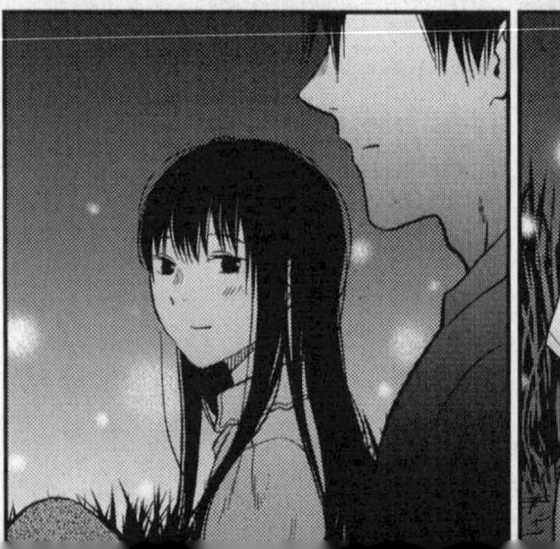

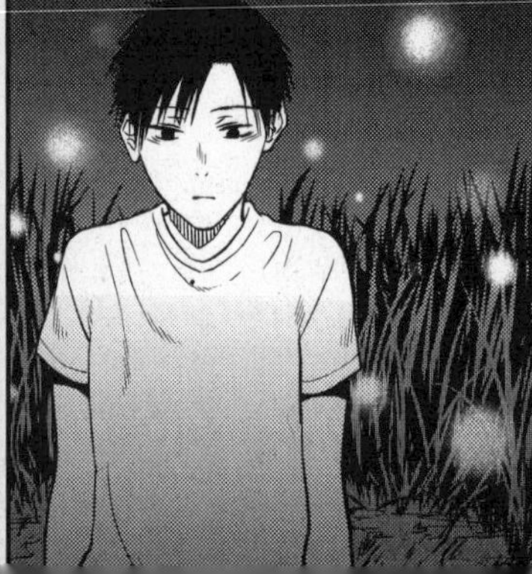

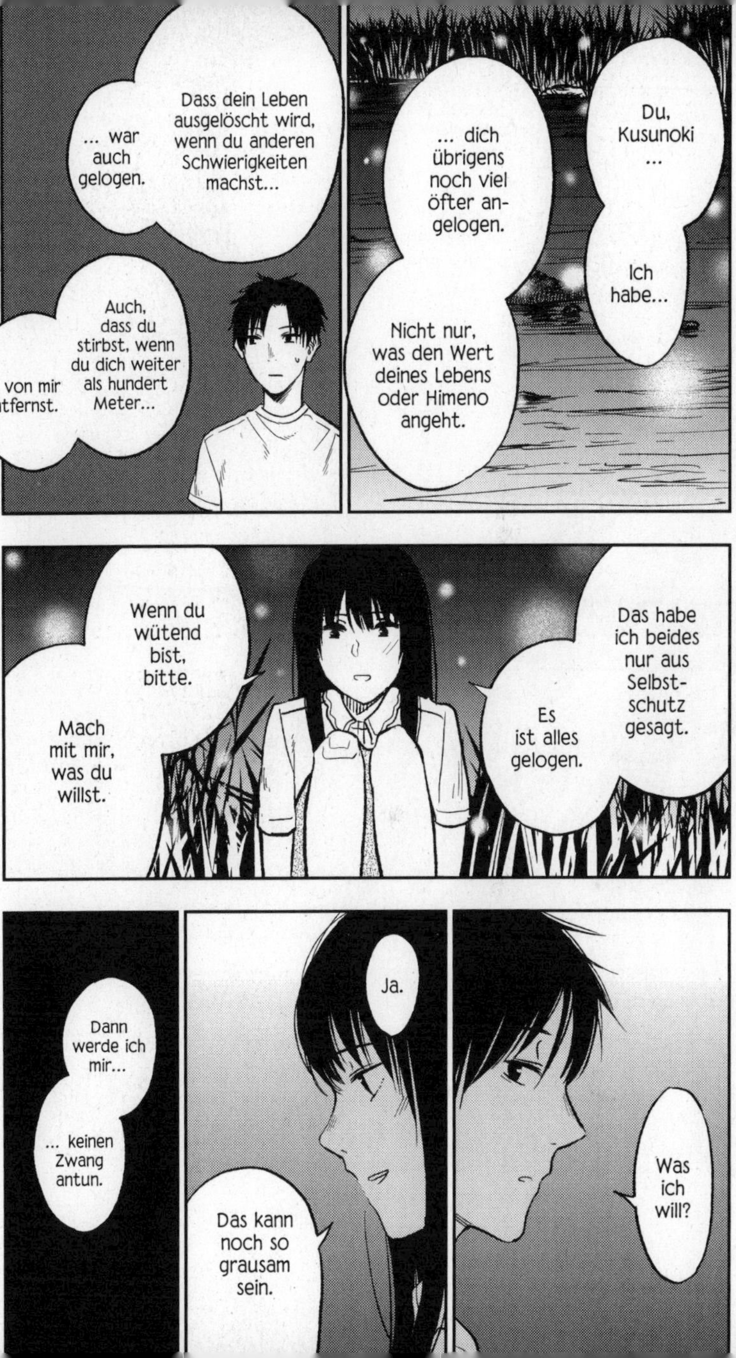

Du, Kusunoki ...
Ich habe...
... dich übrigens noch viel öfter angelogen.
Nicht nur, was den Wert deines Lebens oder Himeno angeht.
Dass dein Leben ausgelöscht wird, wenn du anderen Schwierigkeiten machst...
... war auch gelogen.
Auch, dass du stirbst, wenn du dich weiter als hundert Meter...
... von mir entfernst.

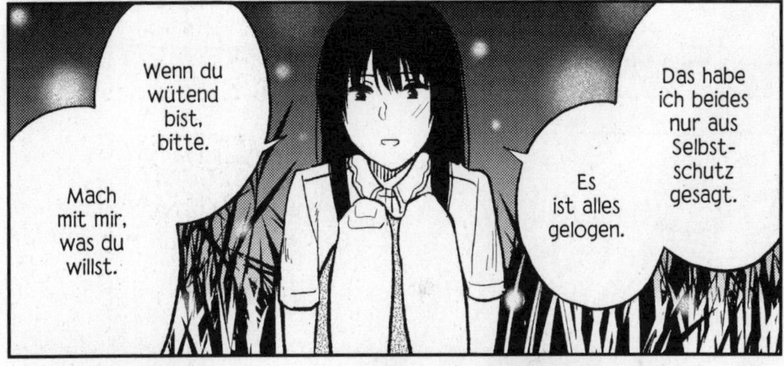

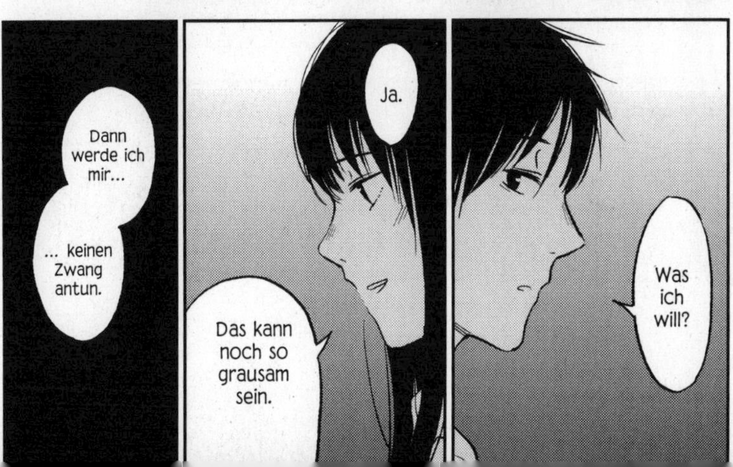

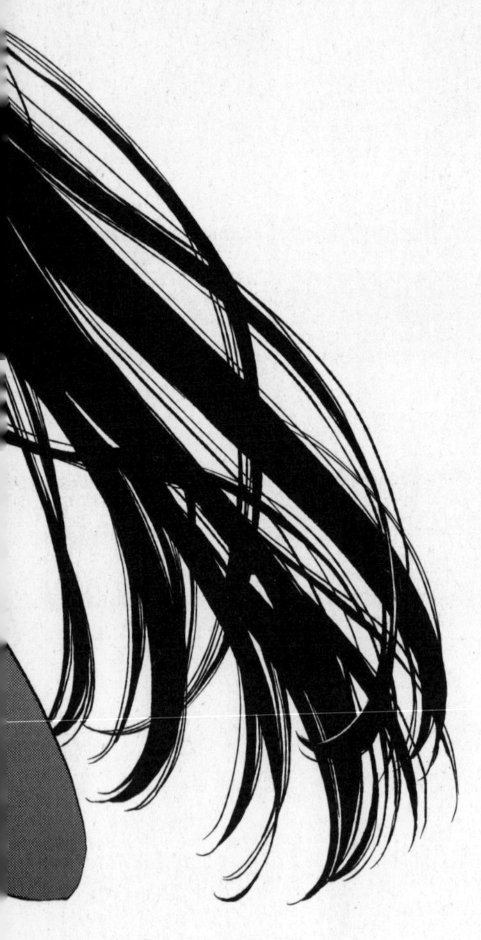

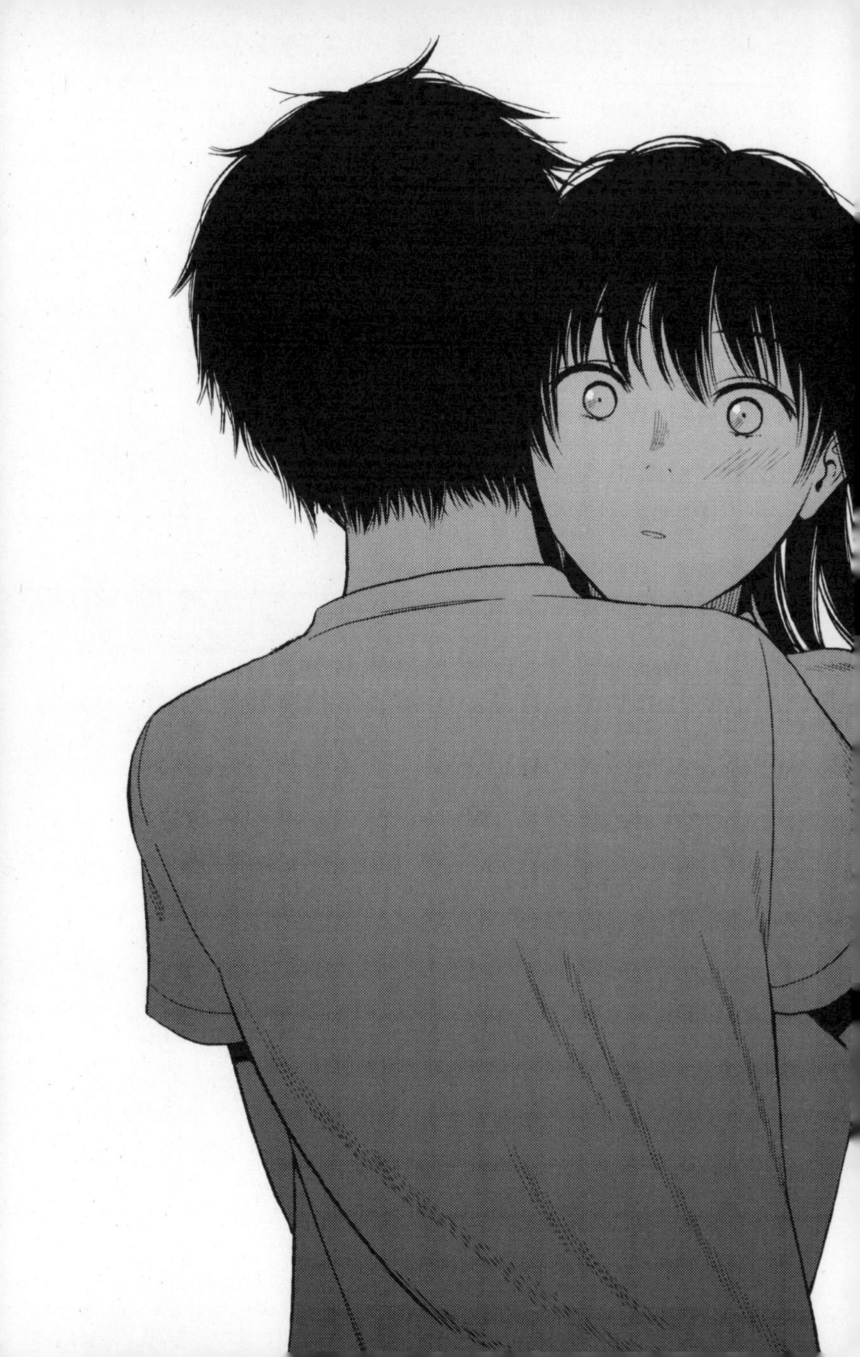

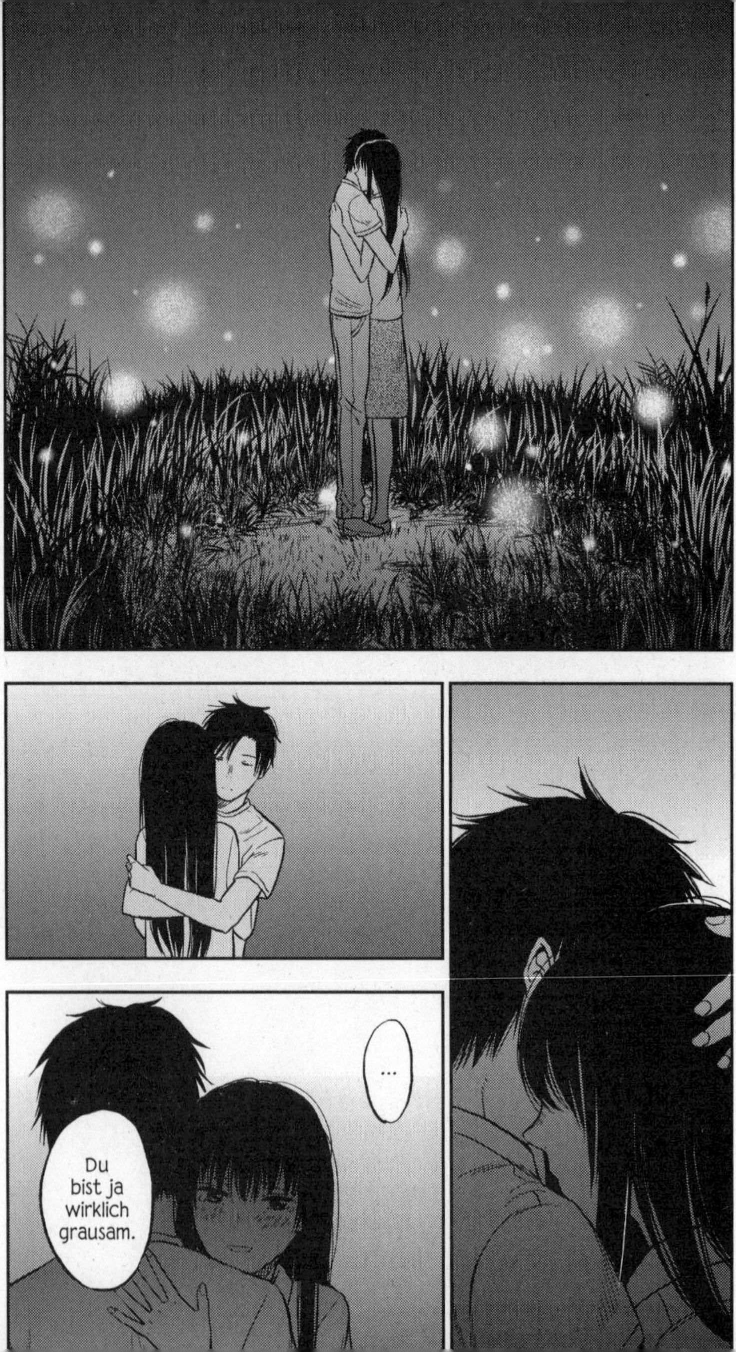

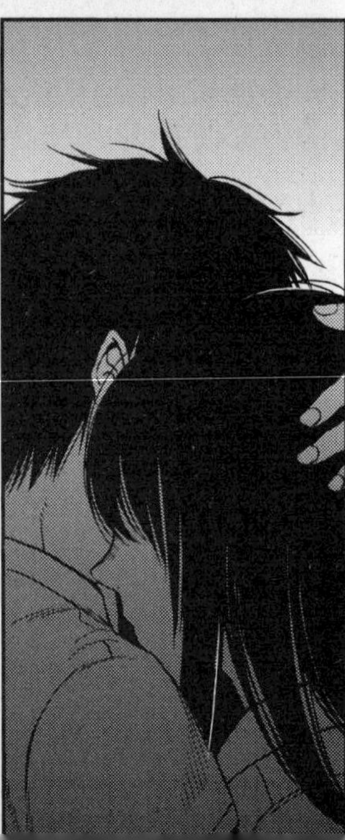

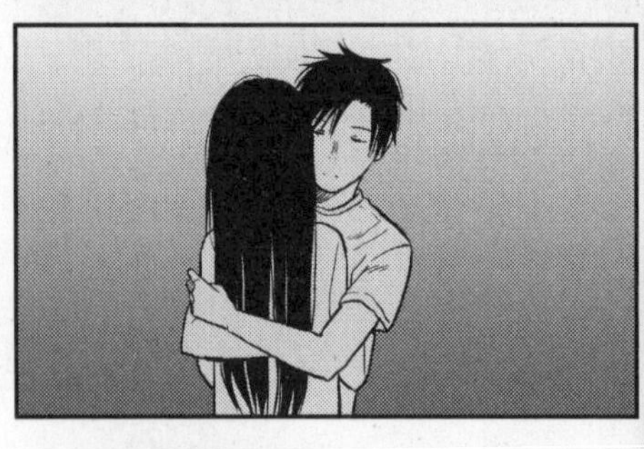

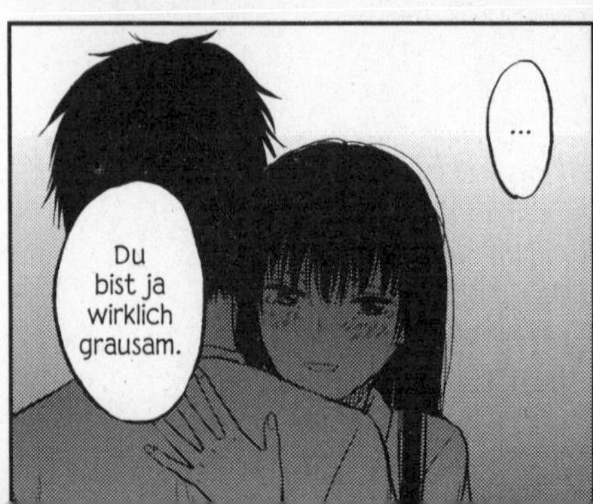
...
Du bist ja wirklich grausam.

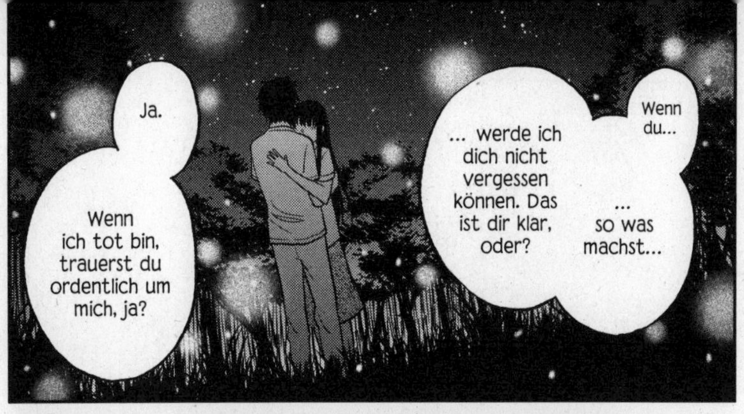
Wenn du...
... so was machst...
... werde ich dich nicht vergessen können. Das ist dir klar, oder?
Ja.
Wenn ich tot bin, trauerst du ordentlich um mich, ja?

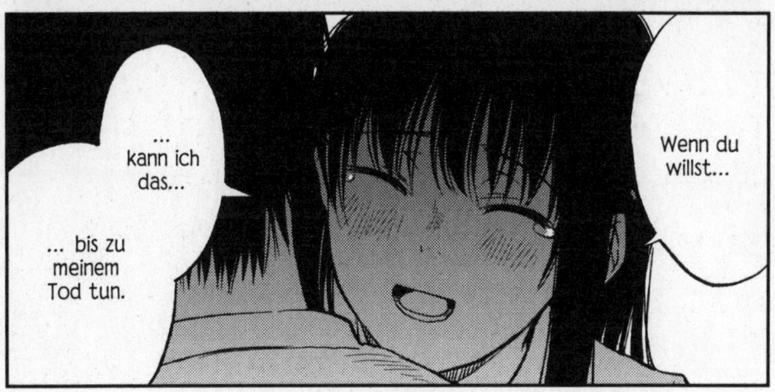
Wenn du willst...
... kann ich das...
... bis zu meinem Tod tun.

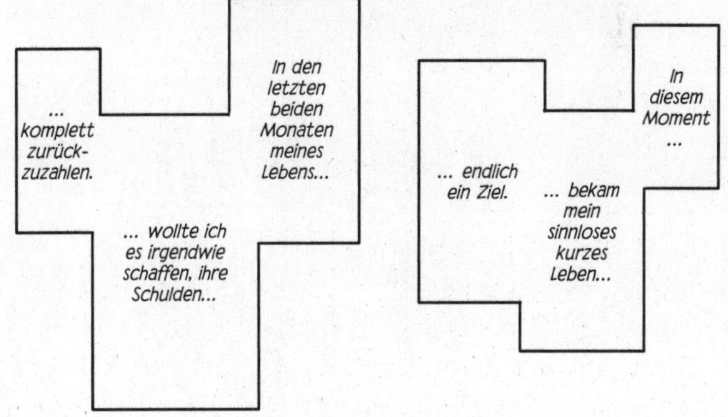
In diesem Moment ...
... bekam mein sinnloses kurzes Leben...
... endlich ein Ziel.
In den letzten beiden Monaten meines Lebens...
... wollte ich es irgendwie schaffen, ihre Schulden...
... komplett zurück-zuzahlen.

Ich habe mein Leben für 10.000 Yen pro Jahr verkauft

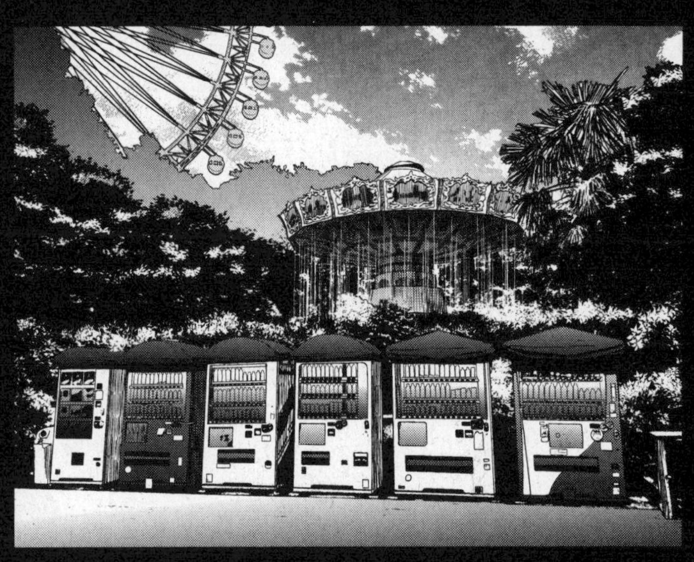

Kapitel 13

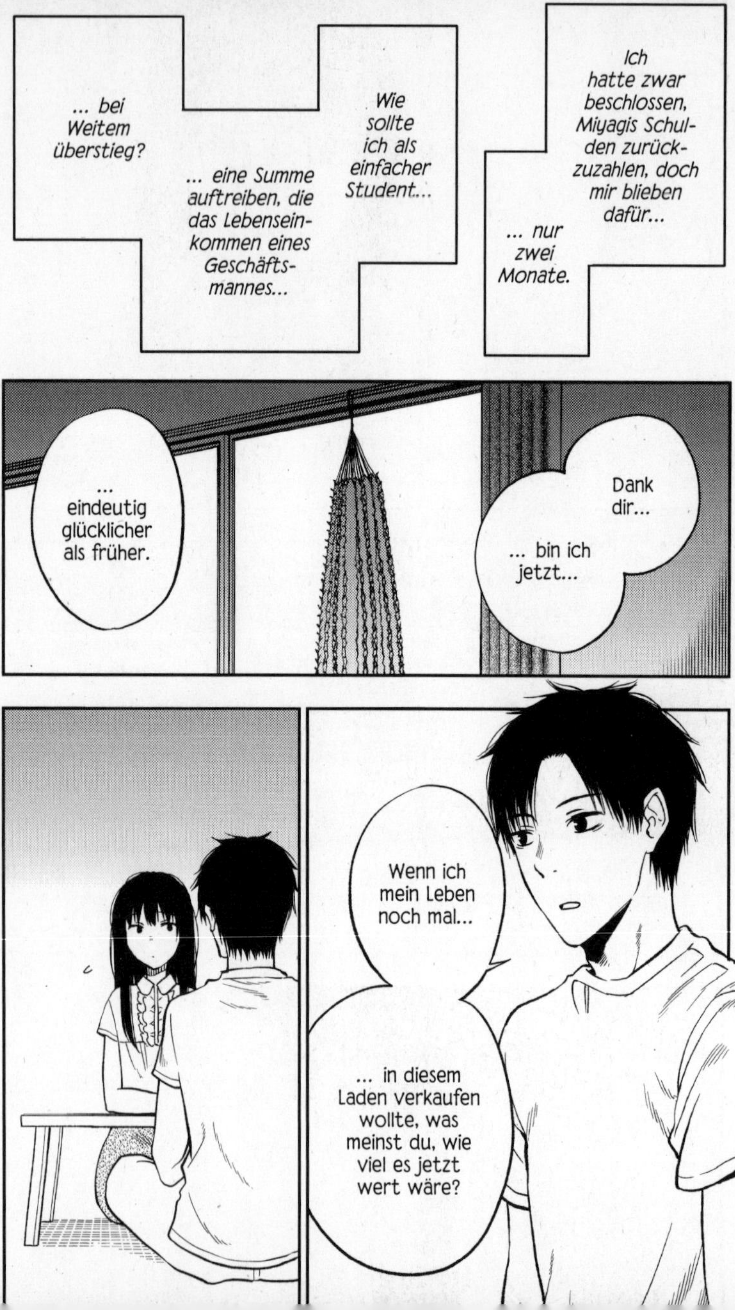

Ich hatte zwar beschlossen, Miyagis Schulden zurückzuzahlen, doch mir blieben dafür...

... nur zwei Monate.

Wie sollte ich als einfacher Student...

... eine Summe auftreiben, die das Lebenseinkommen eines Geschäftsmannes...

... bei Weitem überstieg?

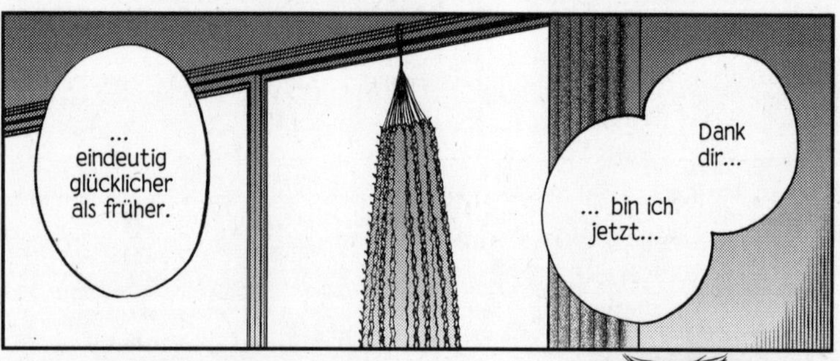

Wenn ich mein Leben noch mal...

... in diesem Laden verkaufen wollte, was meinst du, wie viel es jetzt wert wäre?

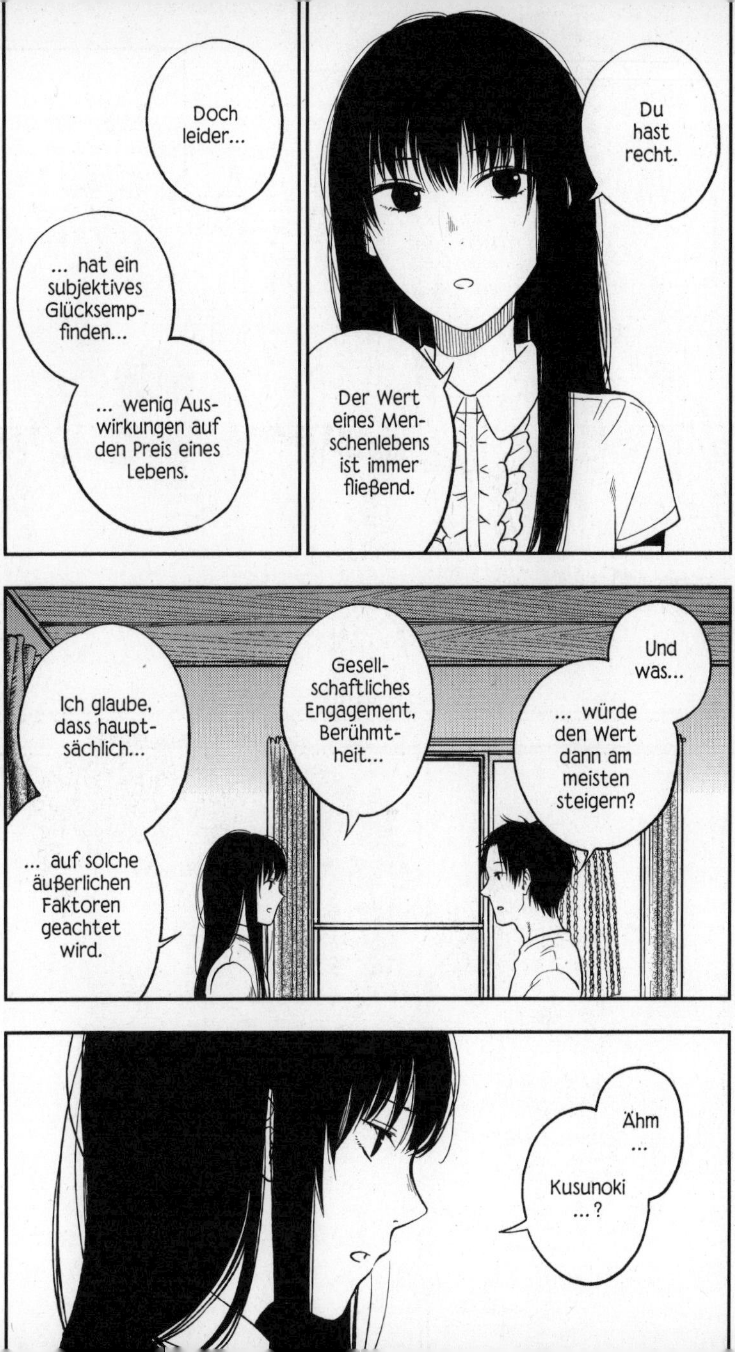

Du hast recht.

Der Wert eines Menschenlebens ist immer fließend.

Doch leider...

... hat ein subjektives Glücksempfinden...

... wenig Auswirkungen auf den Preis eines Lebens.

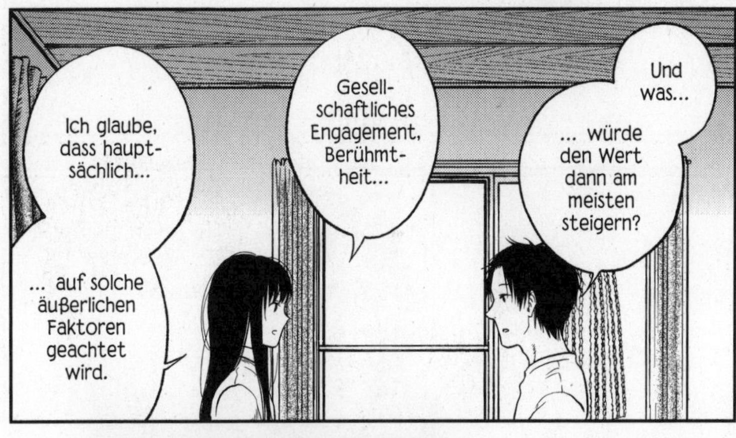

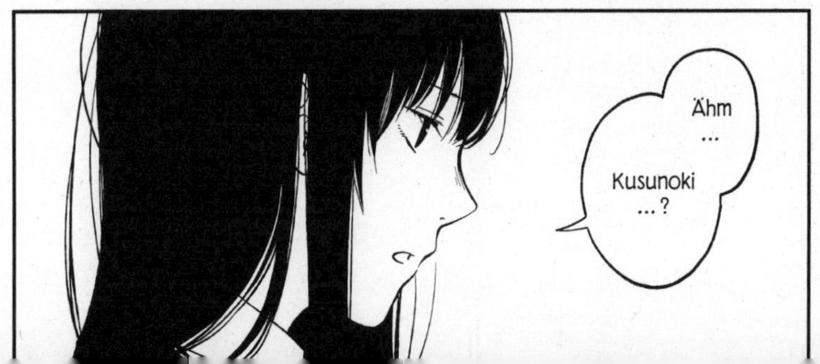

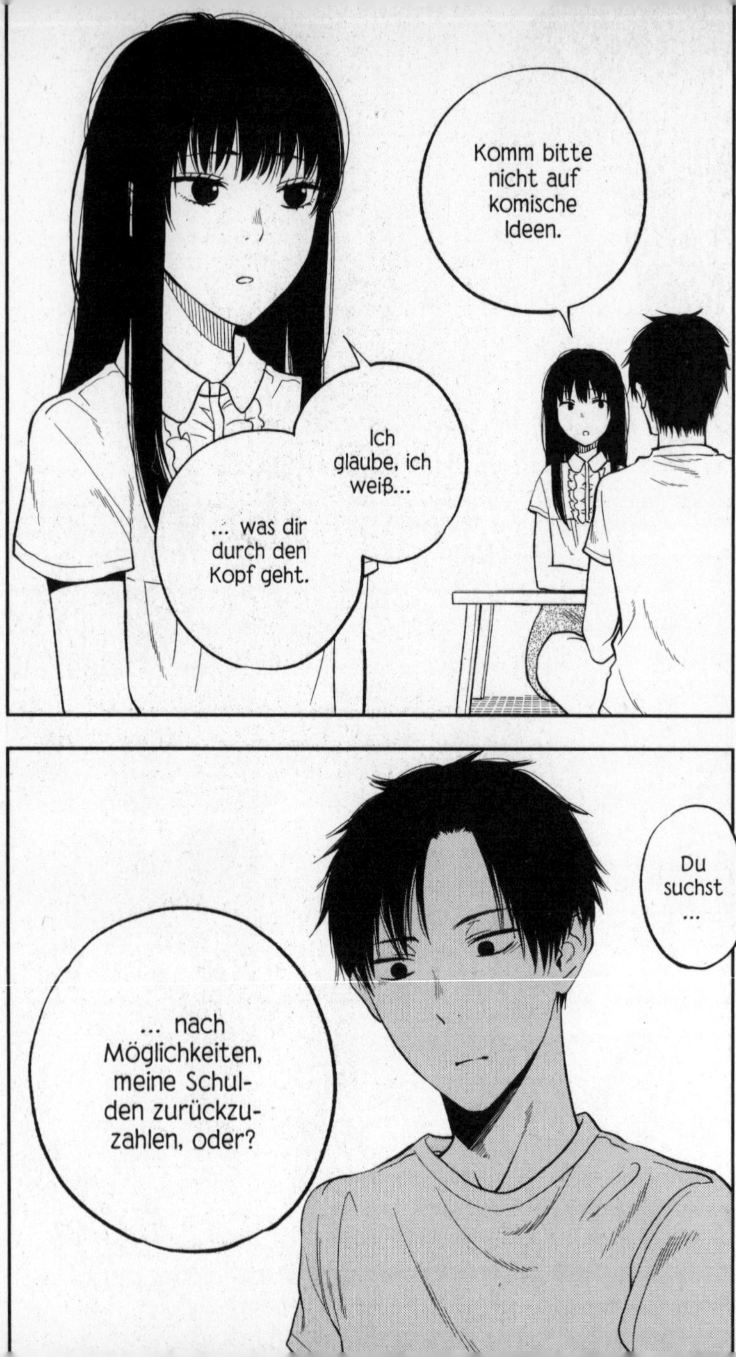

Komm bitte nicht auf komische Ideen.
Ich glaube, ich weiß...
... was dir durch den Kopf geht.
Du suchst ...
... nach Möglichkeiten, meine Schul-den zurückzu-zahlen, oder?

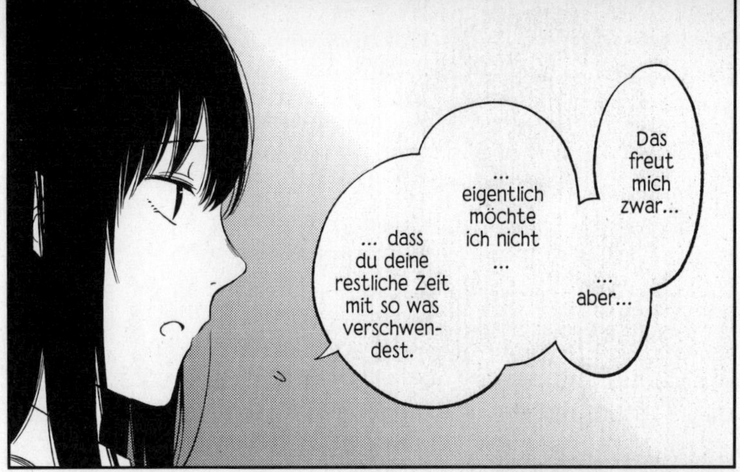
Das freut mich zwar...
... aber...
... eigentlich möchte ich nicht ...
... dass du deine restliche Zeit mit so was verschwendest.

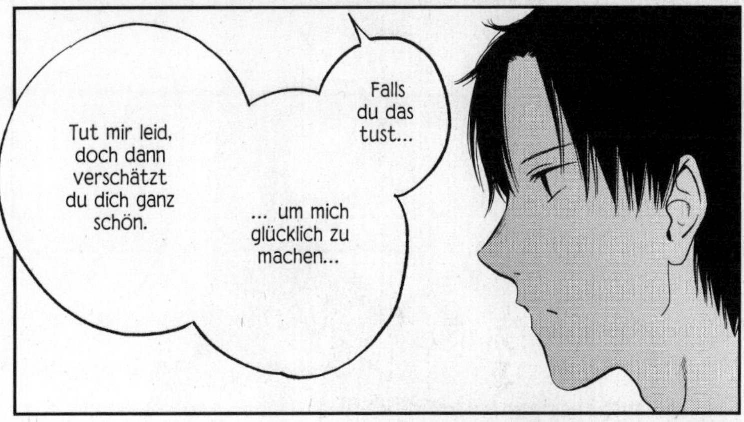
Falls du das tust...
... um mich glücklich zu machen...
Tut mir leid, doch dann verschätzt du dich ganz schön.

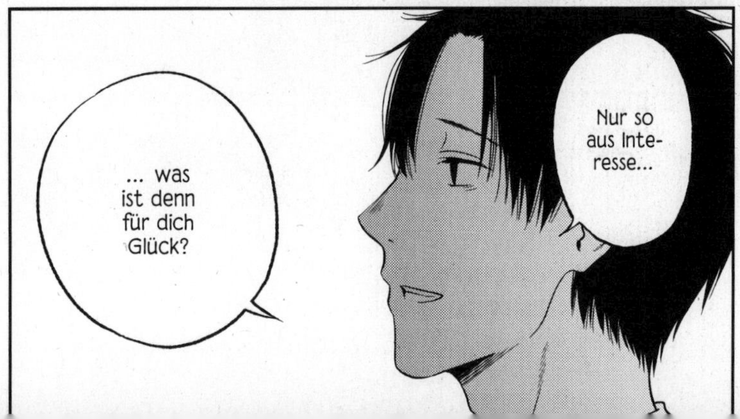
Nur so aus Interesse...
... was ist denn für dich Glück?

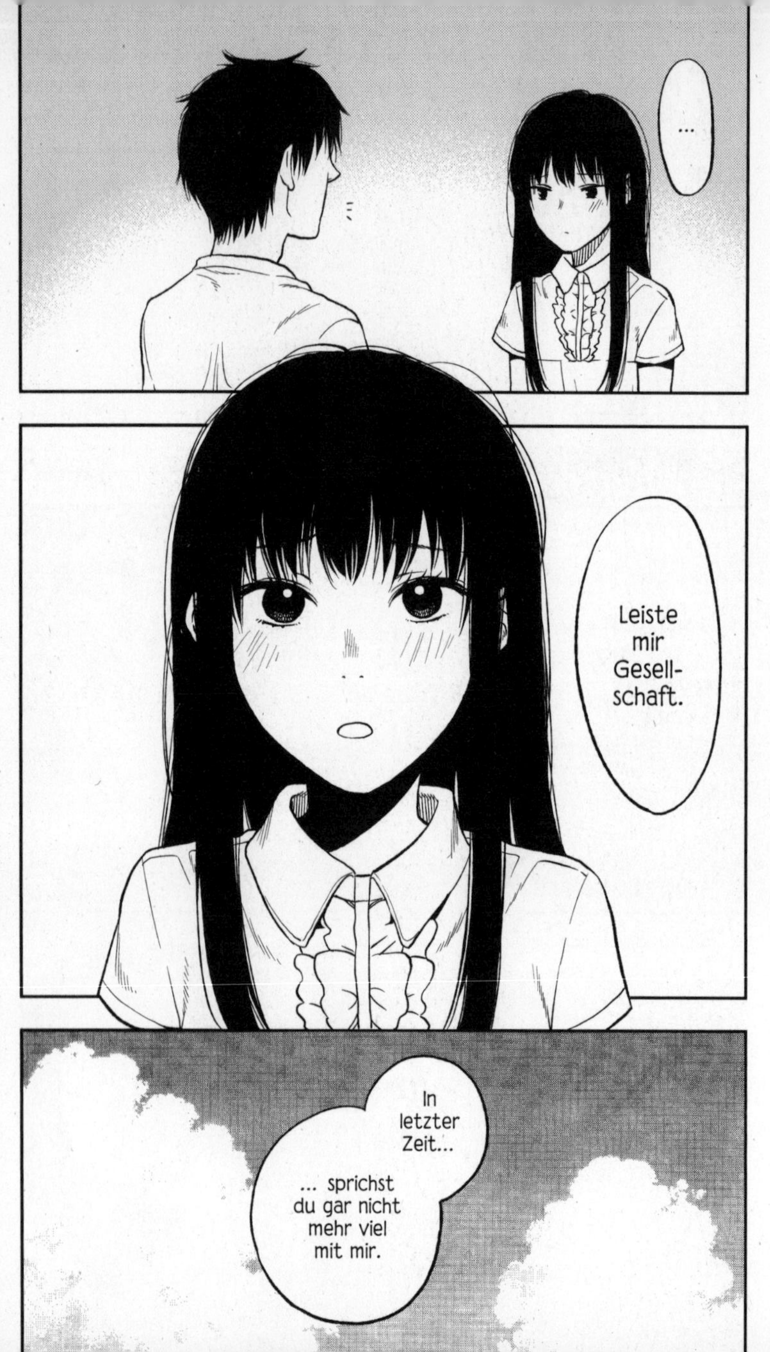
...
Leiste mir Gesell-schaft.
In letzter Zeit...
... sprichst du gar nicht mehr viel mit mir.

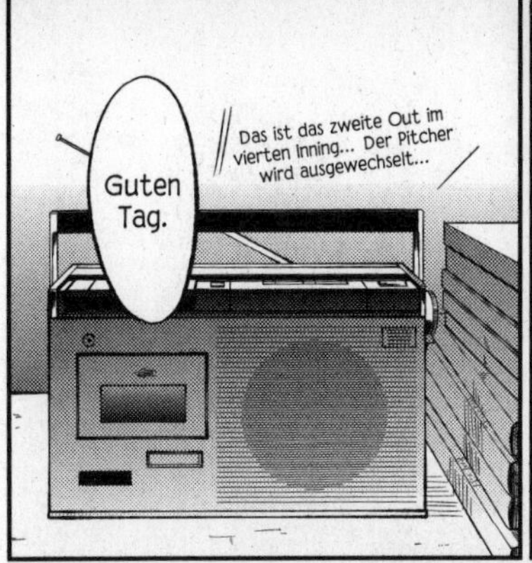
Guten Tag.
Das ist das zweite Out im vierten Inning... Der Pitcher wird ausgewechselt...

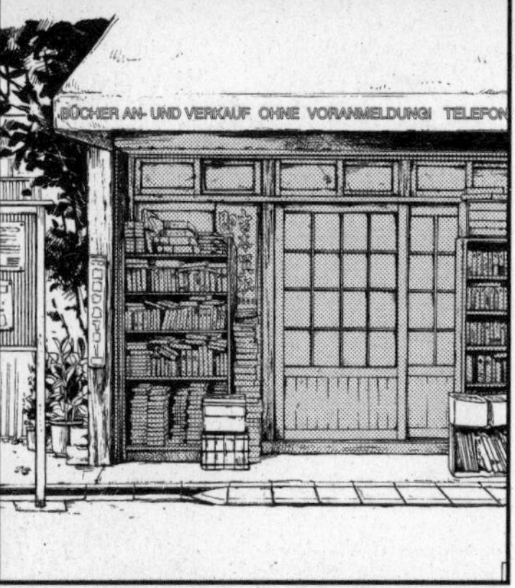
BÜCHER AN- UND VERKAUF OHNE VORANMELDUNG! TELEFON

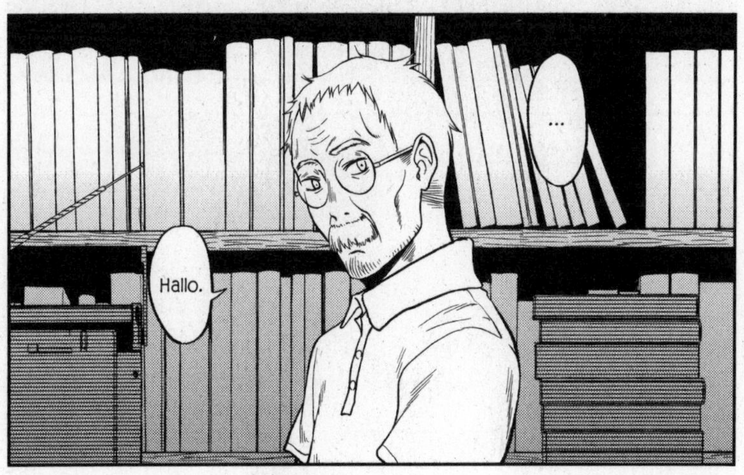
...
Hallo.

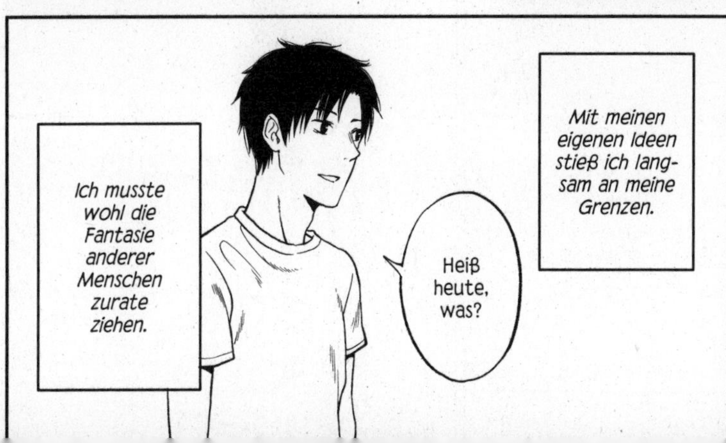
Mit meinen eigenen Ideen stieß ich langsam an meine Grenzen.
Heiß heute, was?
Ich musste wohl die Fantasie anderer Menschen zurate ziehen.

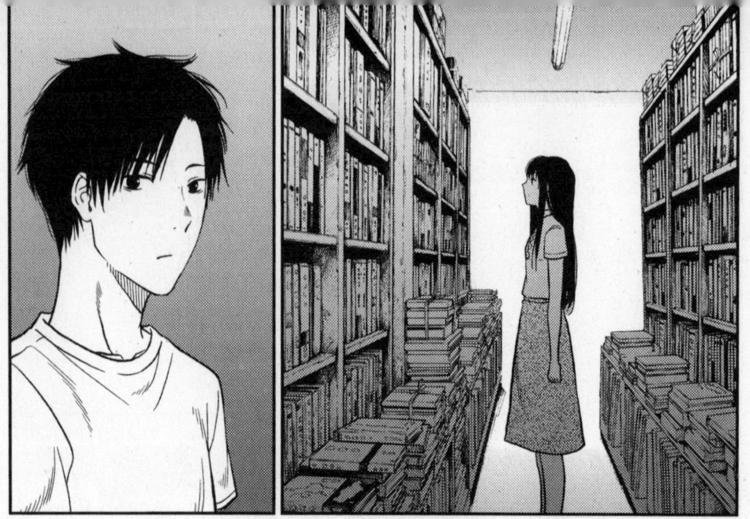

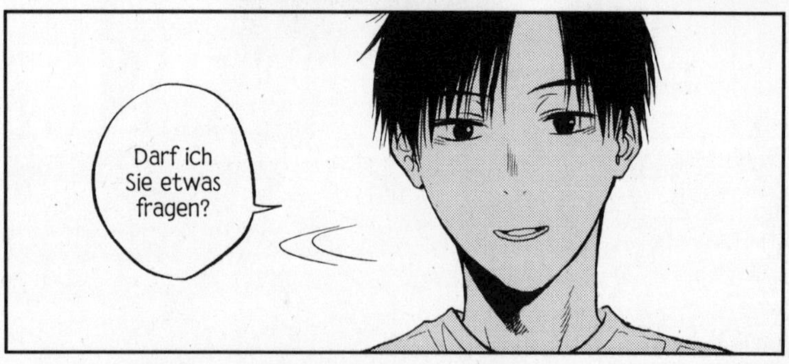

Darf ich Sie etwas fragen?

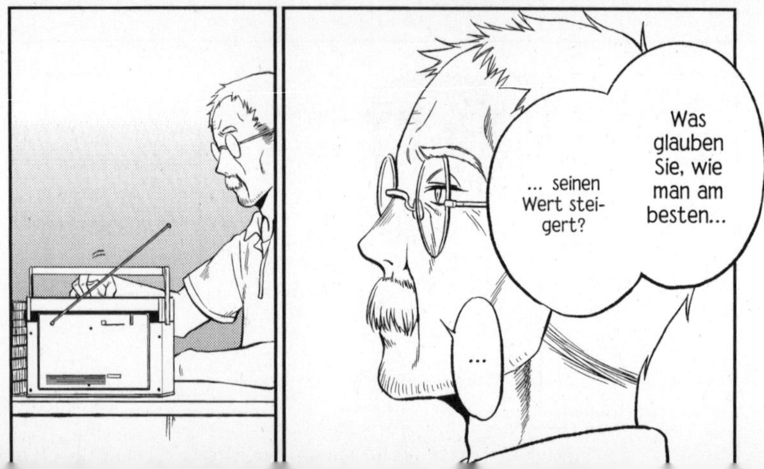

Was glauben Sie, wie man am besten...
... seinen Wert steigert?
...

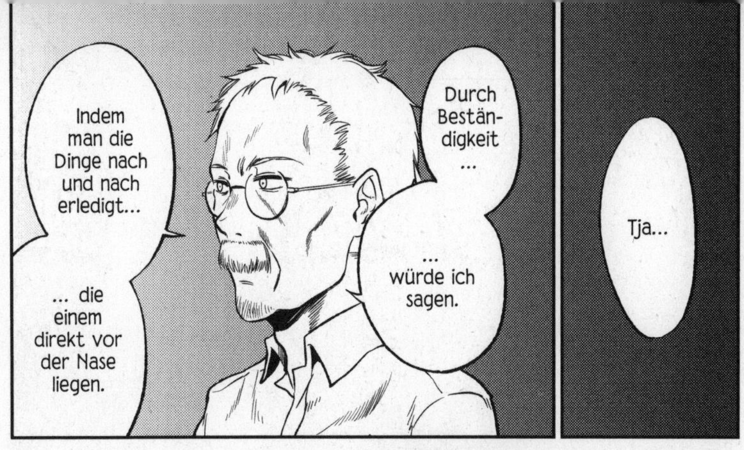
Tja...
Durch Beständigkeit ...
... würde ich sagen.
Indem man die Dinge nach und nach erledigt...
... die einem direkt vor der Nase liegen.

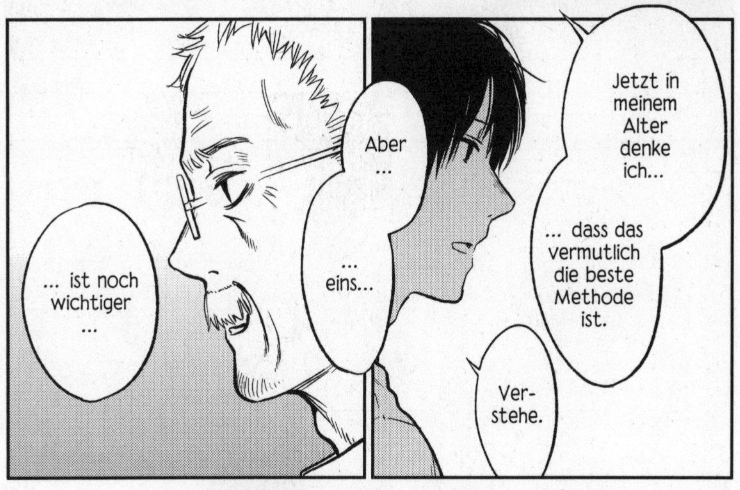
Jetzt in meinem Alter denke ich...
... dass das vermutlich die beste Methode ist.
Verstehe.
Aber ...
... eins...
... ist noch wichtiger ...

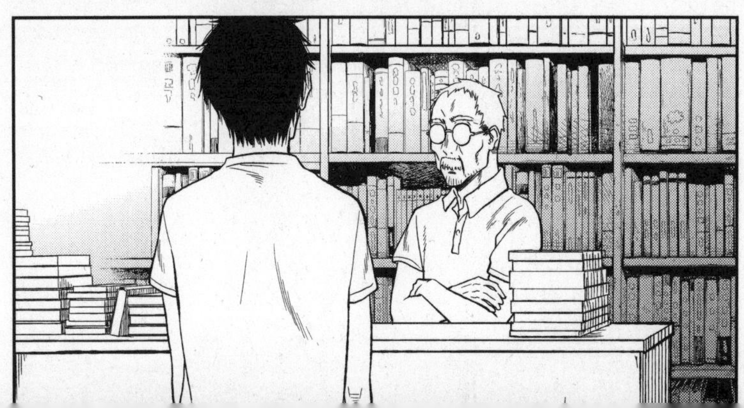

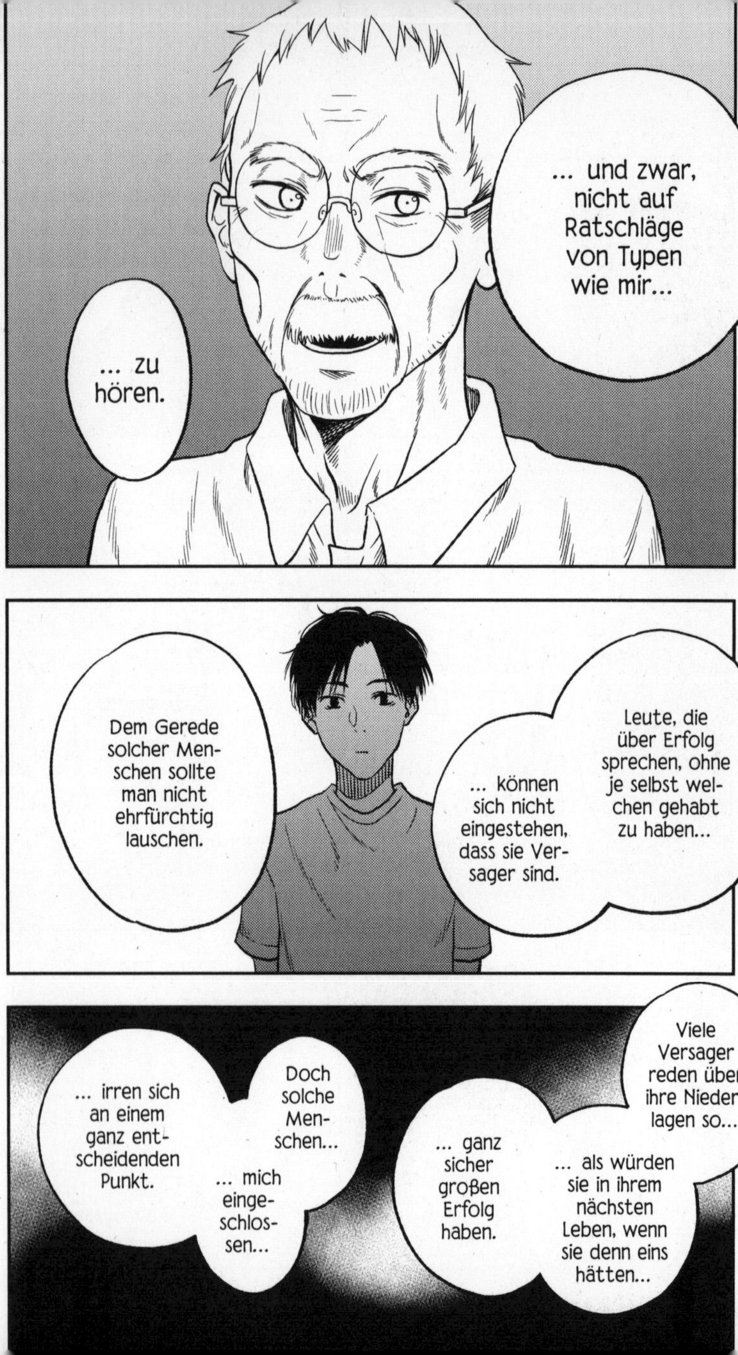

... und zwar, nicht auf Ratschläge von Typen wie mir...

... zu hören.

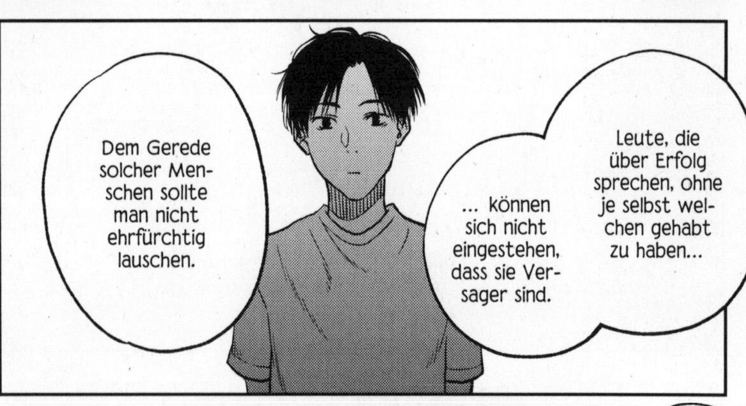

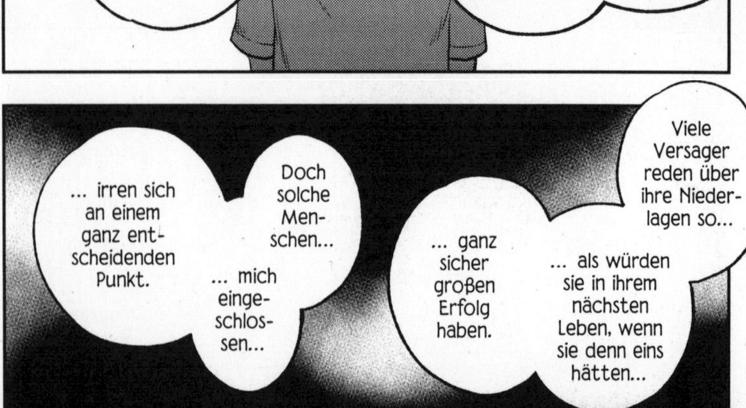

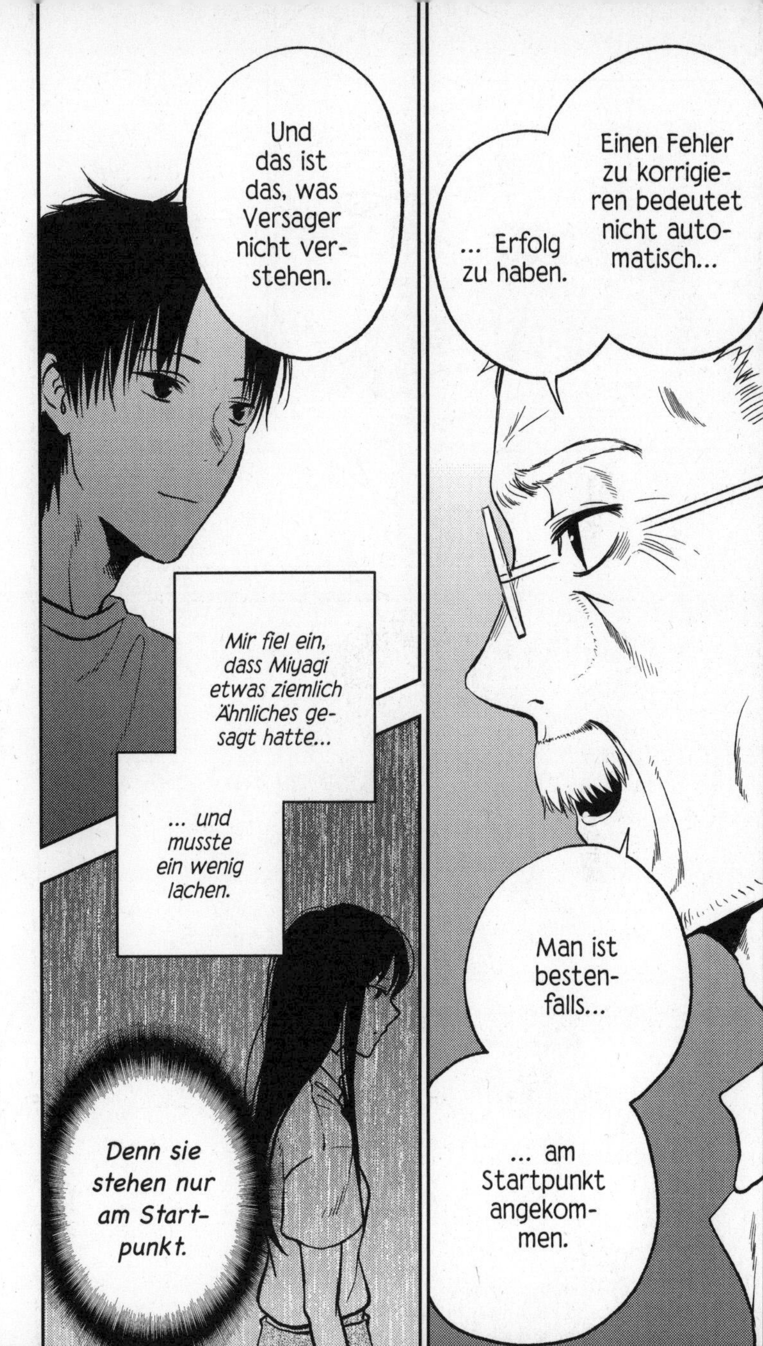
Einen Fehler zu korrigieren bedeutet nicht automatisch...
... Erfolg zu haben.
Man ist bestenfalls...
... am Startpunkt angekommen.
Und das ist das, was Versager nicht verstehen.
Mir fiel ein, dass Miyagi etwas ziemlich Ähnliches gesagt hatte...
... und musste ein wenig lachen.
Denn sie stehen nur am Startpunkt.

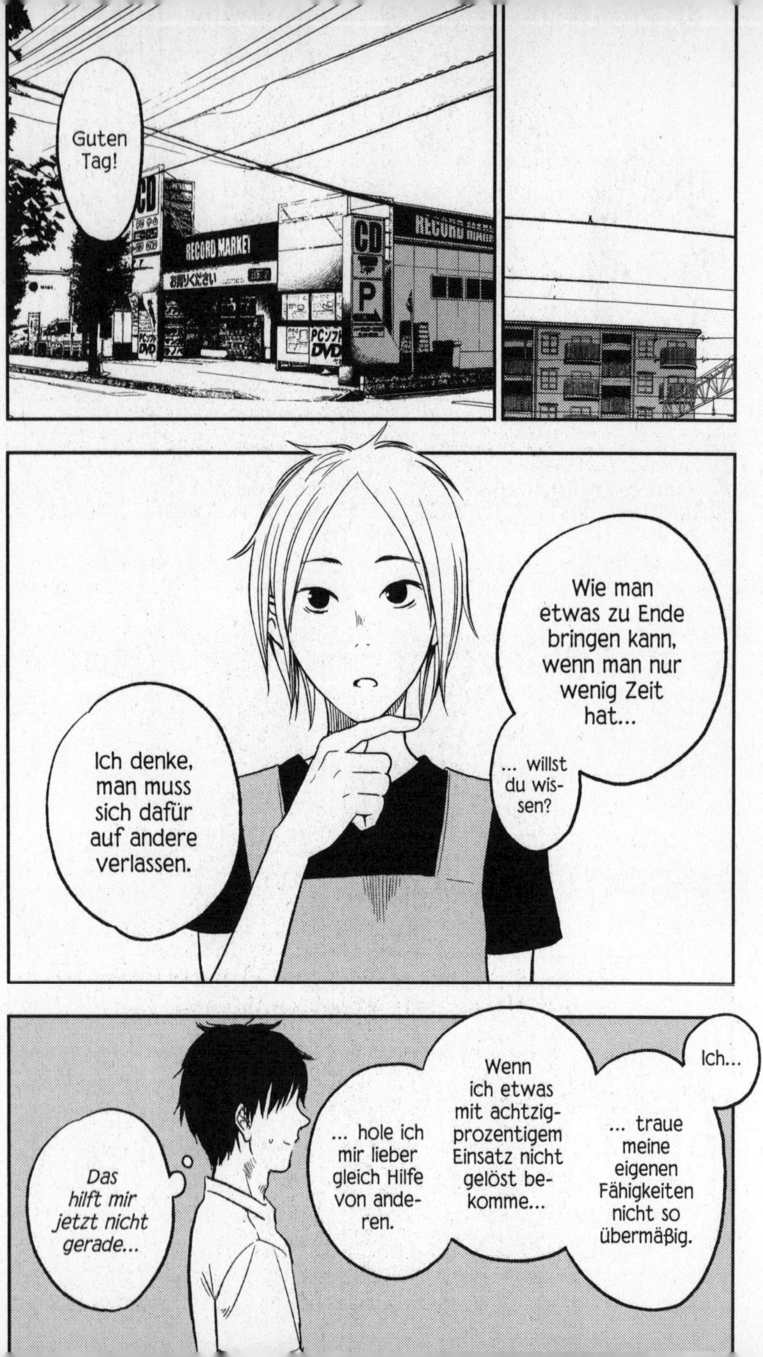

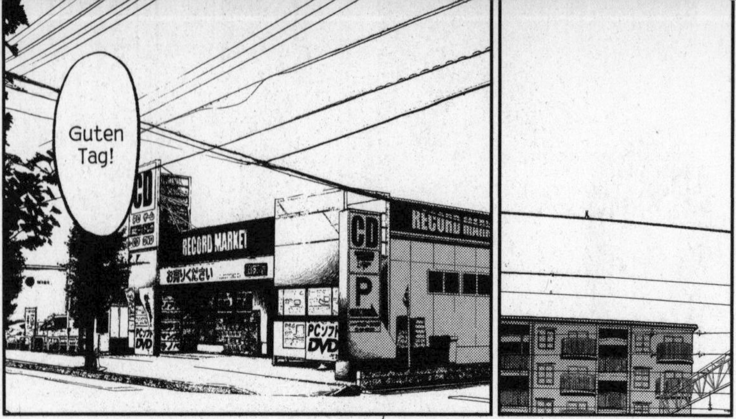

Wie man etwas zu Ende bringen kann, wenn man nur wenig Zeit hat...
... willst du wissen?
Ich denke, man muss sich dafür auf andere verlassen.

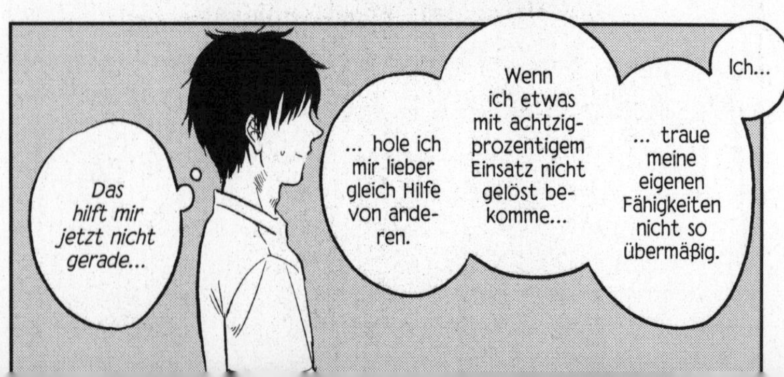

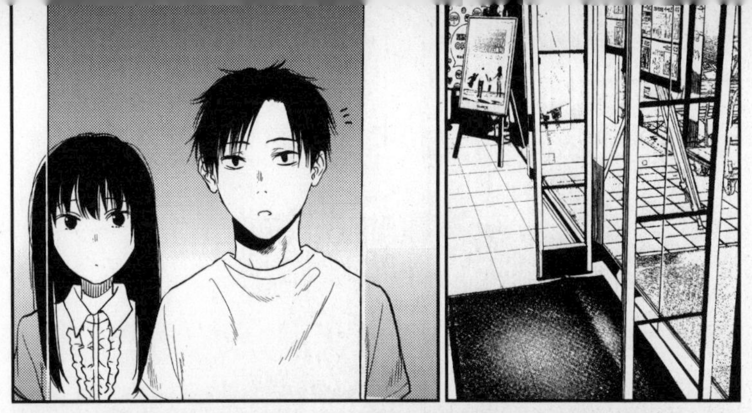

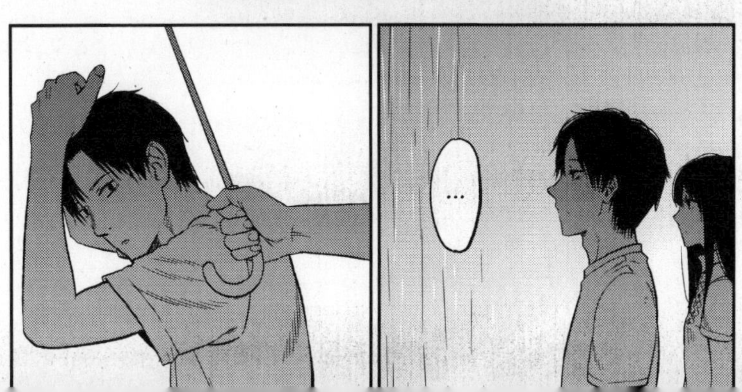

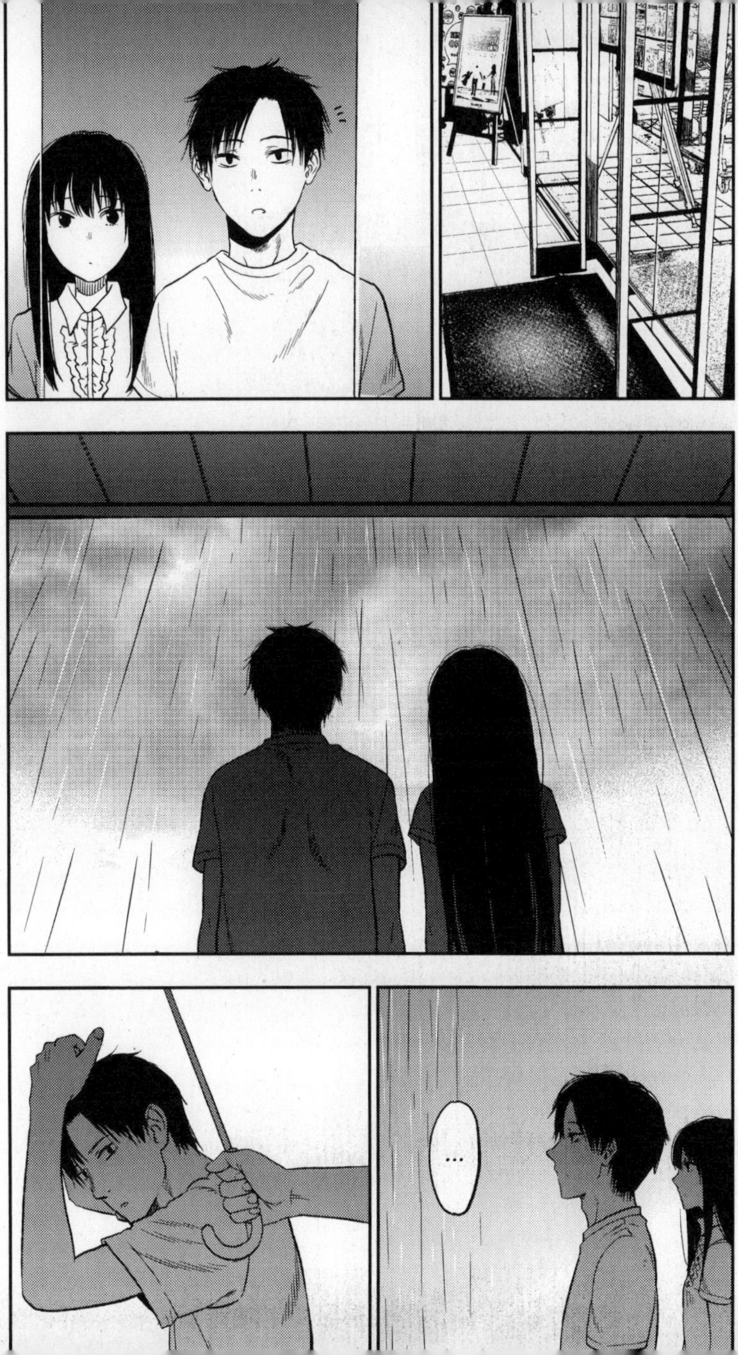

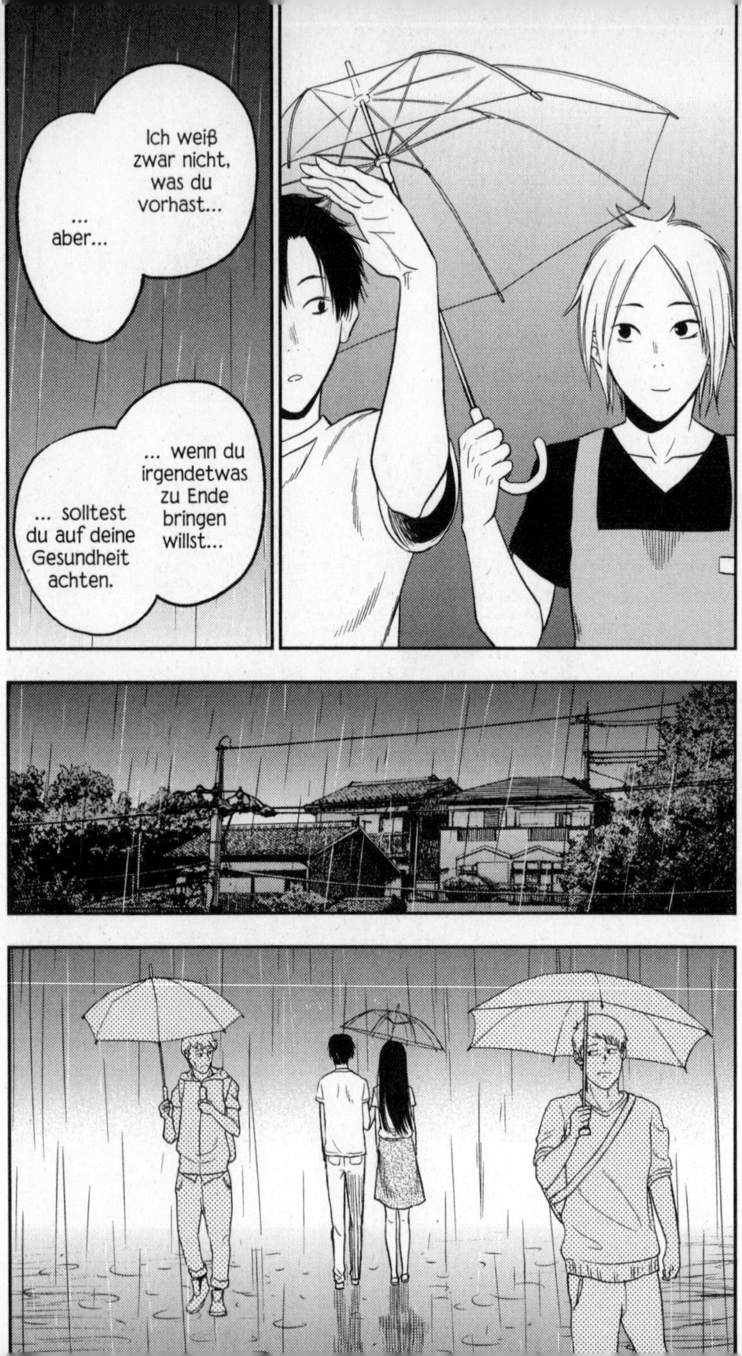

Ich weiß zwar nicht, was du vorhast...

... aber...

... wenn du irgendetwas zu Ende bringen willst...

... solltest du auf deine Gesundheit achten.

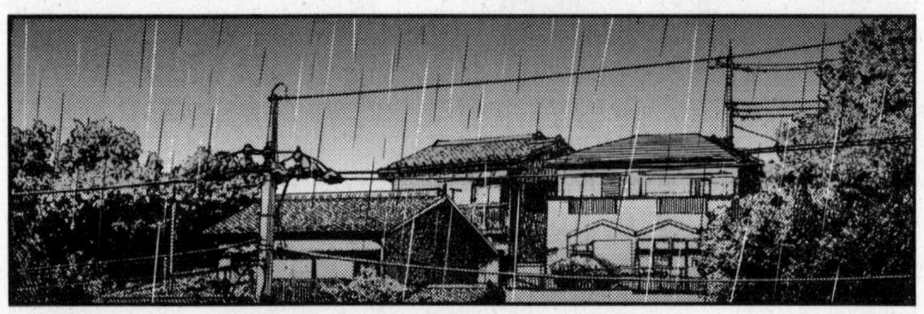

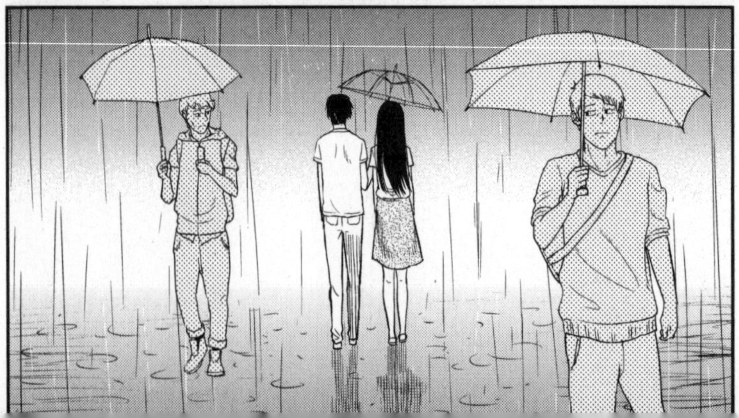

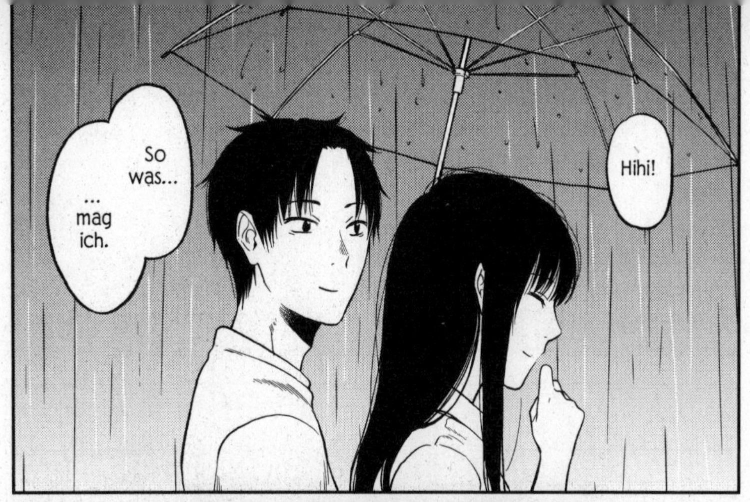
Hihi!
So was...
... mag ich.

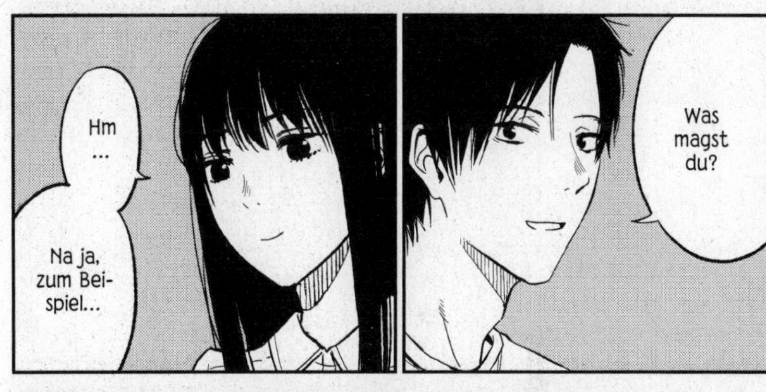
Was magst du?
Hm ...
Na ja, zum Bei-spiel...

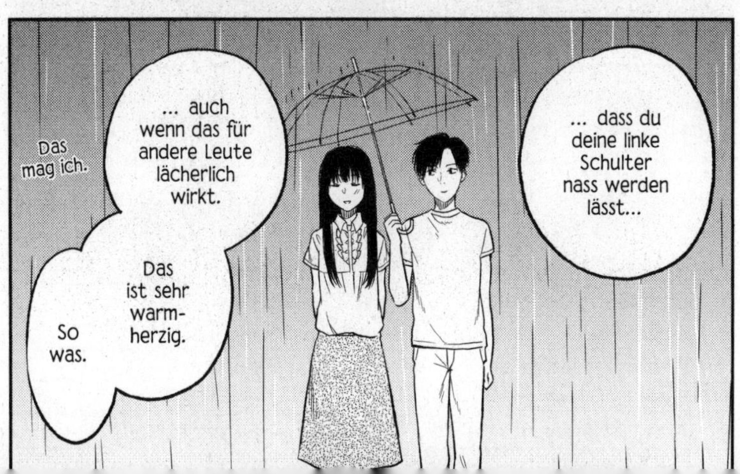
... dass du deine linke Schulter nass werden lässt...
... auch wenn das für andere Leute lächerlich wirkt.
Das mag ich.
Das ist sehr warm-herzig.
So was.

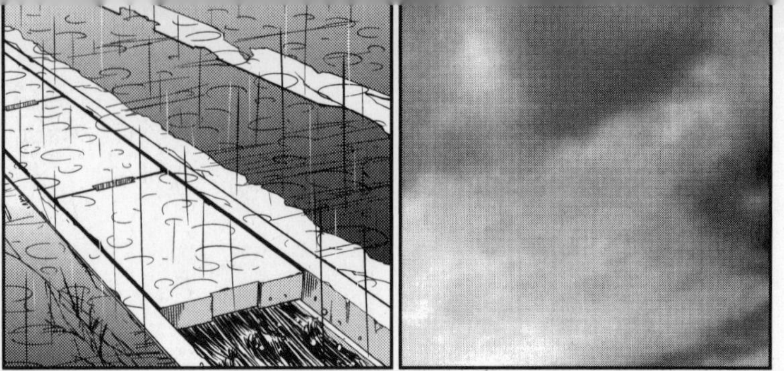

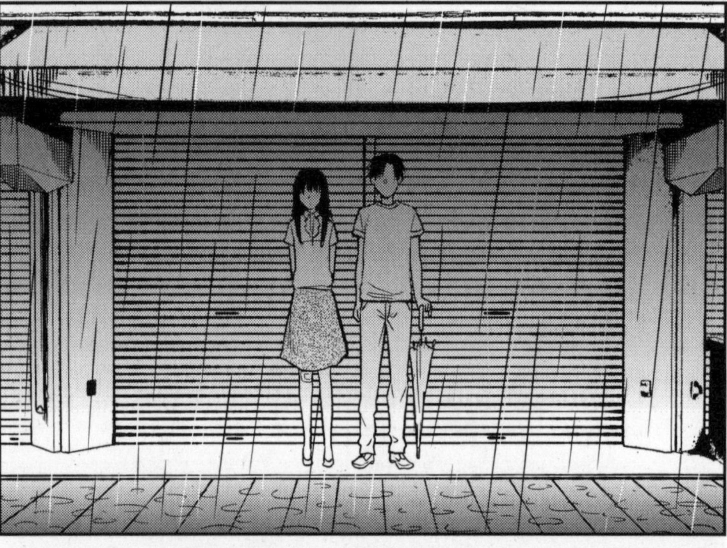

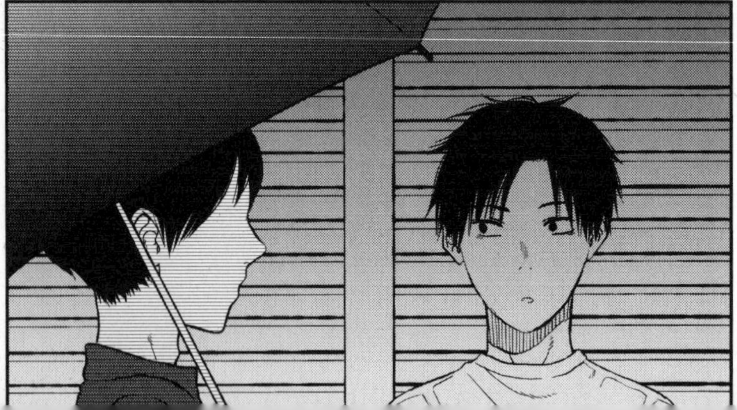

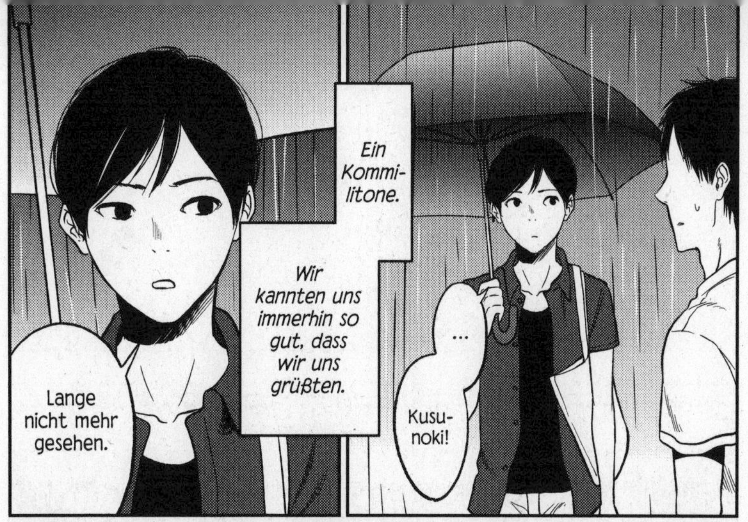
…
Kusunoki!
Ein Kommilitone.
Wir kannten uns immerhin so gut, dass wir uns grüßten.
Lange nicht mehr gesehen.

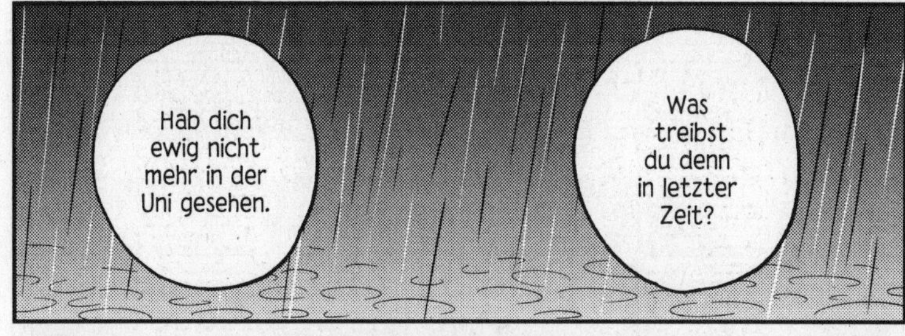
Was treibst du denn in letzter Zeit?
Hab dich ewig nicht mehr in der Uni gesehen.

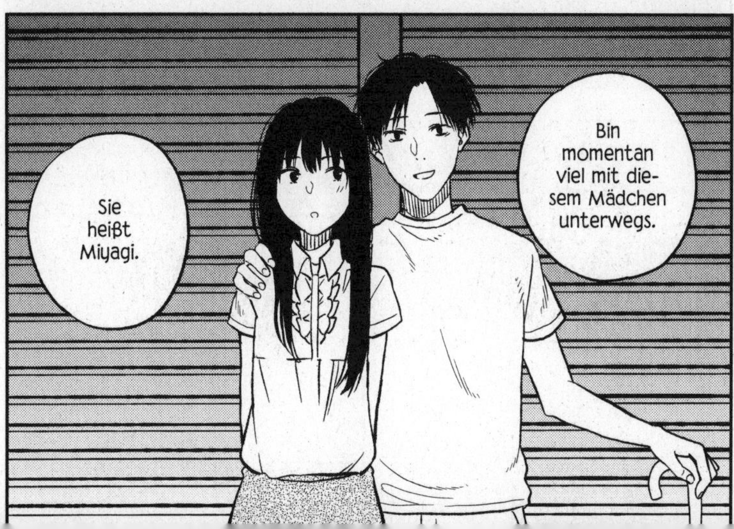
Bin momentan viel mit diesem Mädchen unterwegs.
Sie heißt Miyagi.

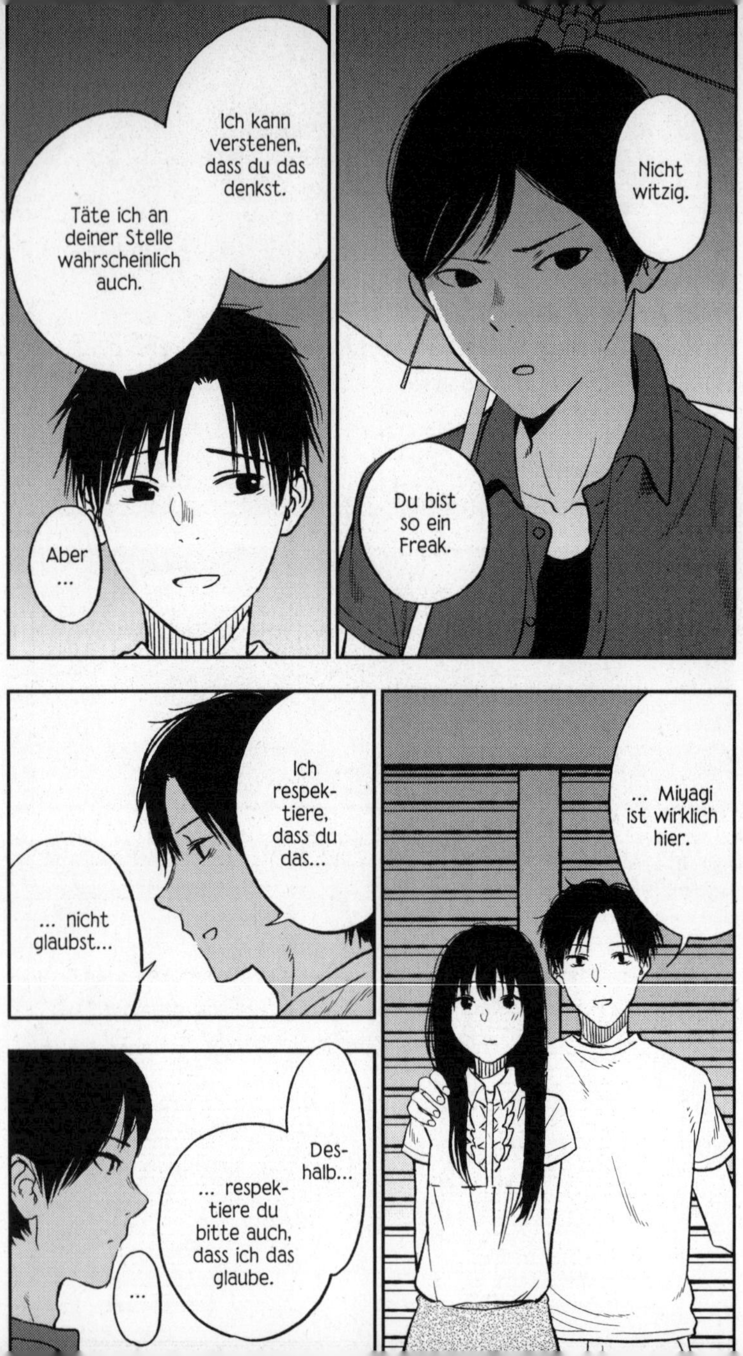

Nicht witzig.

Du bist so ein Freak.

Ich kann verstehen, dass du das denkst.

Täte ich an deiner Stelle wahrscheinlich auch.

Aber ...

Ich respektiere, dass du das...

... nicht glaubst...

Deshalb...

... respektiere du bitte auch, dass ich das glaube.

...

... Miyagi ist wirklich hier.

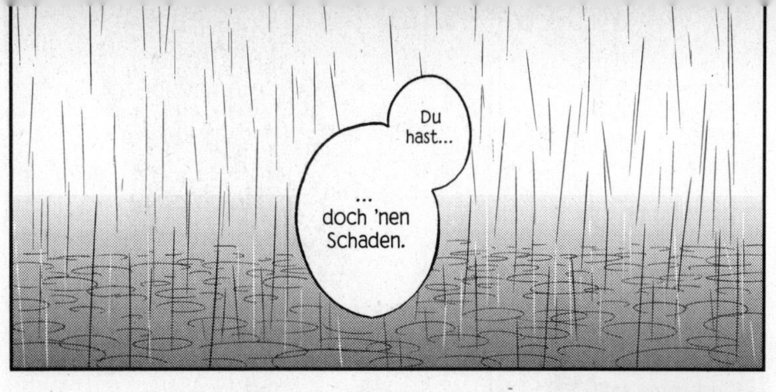
Du hast...
... doch 'nen Schaden.

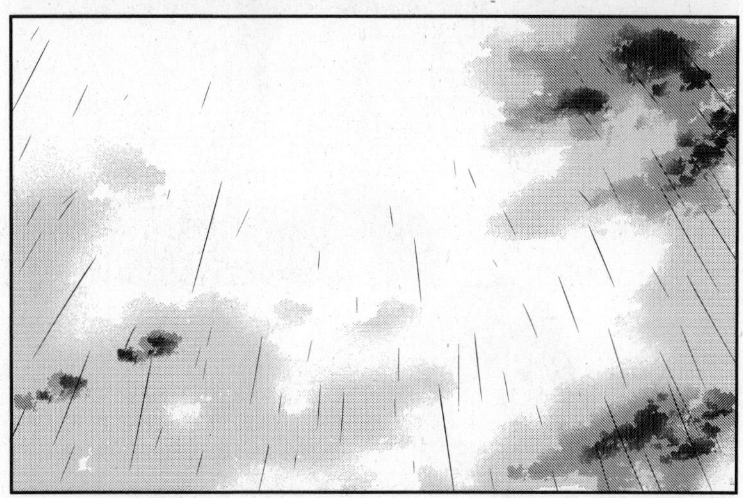

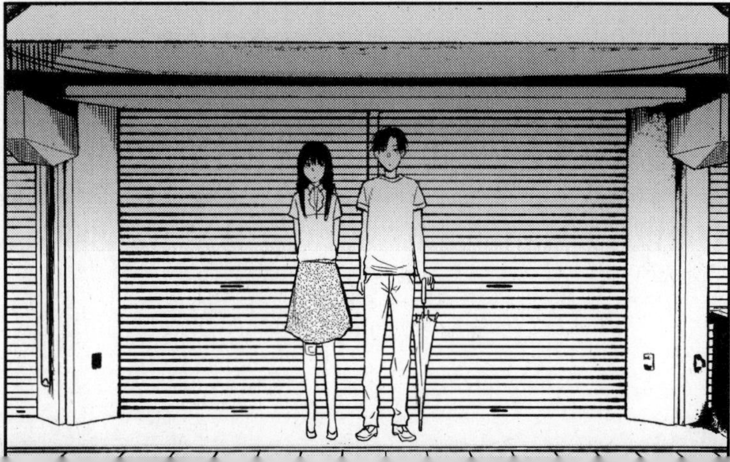

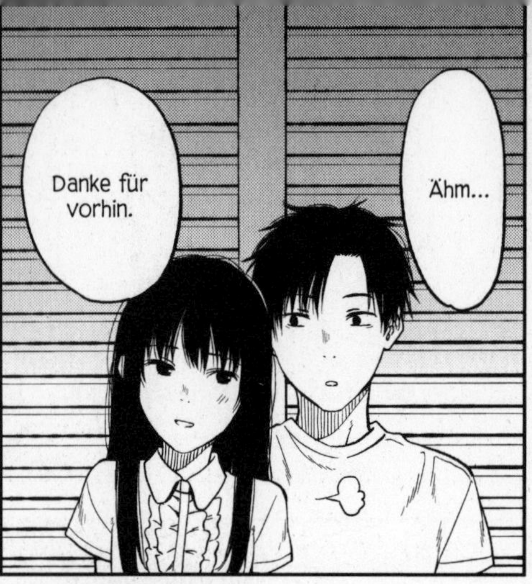
Ähm...
Danke für vorhin.

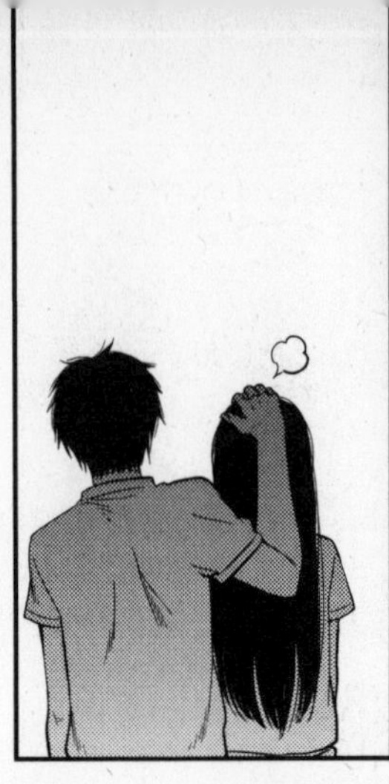

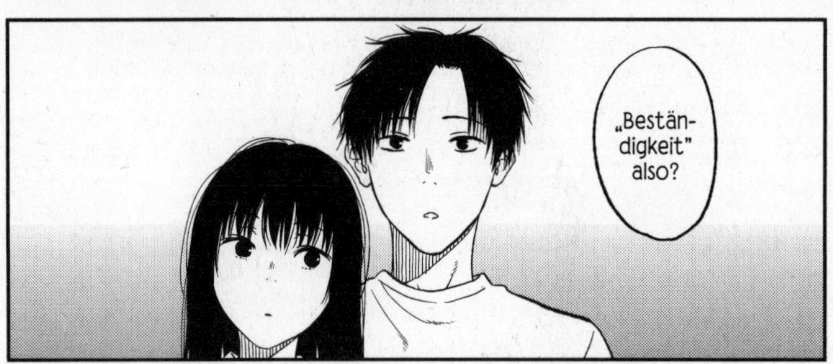
„Beständigkeit" also?

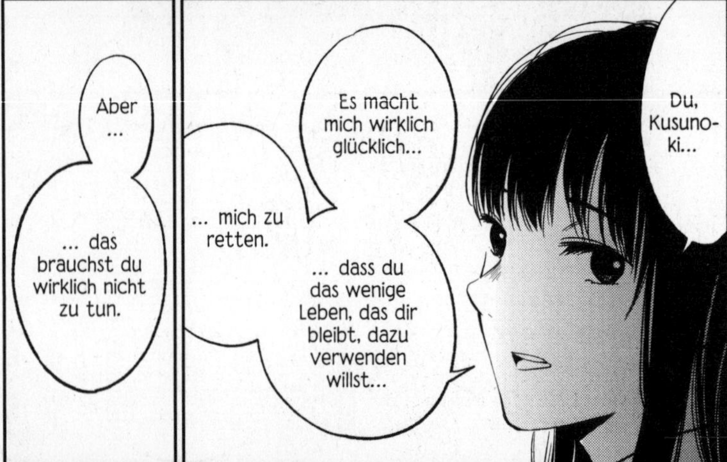
Du, Kusunoki...
Es macht mich wirklich glücklich...
... dass du das wenige Leben, das dir bleibt, dazu verwenden willst...
... mich zu retten.
Aber ...
... das brauchst du wirklich nicht zu tun.

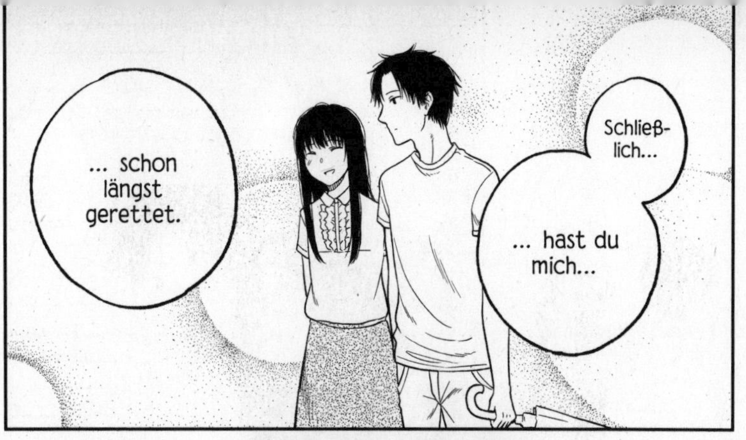
Schließlich...
... hast du mich...
... schon längst gerettet.

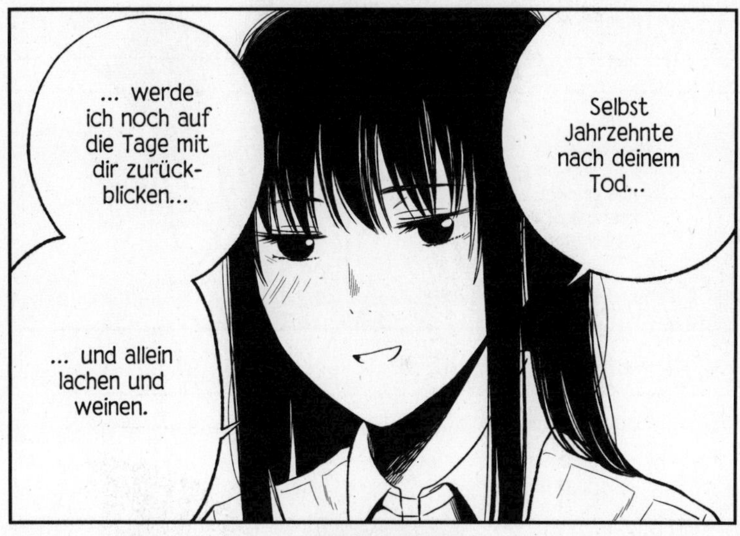
Selbst Jahrzehnte nach deinem Tod...
... werde ich noch auf die Tage mit dir zurückblicken...
... und allein lachen und weinen.

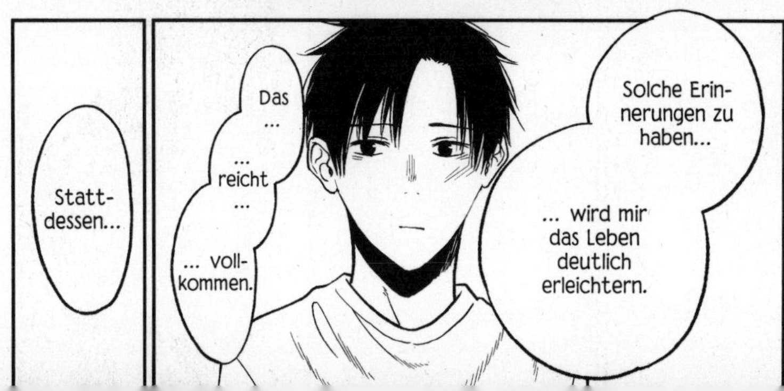
Solche Erinnerungen zu haben...
... wird mir das Leben deutlich erleichtern.
Das ...
... reicht ...
... vollkommen.
Stattdessen...

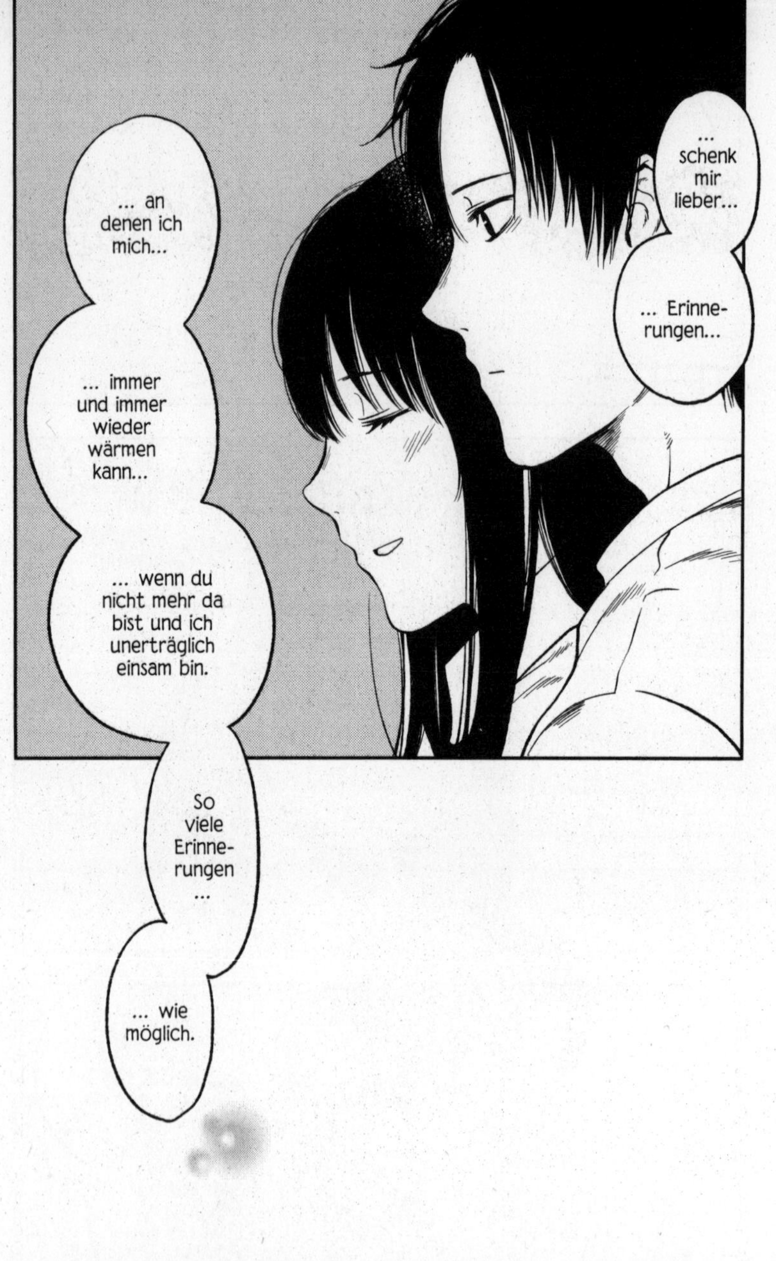
... schenk mir lieber...
... Erinne-rungen...
... an denen ich mich...
... immer und immer wieder wärmen kann...
... wenn du nicht mehr da bist und ich unerträglich einsam bin.
So viele Erinne-rungen ...
... wie möglich.

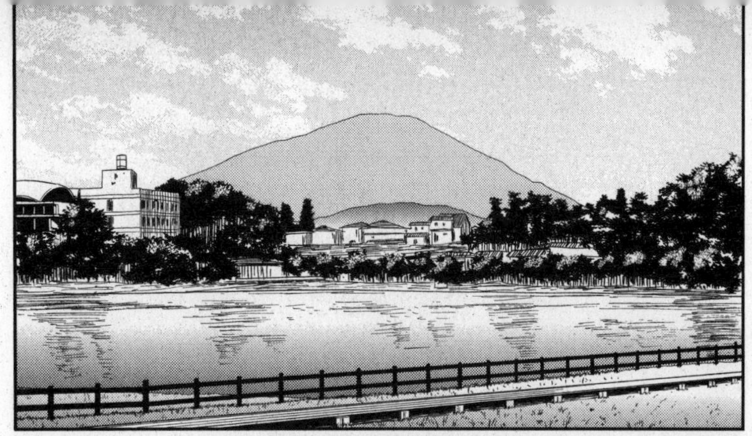

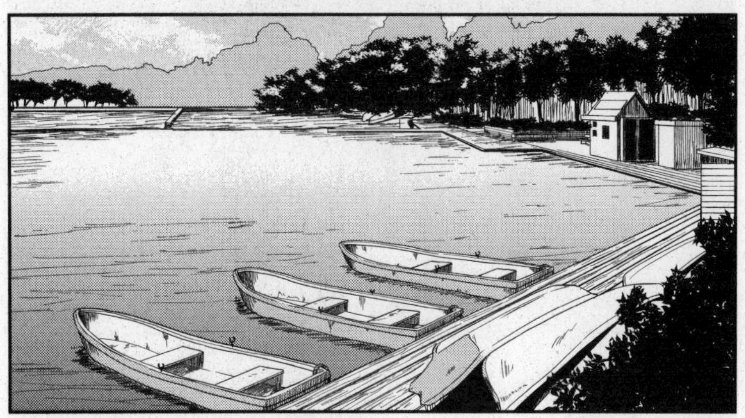

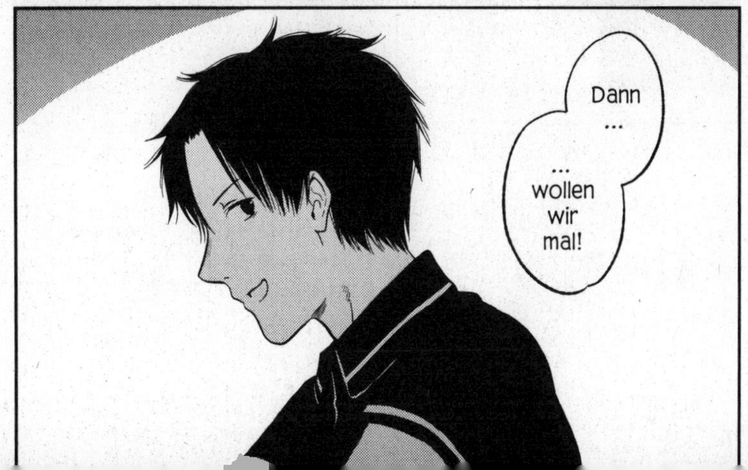
Dann
...
... wollen wir mal!

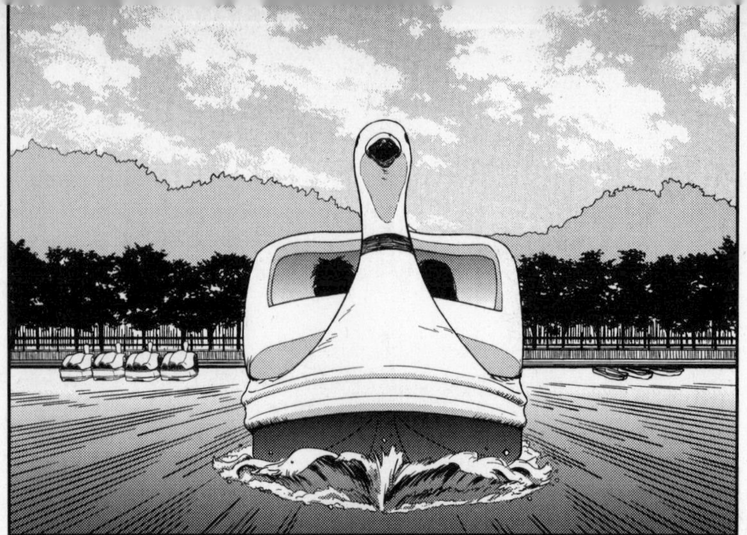

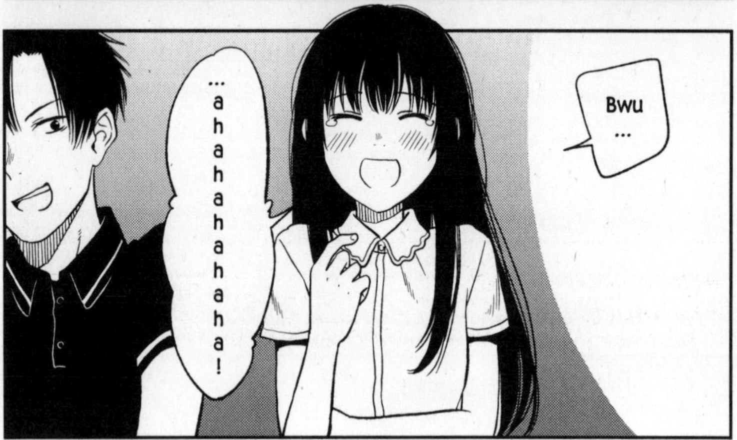
Bwu ...
...ahahahahahaha!

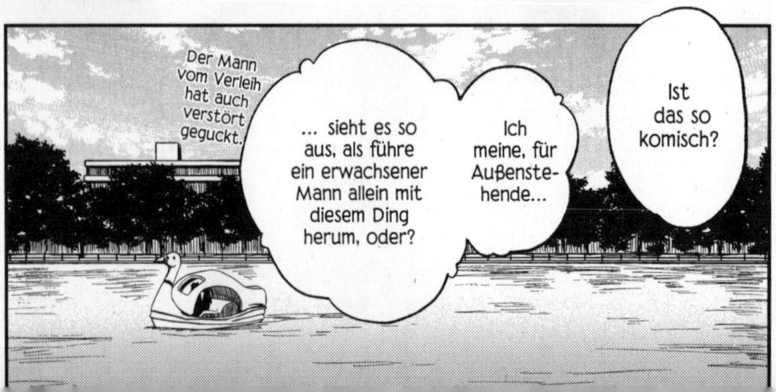
Ist das so komisch?
Ich meine, für Außenstehende...
... sieht es so aus, als führe ein erwachsener Mann allein mit diesem Ding herum, oder?
Der Mann vom Verleih hat auch verstört geguckt...

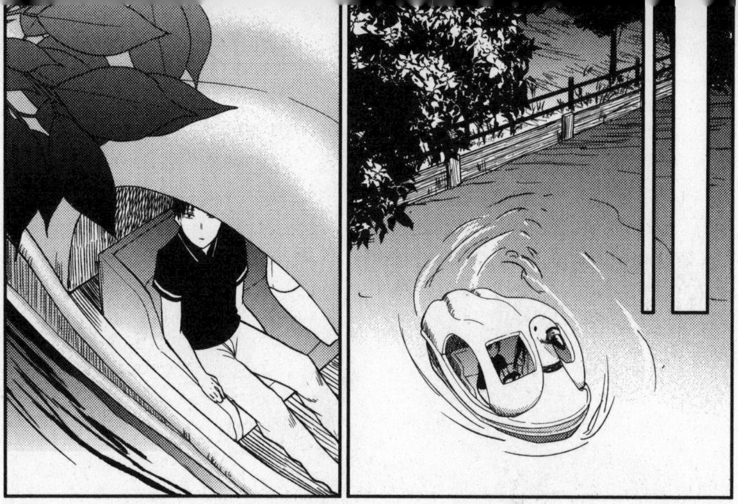

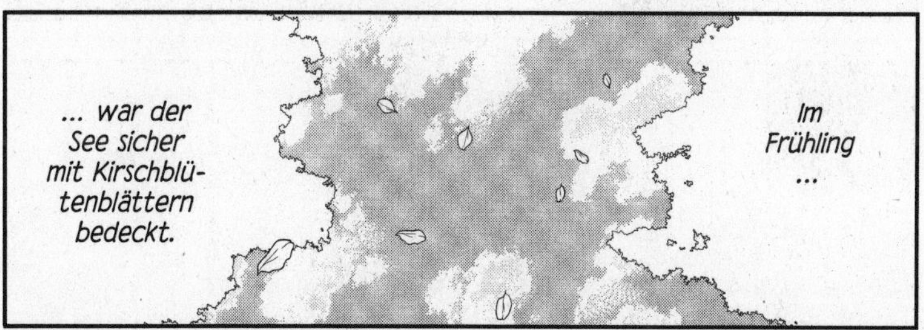

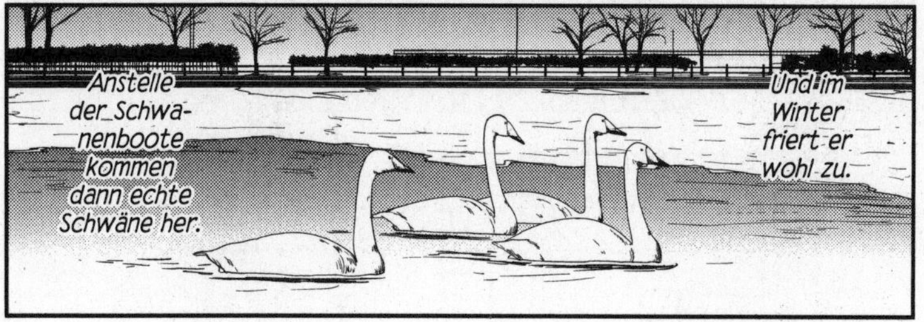

Als ich darüber nachdachte, dass ich nie wieder einen Frühling oder Winter erleben würde...

... wurde ich doch ein bisschen wehmütig.

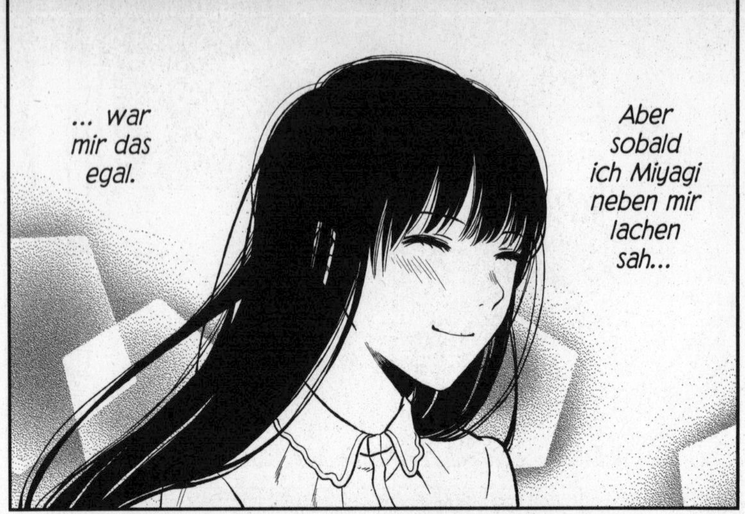
Aber sobald ich Miyagi neben mir lachen sah...
... war mir das egal.

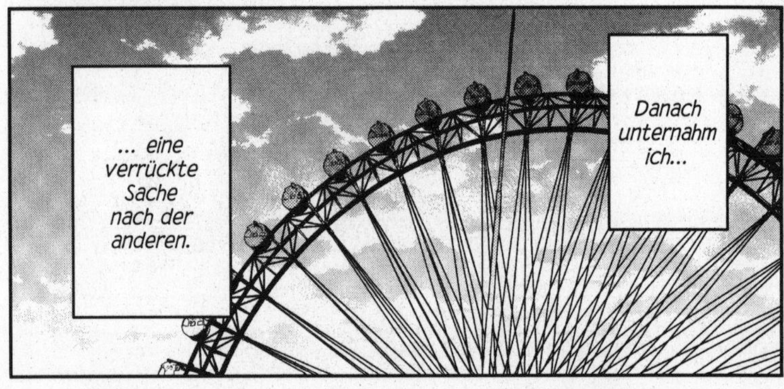
Danach unternahm ich...
... eine verrückte Sache nach der anderen.

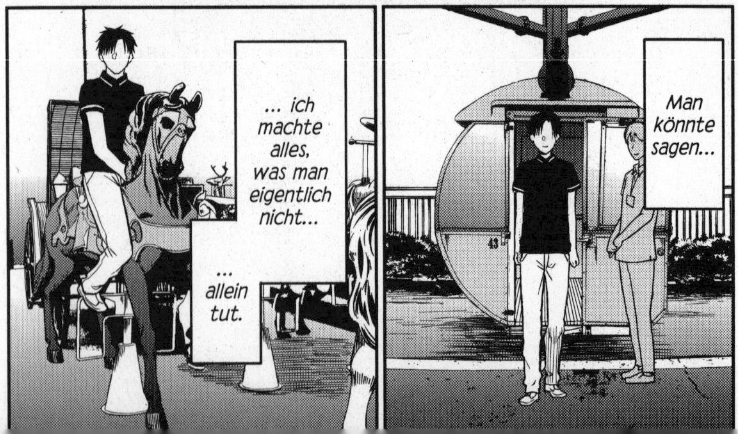
Man könnte sagen...
... ich machte alles, was man eigentlich nicht...
... allein tut.

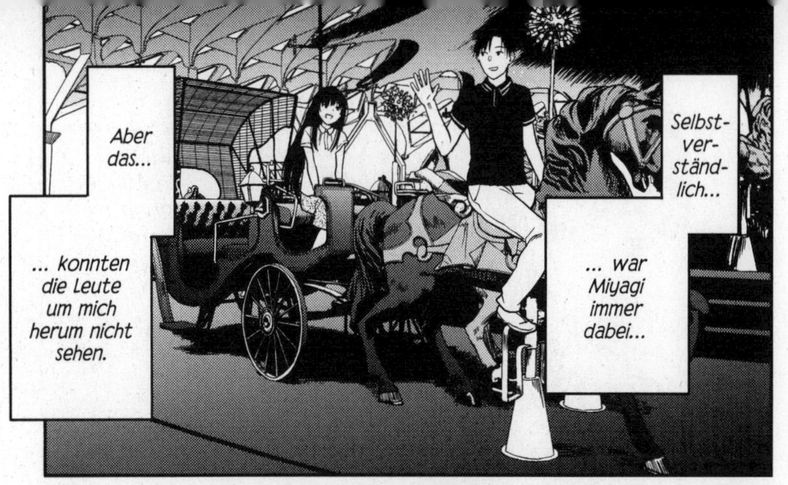
Selbstverständlich...
... war Miyagi immer dabei...
Aber das...
... konnten die Leute um mich herum nicht sehen.

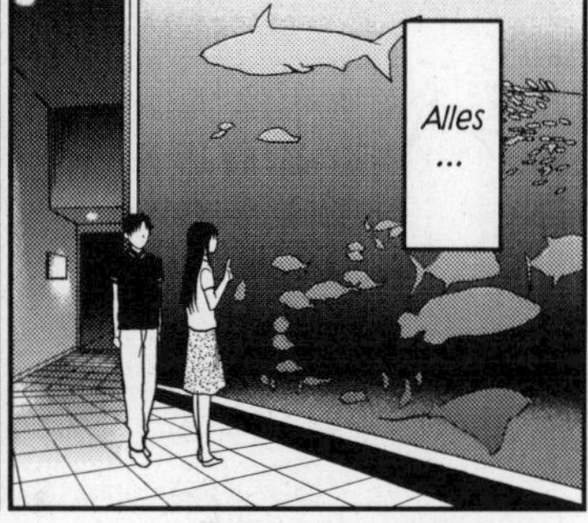
Alles ...

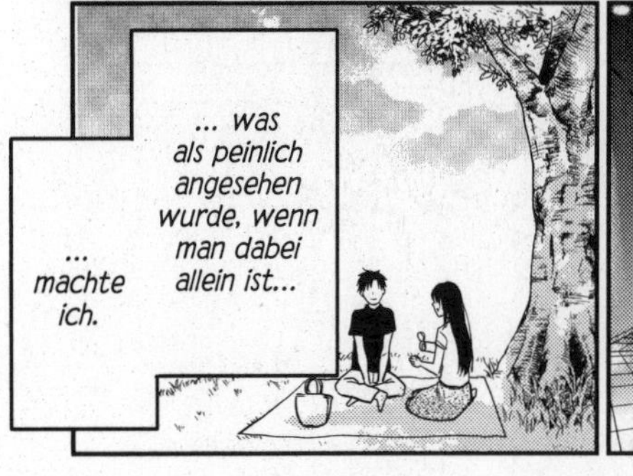
... was als peinlich angesehen wurde, wenn man dabei allein ist...
... machte ich.

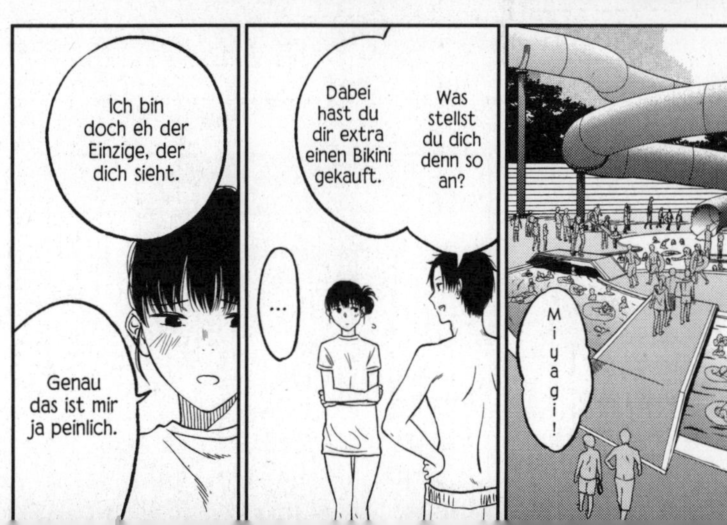
Miyagi!
Was stellst du dich denn so an?
Dabei hast du dir extra einen Bikini gekauft.
...
Ich bin doch eh der Einzige, der dich sieht.
Genau das ist mir ja peinlich.

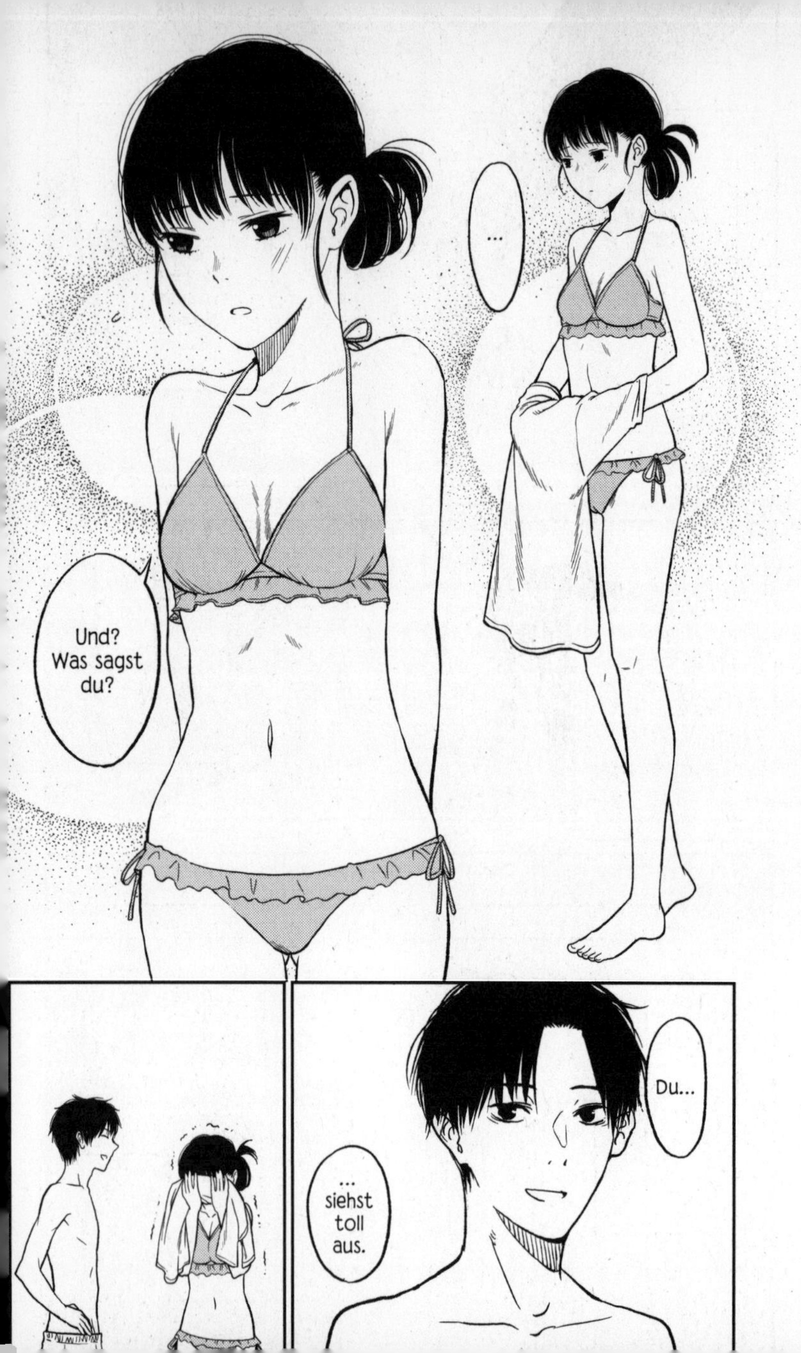
...
Und? Was sagst du?
Du...
... siehst toll aus.

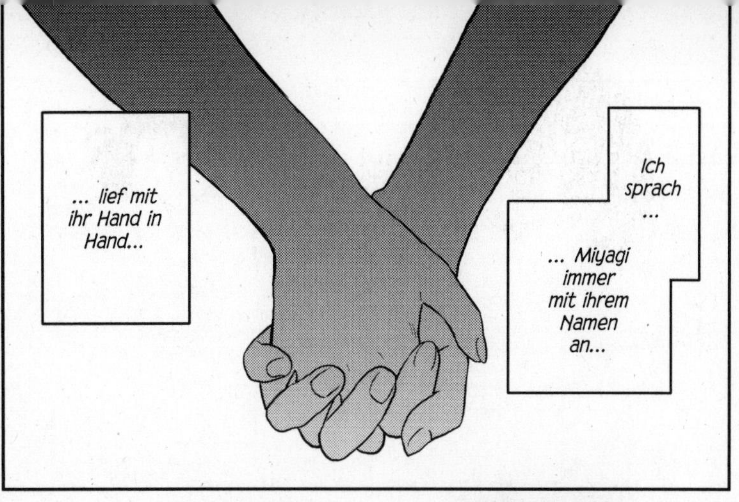
Ich sprach ...
... Miyagi immer mit ihrem Namen an...
... lief mit ihr Hand in Hand...

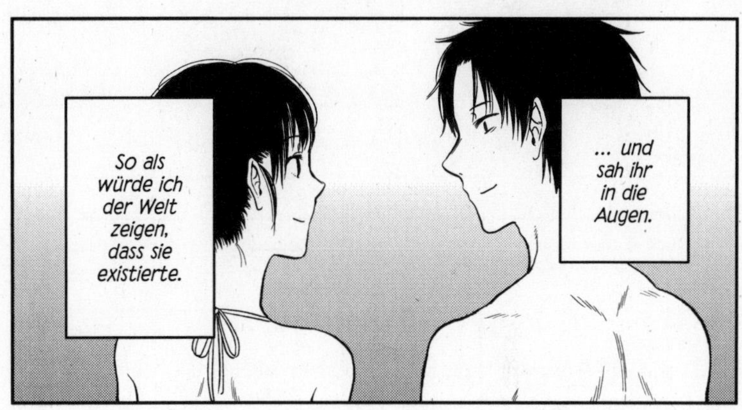
... und sah ihr in die Augen.
So als würde ich der Welt zeigen, dass sie existierte.

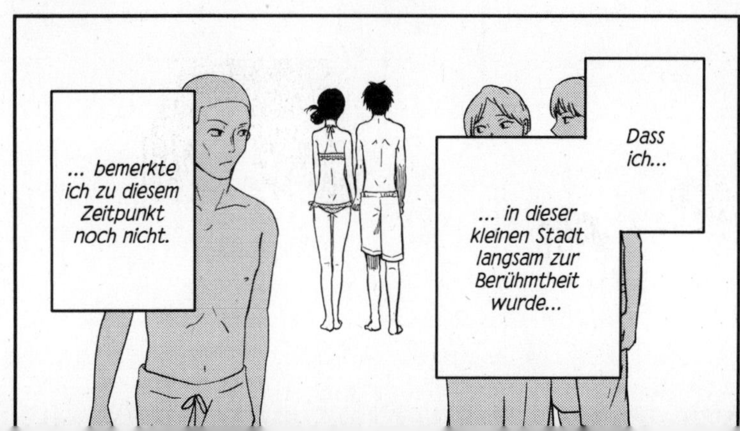
Dass ich...
... in dieser kleinen Stadt langsam zur Berühmtheit wurde...
... bemerkte ich zu diesem Zeitpunkt noch nicht.

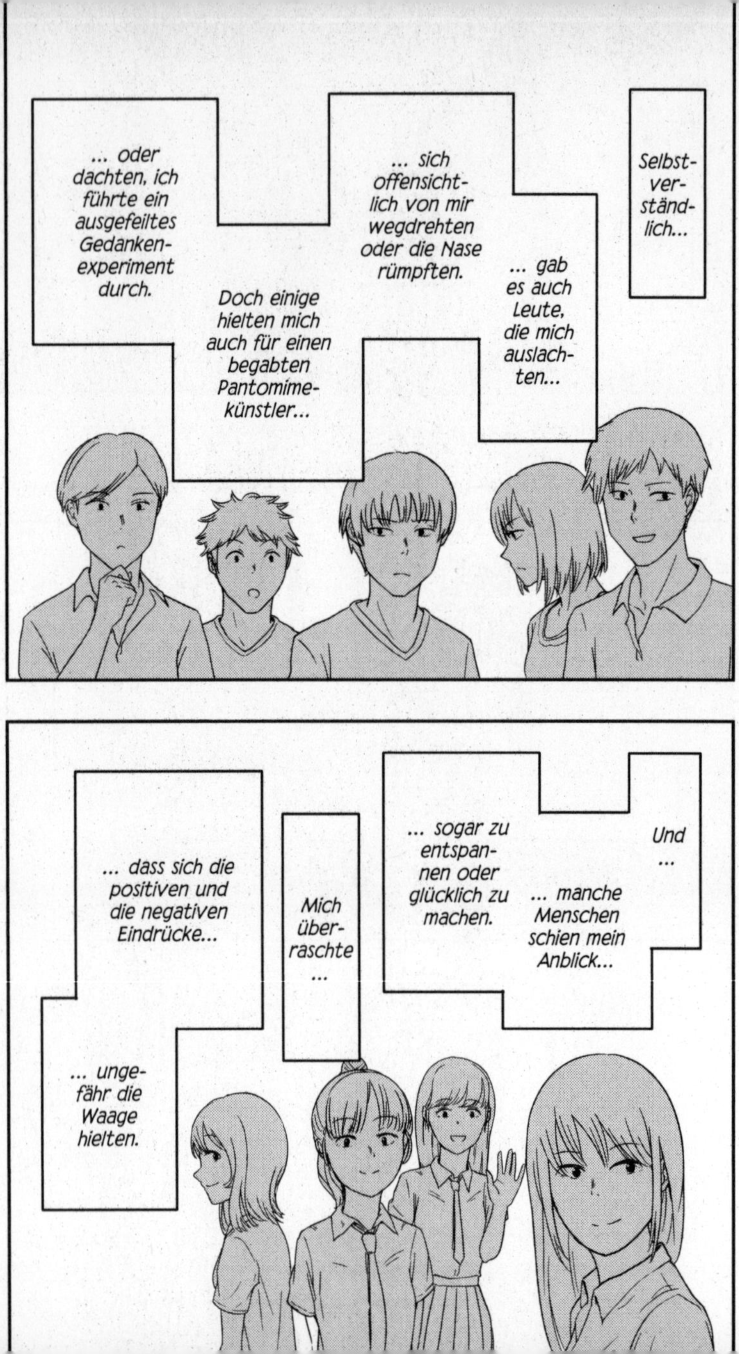

Selbstverständlich...

... gab es auch Leute, die mich auslachten...

... sich offensichtlich von mir wegdrehten oder die Nase rümpften.

Doch einige hielten mich auch für einen begabten Pantomimekünstler...

... oder dachten, ich führte ein ausgefeiltes Gedankenexperiment durch.

Und ...

... manche Menschen schien mein Anblick...

... sogar zu entspannen oder glücklich zu machen.

Mich überraschte ...

... dass sich die positiven und die negativen Eindrücke...

... ungefähr die Waage hielten.

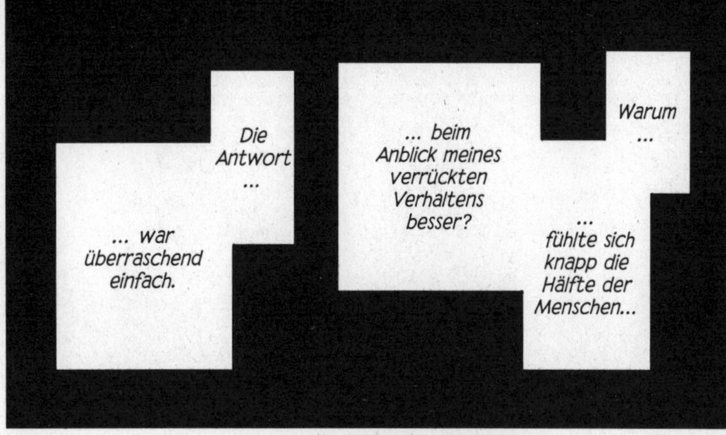

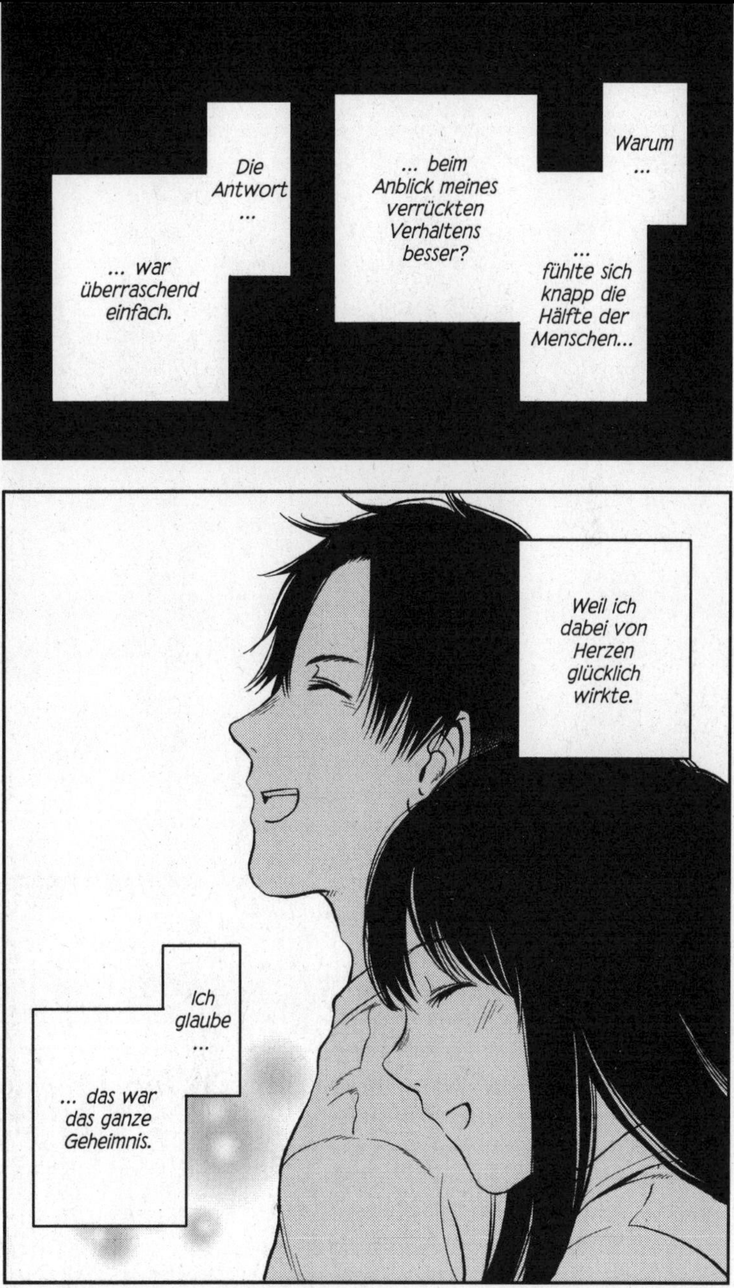

Weil ich dabei von Herzen glücklich wirkte.

Ich glaube ...

... das war das ganze Geheimnis.

Ich habe mein Leben für 10.000 Yen pro Jahr verkauft

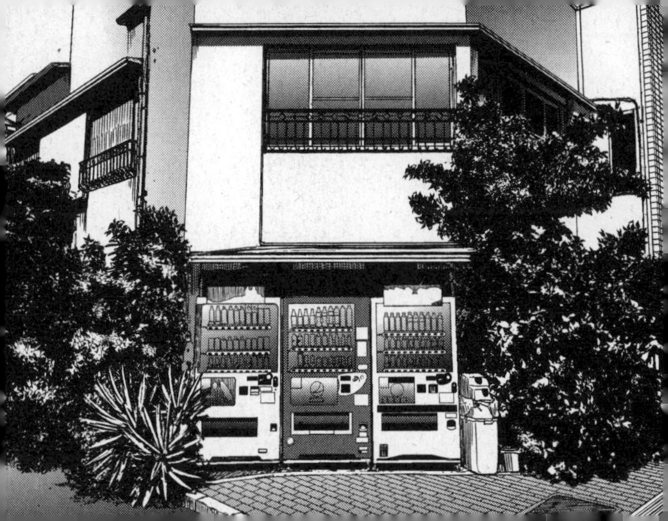

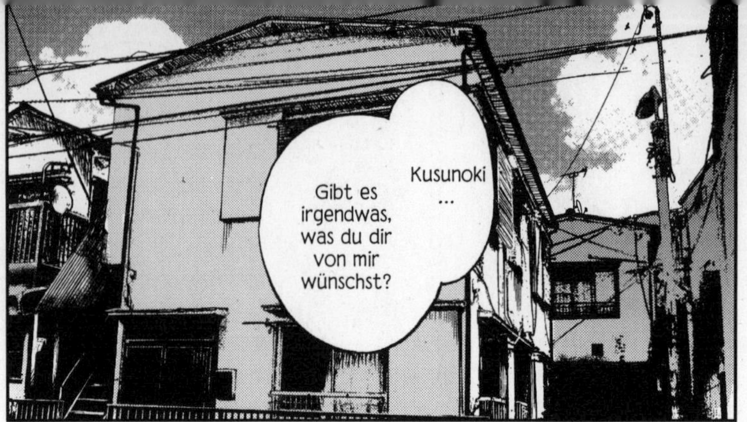
Kusunoki ...
Gibt es irgendwas, was du dir von mir wünschst?

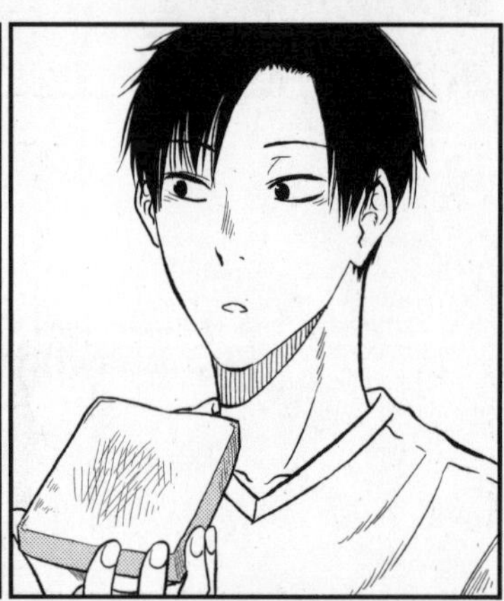

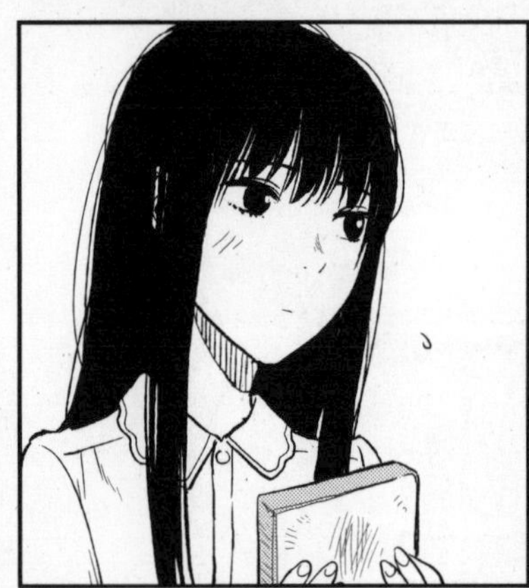

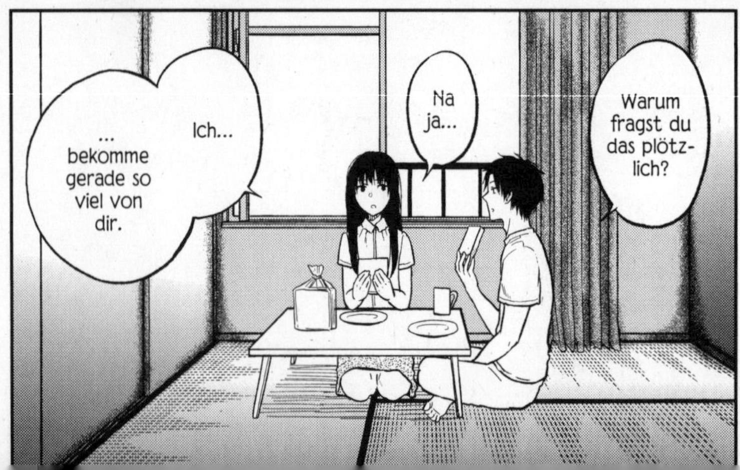
Warum fragst du das plötz-lich?
Na ja...
Ich...
... bekomme gerade so viel von dir.

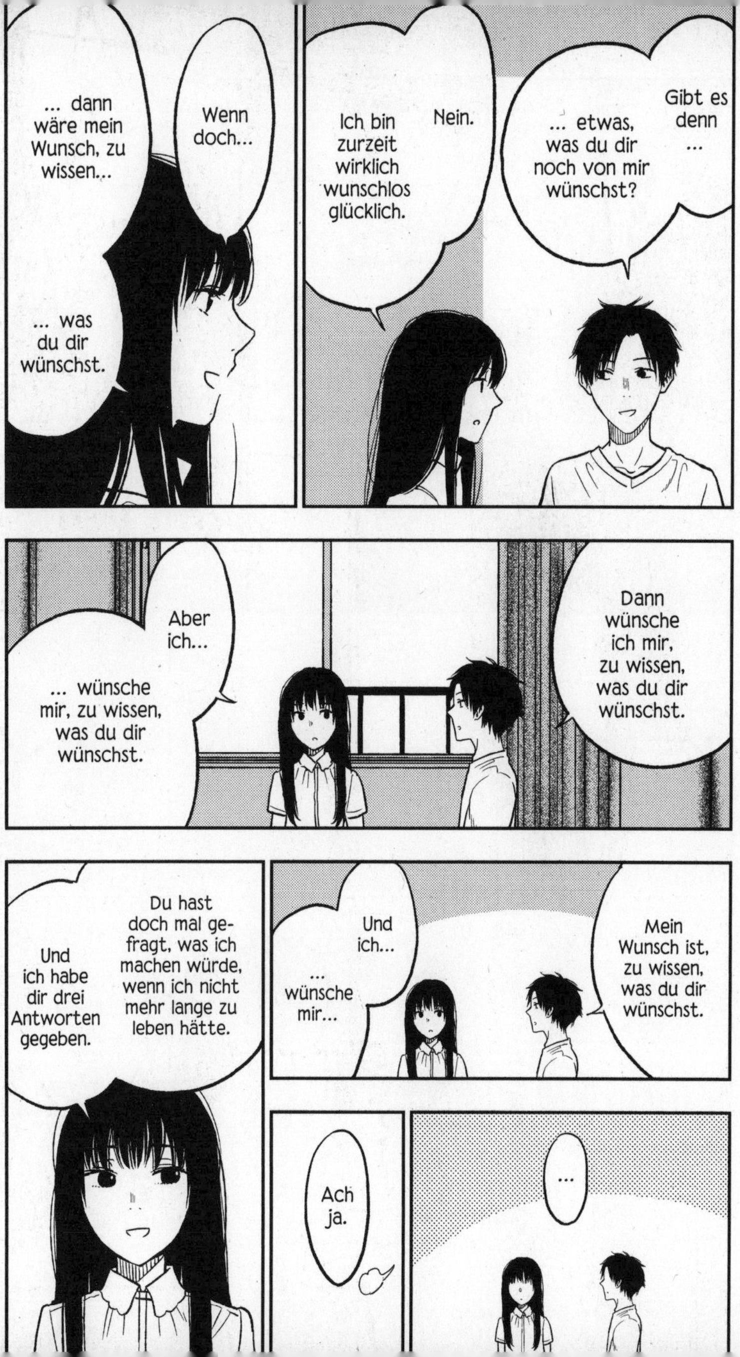

Gibt es denn ...
... etwas, was du dir noch von mir wünschst?
Nein.
Ich bin zurzeit wirklich wunschlos glücklich.
Wenn doch...
... dann wäre mein Wunsch, zu wissen...
... was du dir wünschst.

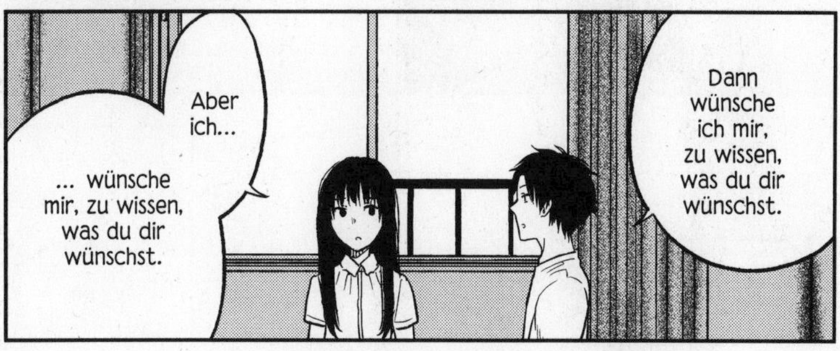

Mein Wunsch ist, zu wissen, was du dir wünschst.
Und ich...
... wünsche mir...
...
Ach ja.
Du hast doch mal ge-fragt, was ich machen würde, wenn ich nicht mehr lange zu leben hätte.
Und ich habe dir drei Antworten gegeben.

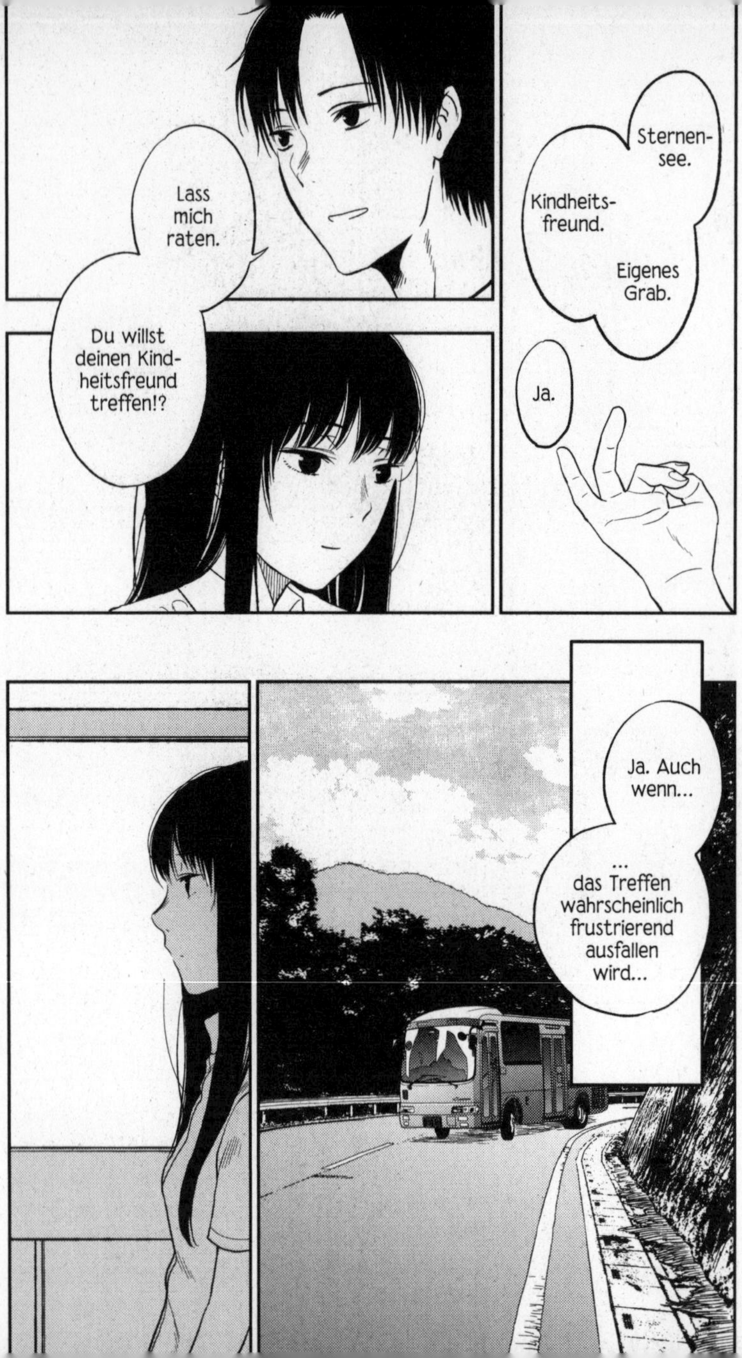

Sternensee.
Kindheitsfreund.
Eigenes Grab.
Lass mich raten.
Du willst deinen Kindheitsfreund treffen!?
Ja.
Ja. Auch wenn...
... das Treffen wahrscheinlich frustrierend ausfallen wird...

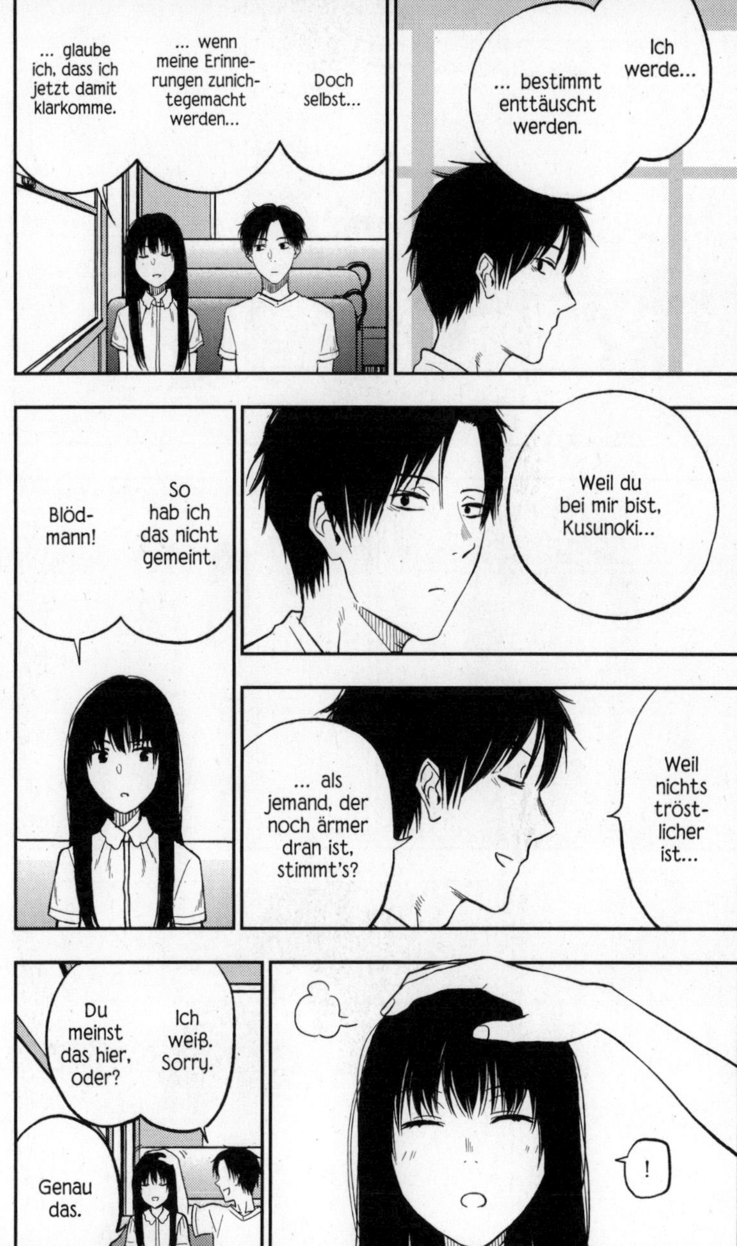

Ich werde...
... bestimmt enttäuscht werden.
Doch selbst...
... wenn meine Erinnerungen zunichtegemacht werden...
... glaube ich, dass ich jetzt damit klarkomme.
Weil du bei mir bist, Kusunoki...
Weil nichts tröstlicher ist...
... als jemand, der noch ärmer dran ist, stimmt's?
So hab ich das nicht gemeint.
Blödmann!
!
Ich weiß. Sorry.
Du meinst das hier, oder?
Genau das.

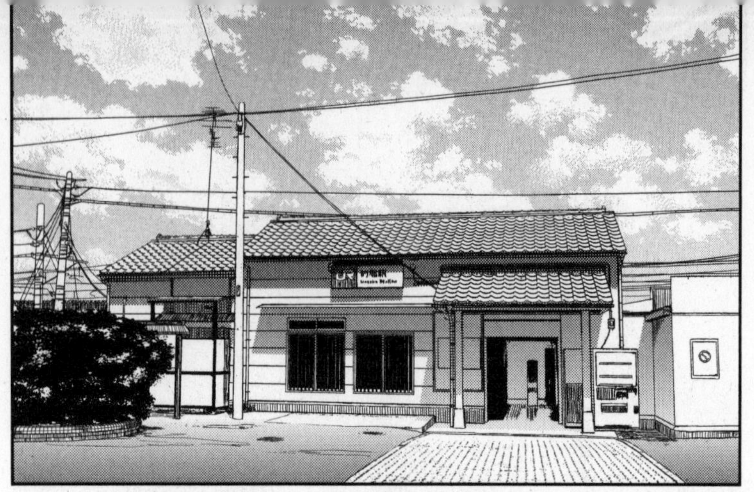

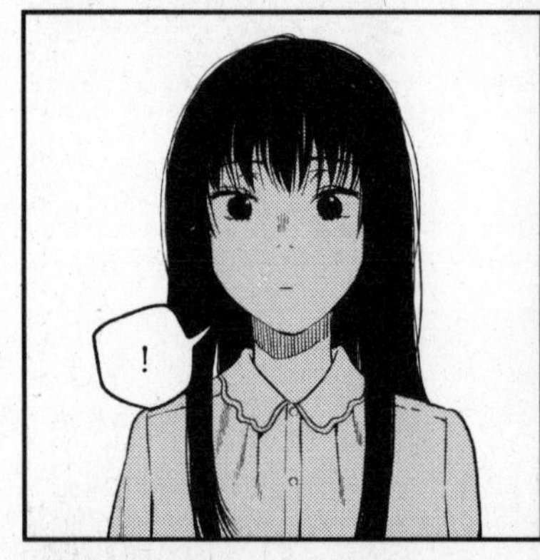

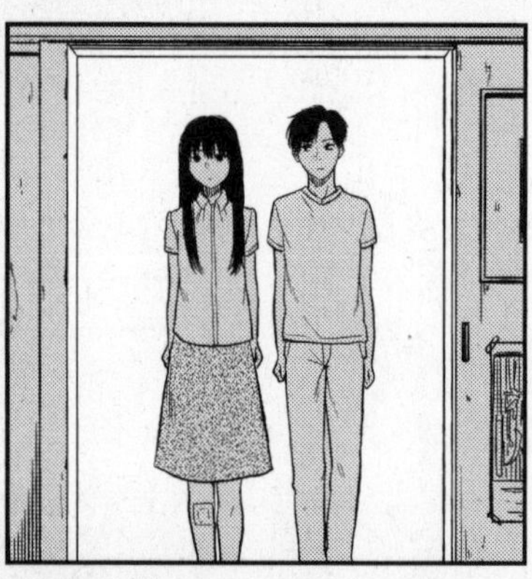

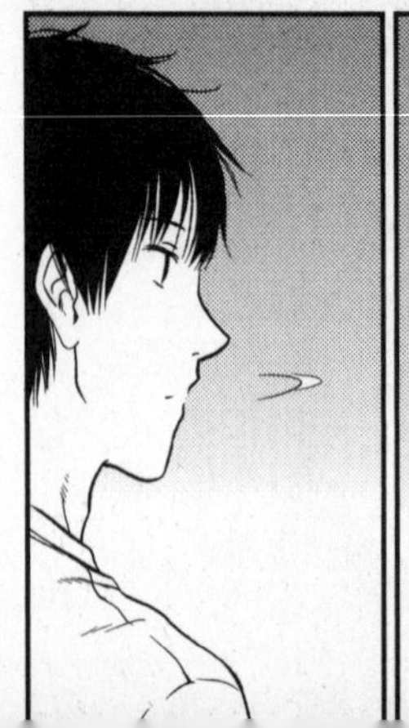

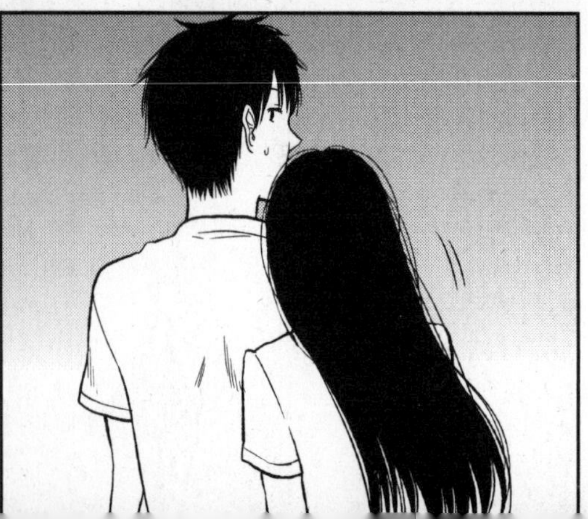

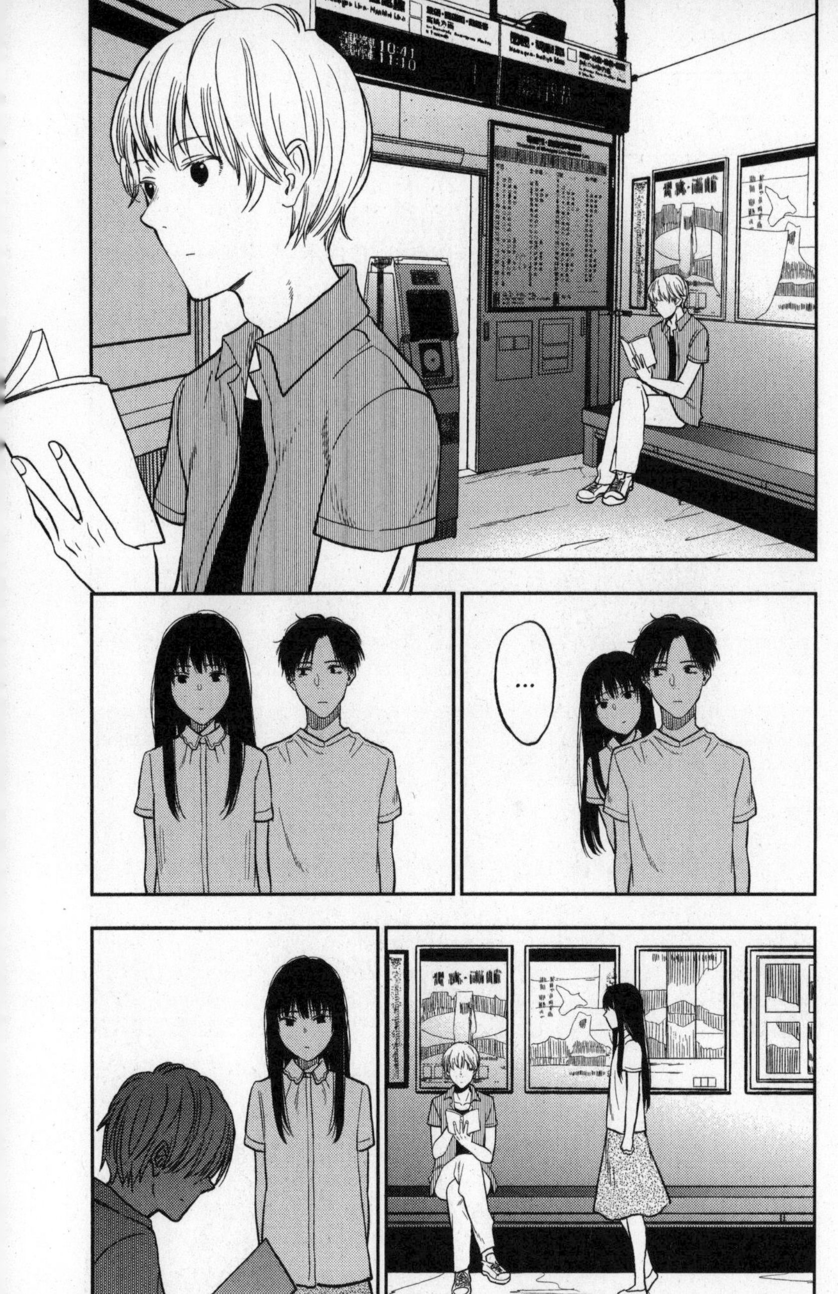

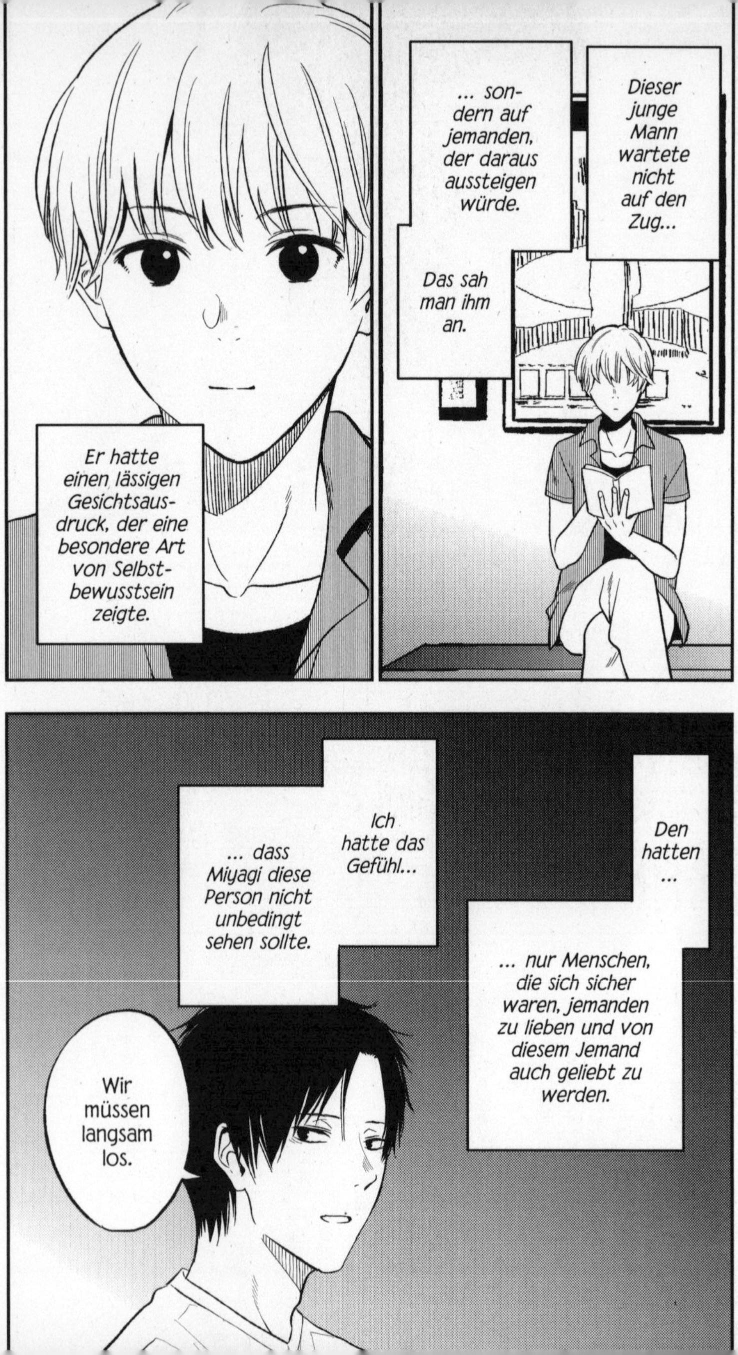

Dieser junge Mann wartete nicht auf den Zug...

... sondern auf jemanden, der daraus aussteigen würde.

Das sah man ihm an.

Er hatte einen lässigen Gesichtsausdruck, der eine besondere Art von Selbstbewusstsein zeigte.

Den hatten ...

... nur Menschen, die sich sicher waren, jemanden zu lieben und von diesem Jemand auch geliebt zu werden.

Ich hatte das Gefühl...

... dass Miyagi diese Person nicht unbedingt sehen sollte.

Wir müssen langsam los.

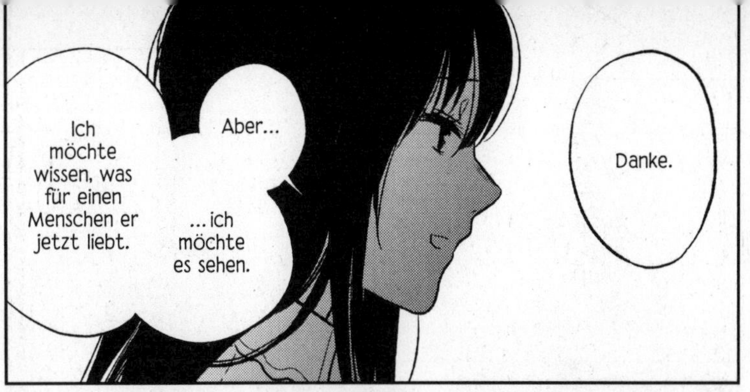
Danke.
Aber... ...ich möchte es sehen.
Ich möchte wissen, was für einen Menschen er jetzt liebt.

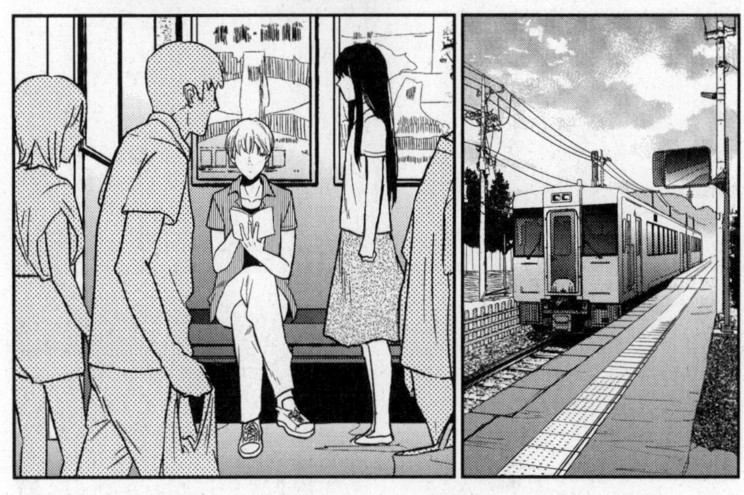

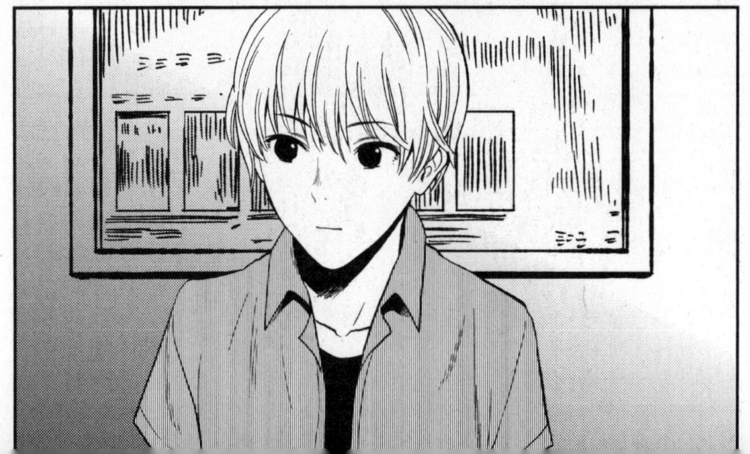

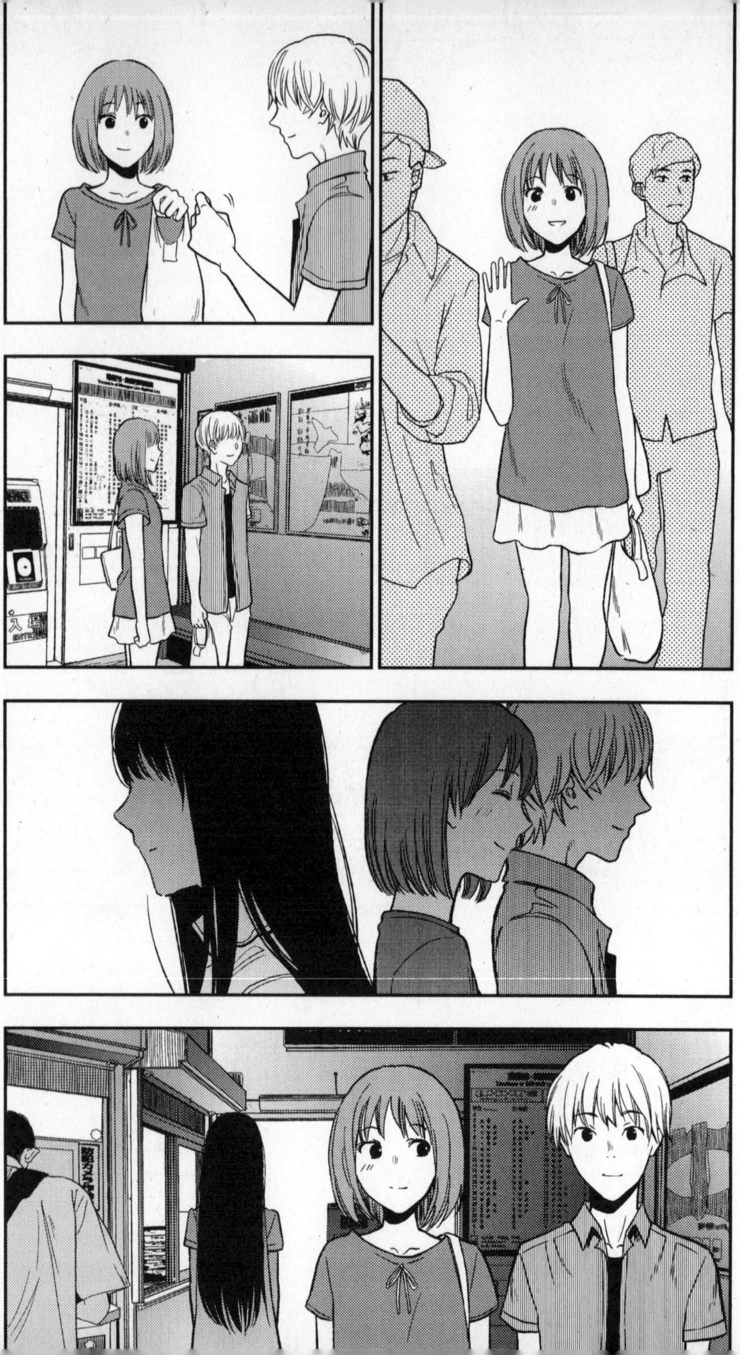

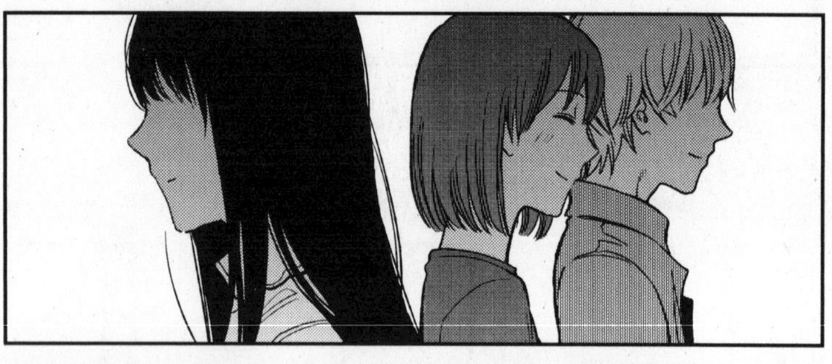

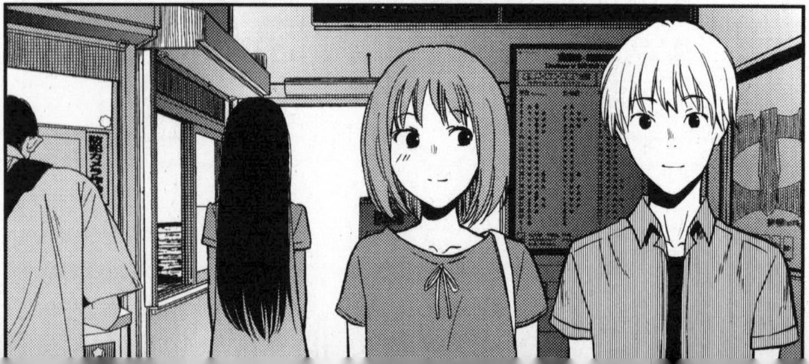

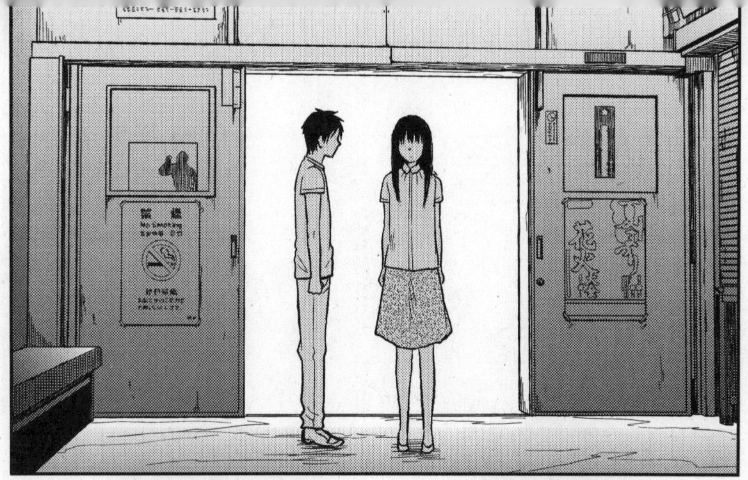

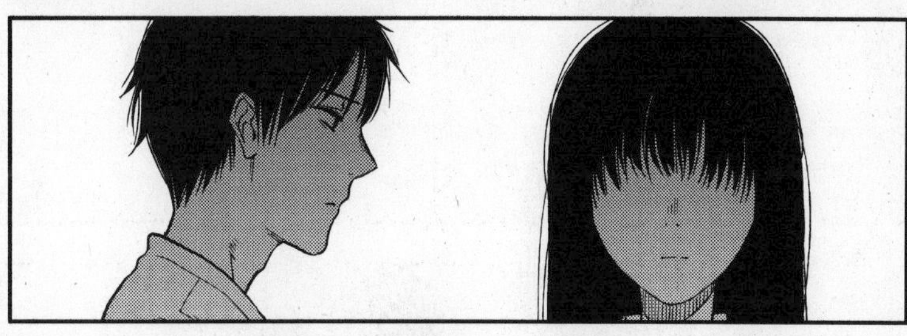

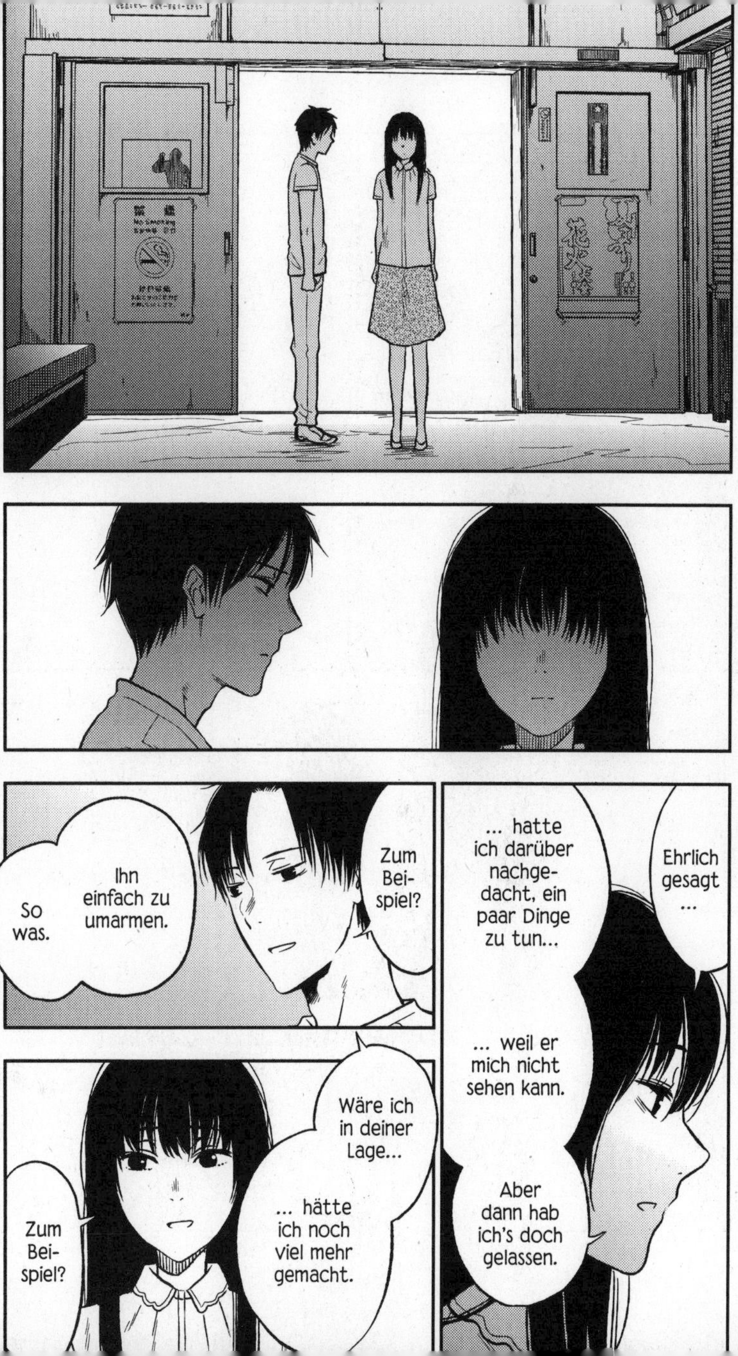

Ehrlich gesagt ...

... hatte ich darüber nachgedacht, ein paar Dinge zu tun...

Zum Beispiel?

Ihn einfach zu umarmen.

So was.

... weil er mich nicht sehen kann.

Aber dann hab ich's doch gelassen.

Wäre ich in deiner Lage...

... hätte ich noch viel mehr gemacht.

Zum Beispiel?

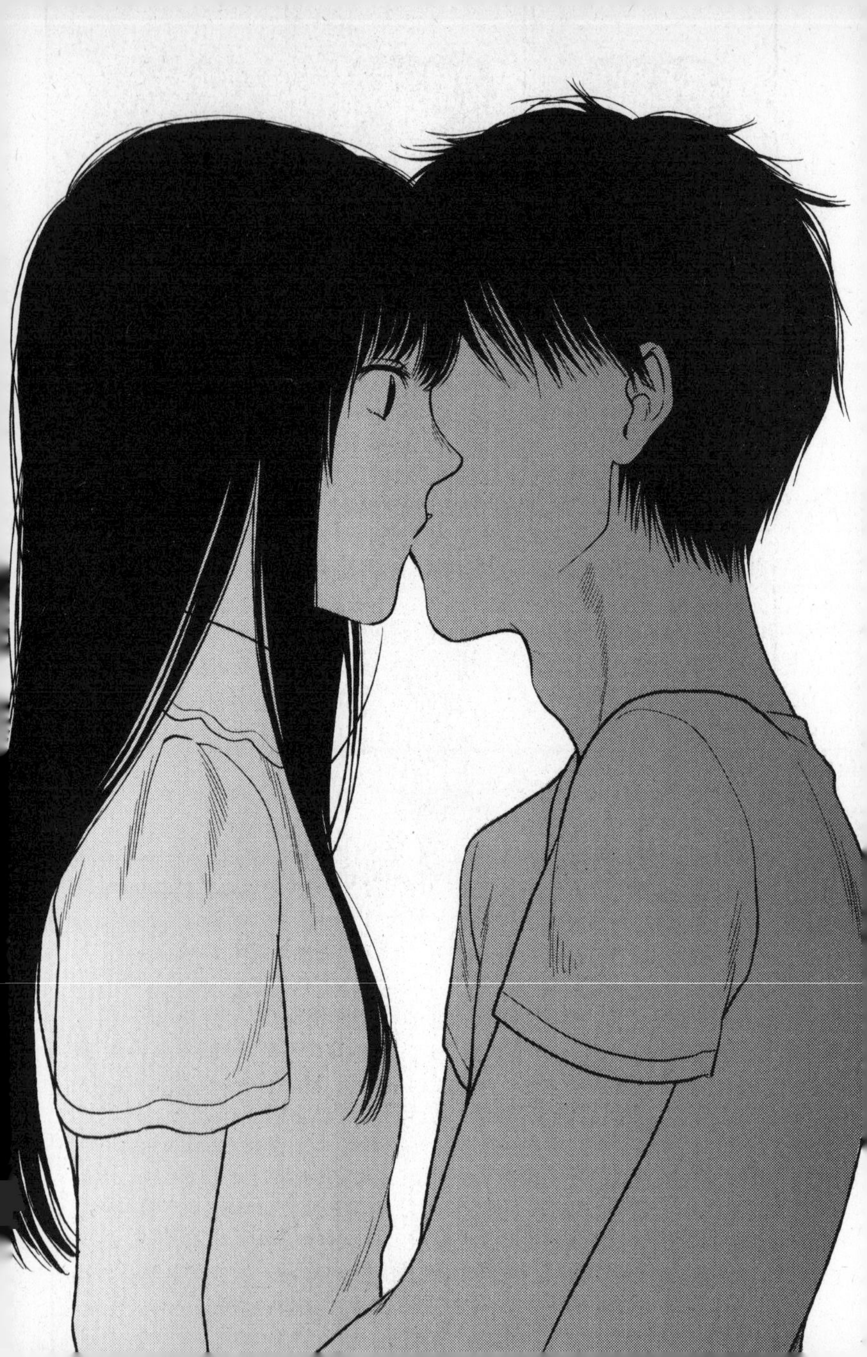

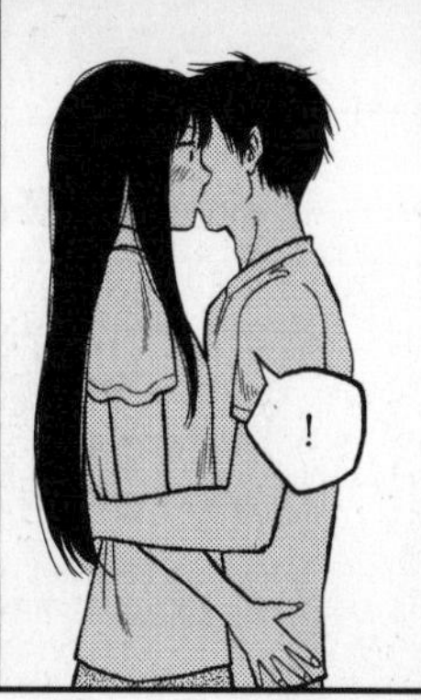
!

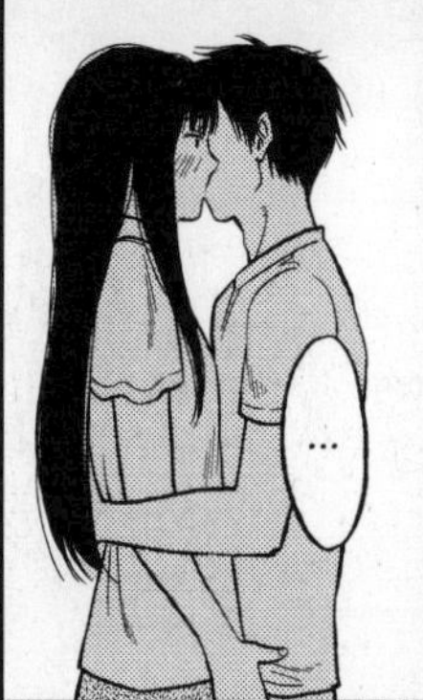
...

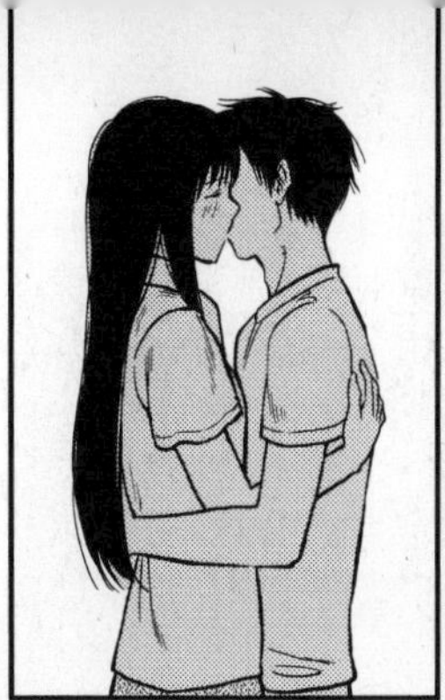

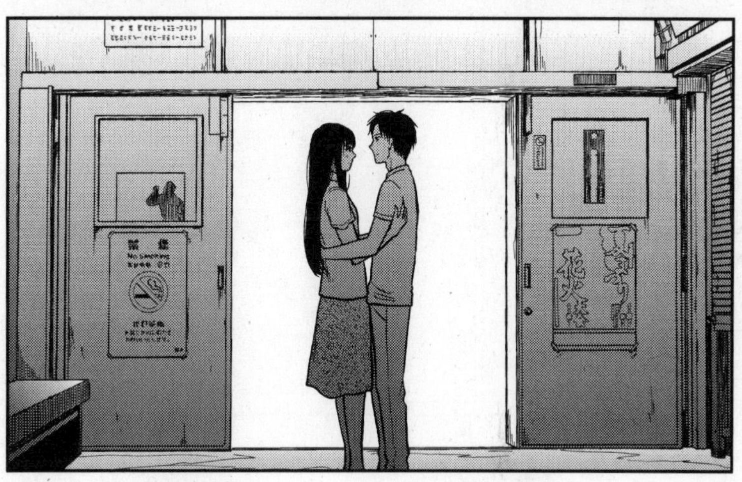

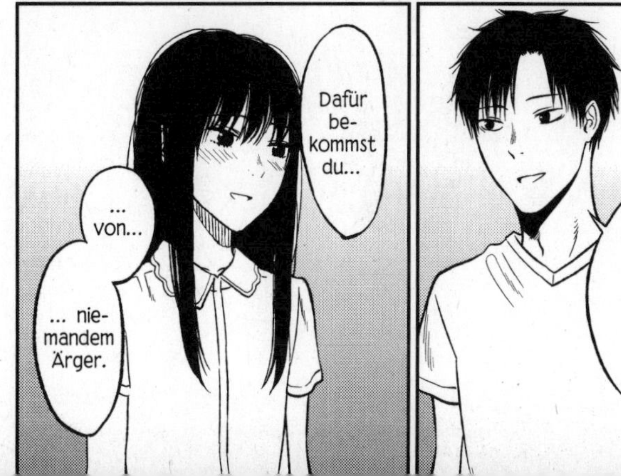
Solche egoistischen Sachen würde ich machen...
... wenn ich dafür keinen Ärger bekäme.
Dafür be- kommst du...
... von...
... nie- mandem Ärger.

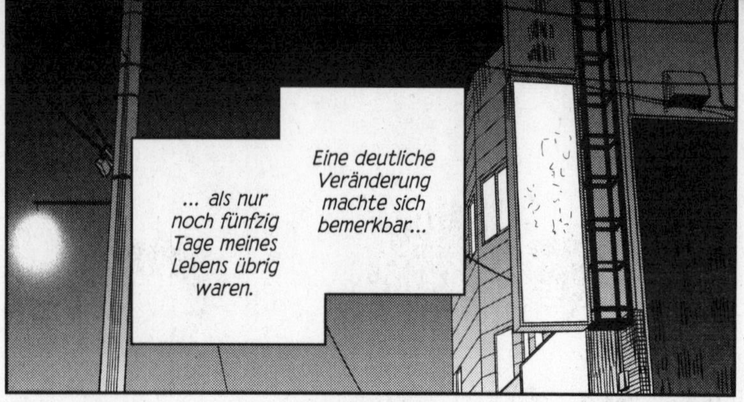
Eine deutliche Veränderung machte sich bemerkbar...
... als nur noch fünfzig Tage meines Lebens übrig waren.

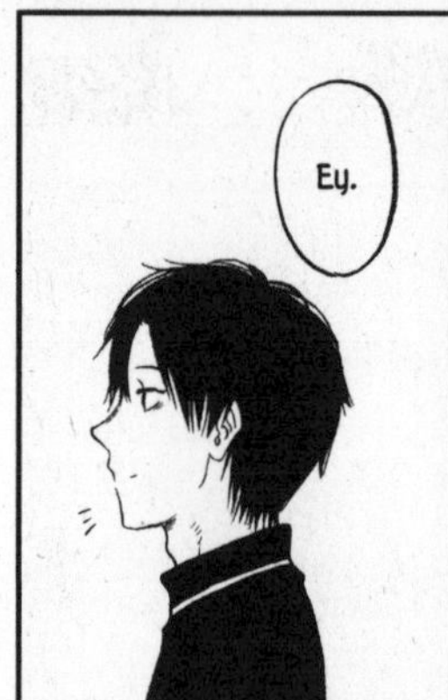
Ey.

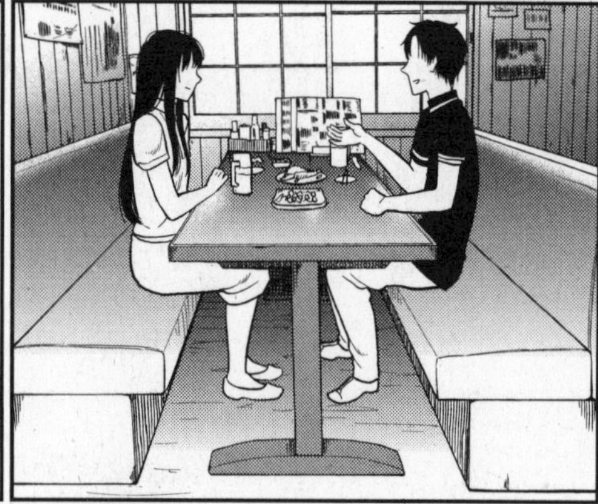

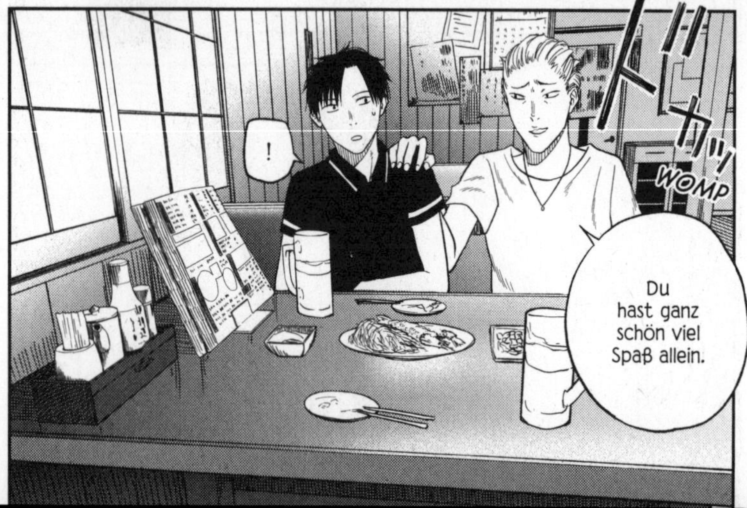
WOMP
Du hast ganz schön viel Spaß allein.
!

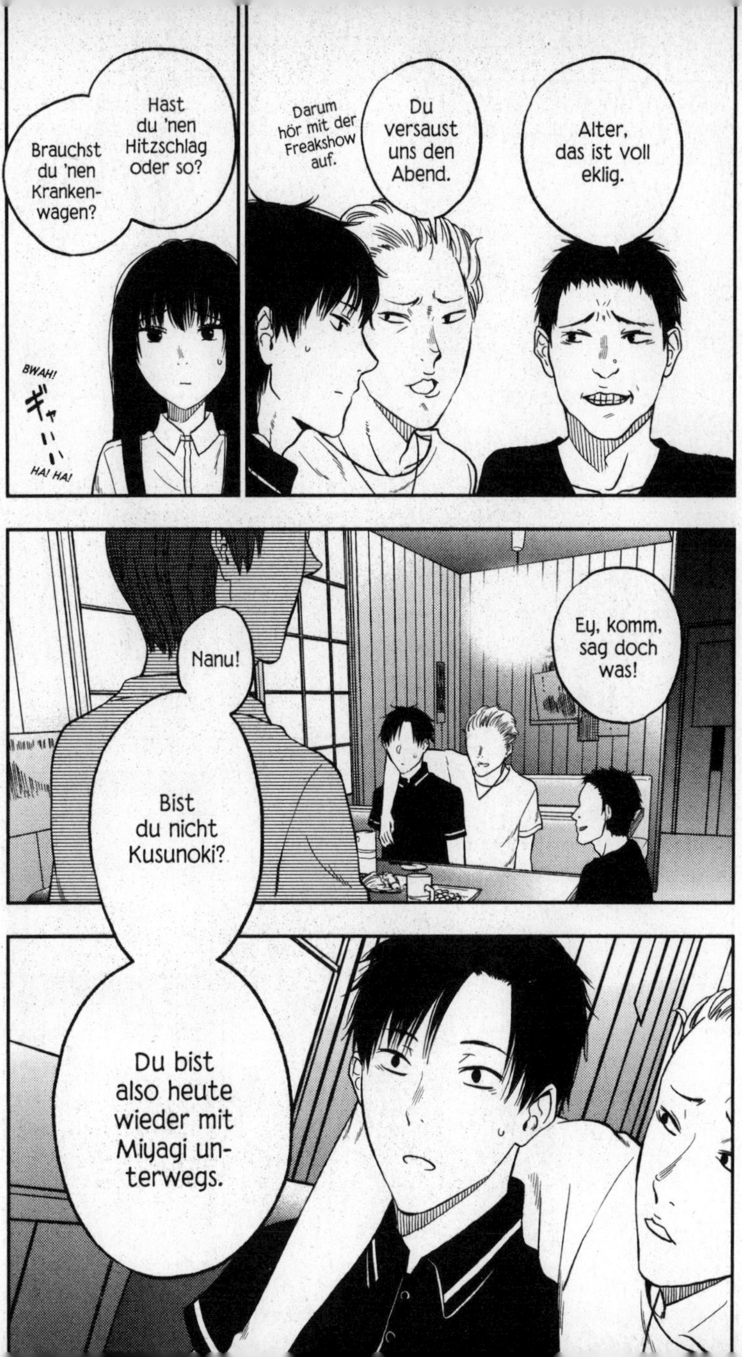

Alter, das ist voll eklig.

Du versaust uns den Abend.

Darum hör mit der Freakshow auf.

Hast du 'nen Hitzschlag oder so?

Brauchst du 'nen Kranken-wagen?

BWAH! ギャハハ HA! HA!

Ey, komm, sag doch was!

Nanu!

Bist du nicht Kusunoki?

Du bist also heute wieder mit Miyagi un-terwegs.

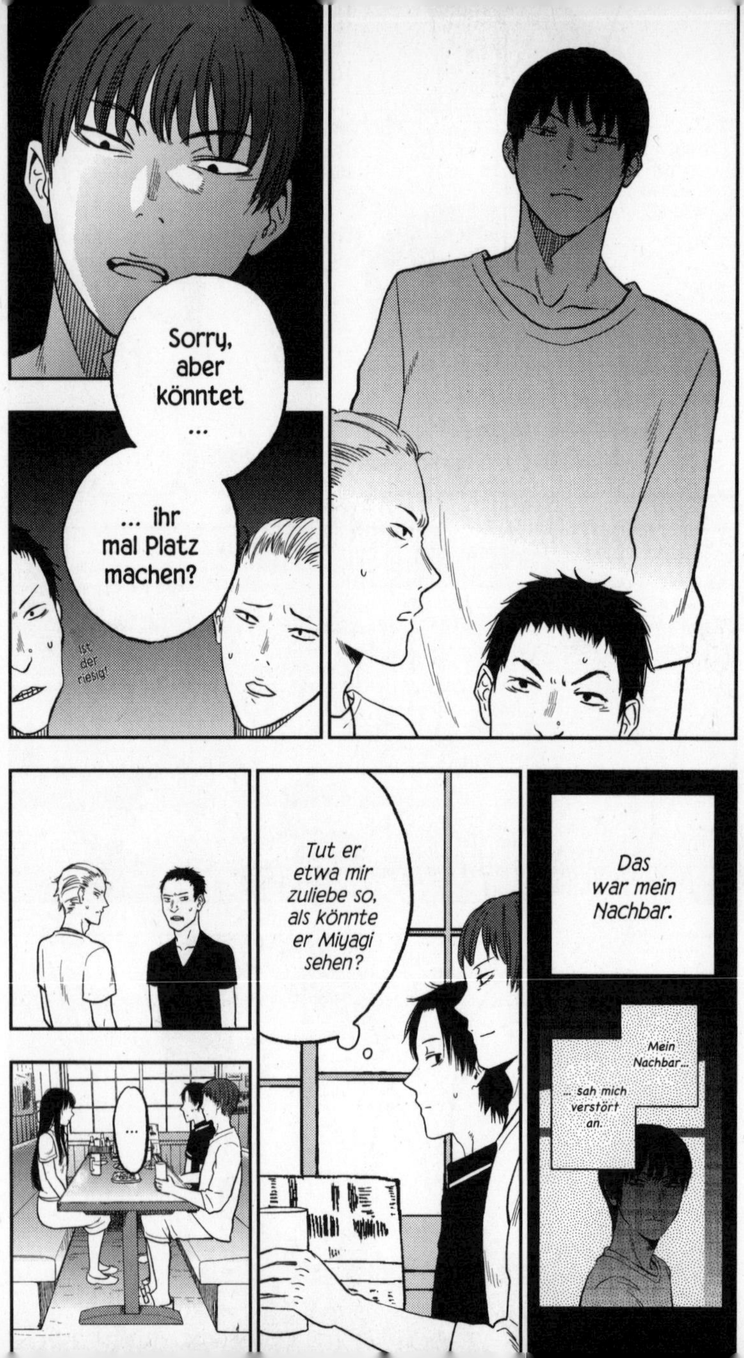

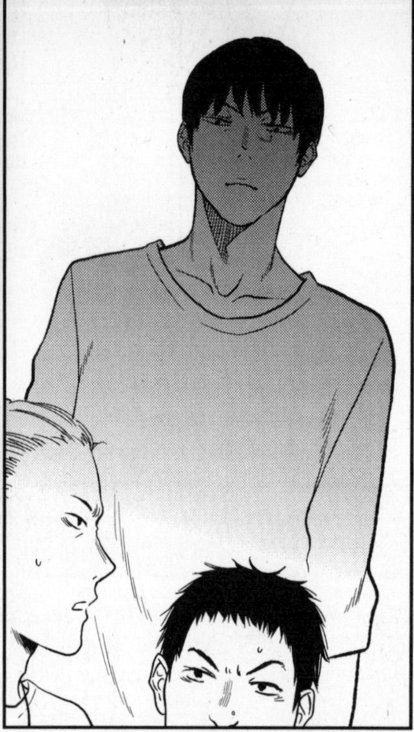

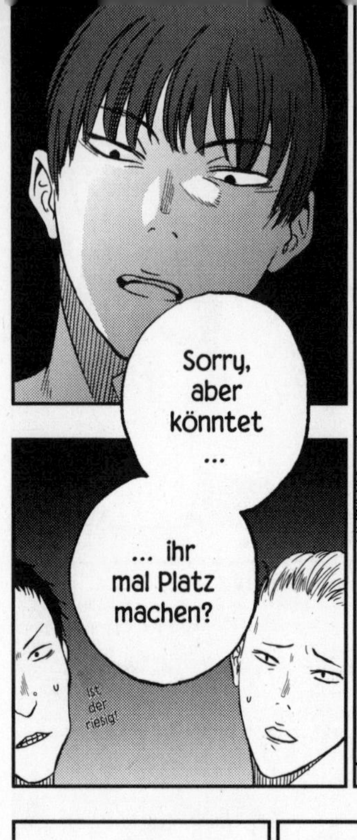

Das war mein Nachbar.

Mein Nachbar...

... sah mich verstört an.

Tut er etwa mir zuliebe so, als könnte er Miyagi sehen?

...

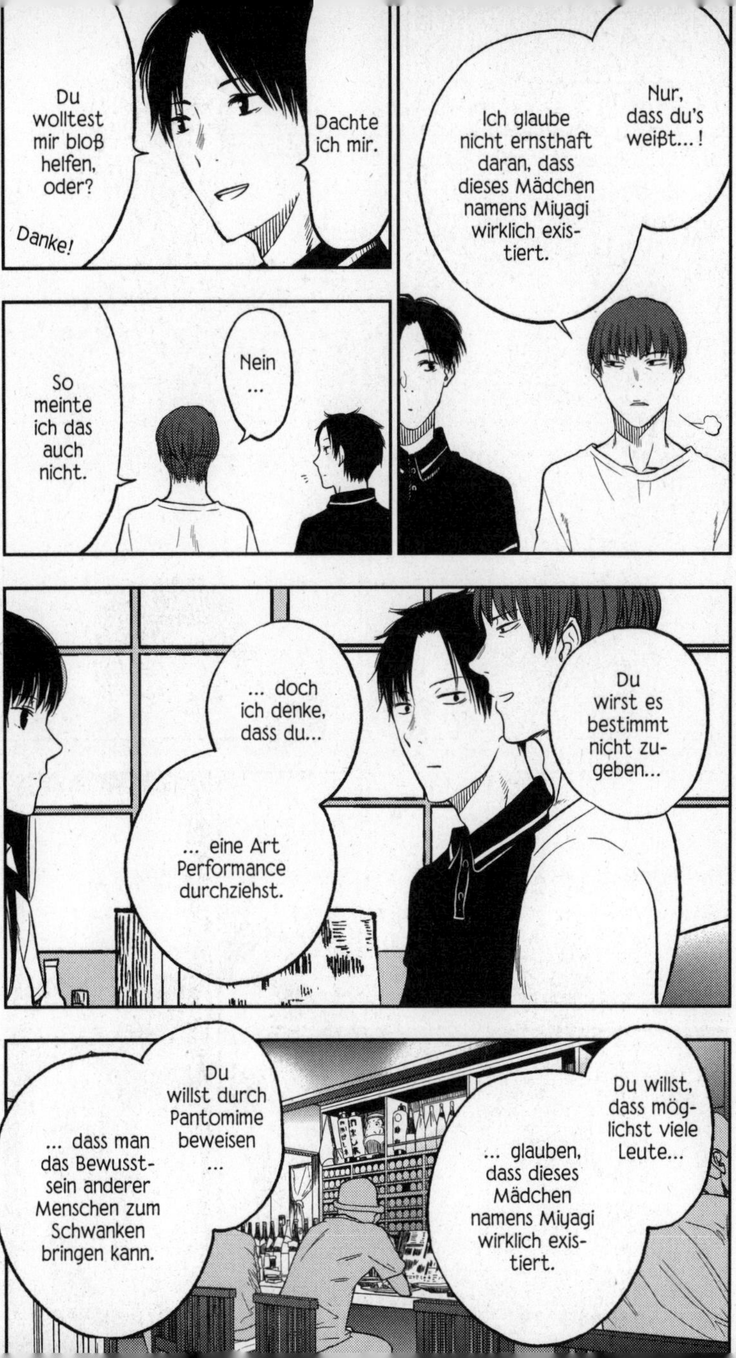

Nur, dass du's weißt...!
Ich glaube nicht ernsthaft daran, dass dieses Mädchen namens Miyagi wirklich existiert.
Dachte ich mir.
Du wolltest mir bloß helfen, oder?
Danke!
Nein ...
So meinte ich das auch nicht.

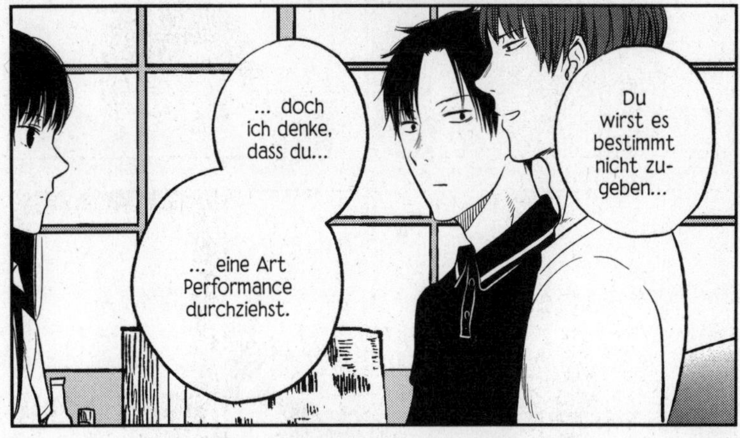

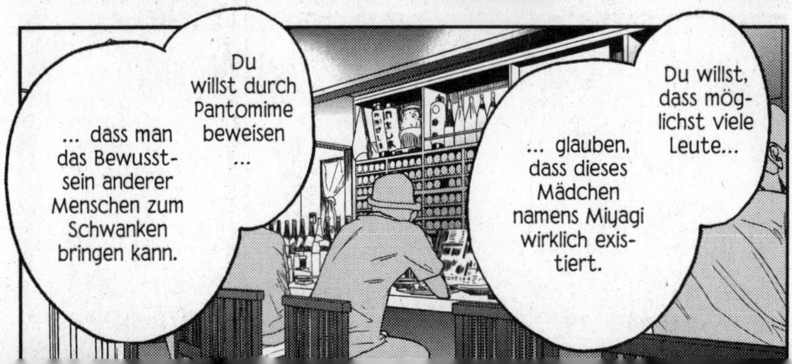

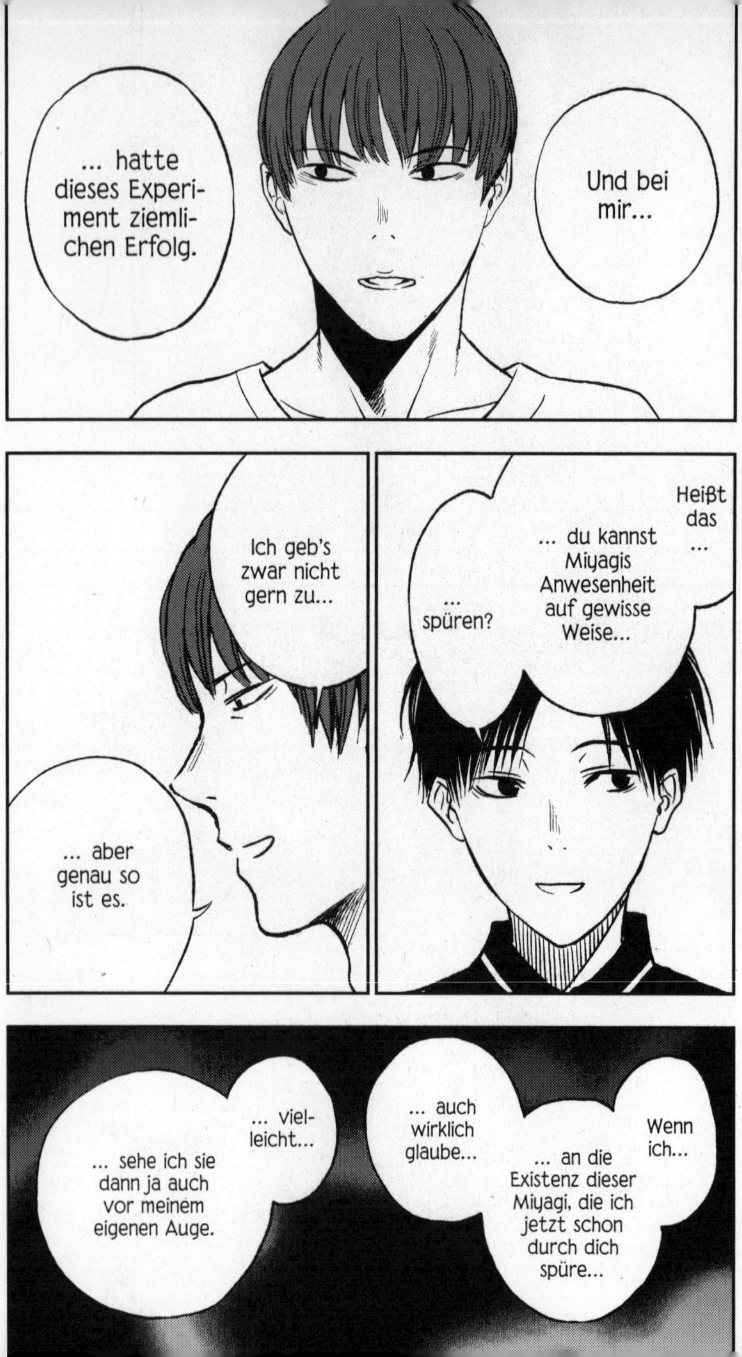

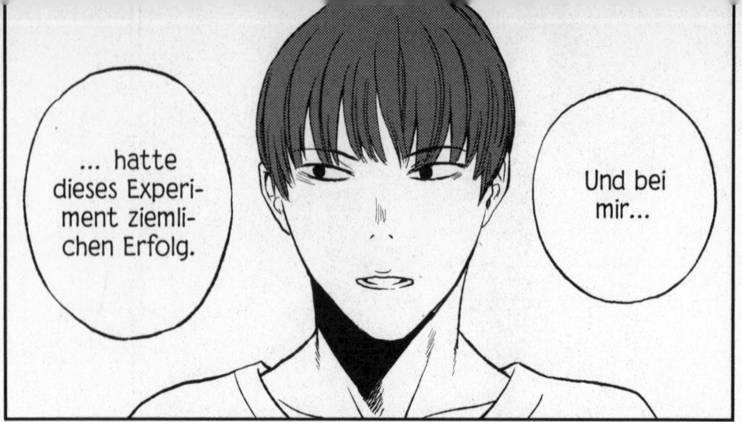

Heißt das ...
... du kannst Miyagis Anwesenheit auf gewisse Weise...
... spüren?
Ich geb's zwar nicht gern zu...
... aber genau so ist es.

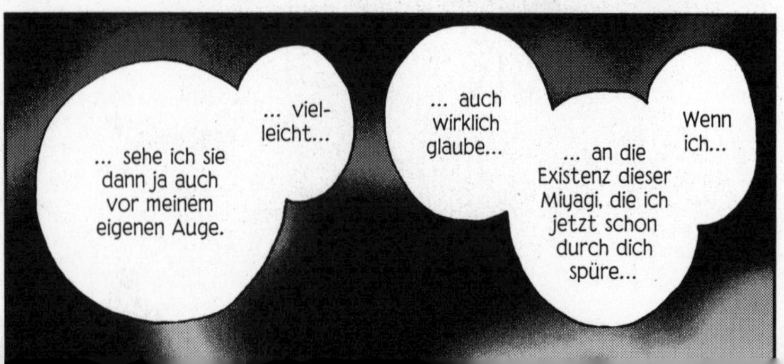

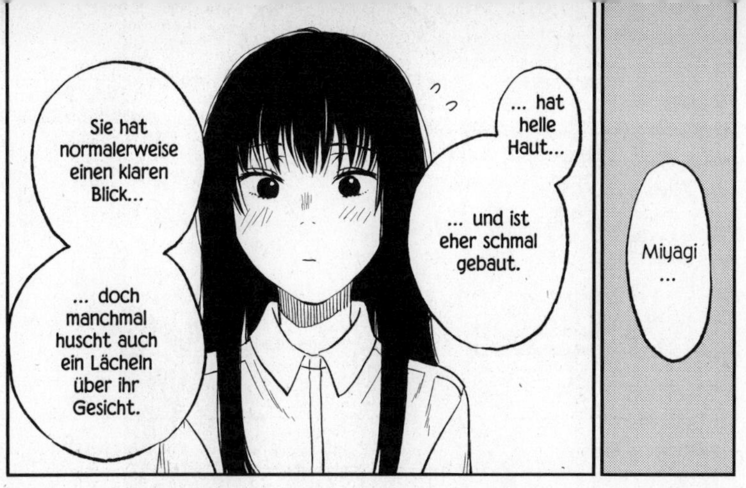
Miyagi ...
... hat helle Haut...
... und ist eher schmal gebaut.
Sie hat normalerweise einen klaren Blick...
... doch manchmal huscht auch ein Lächeln über ihr Gesicht.

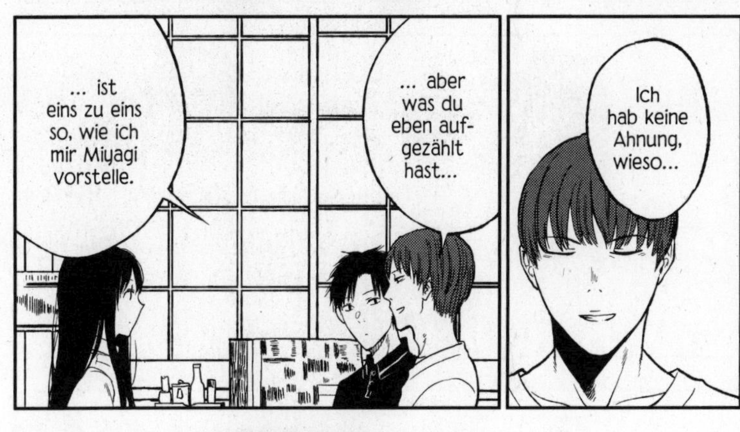
Ich hab keine Ahnung, wieso...
... aber was du eben aufgezählt hast...
... ist eins zu eins so, wie ich mir Miyagi vorstelle.

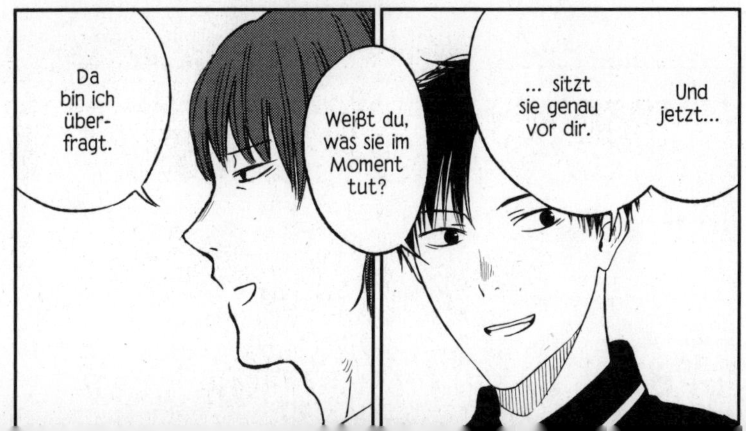
Und jetzt...
... sitzt sie genau vor dir.
Weißt du, was sie im Moment tut?
Da bin ich überfragt.

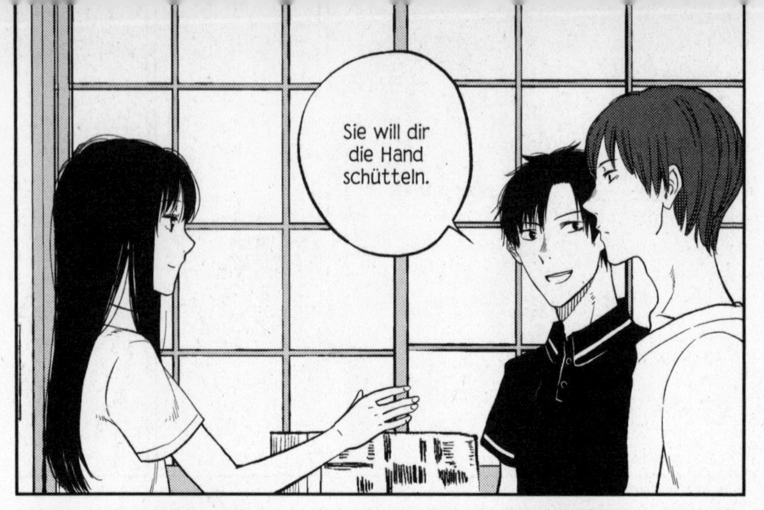
Sie will dir die Hand schütteln.

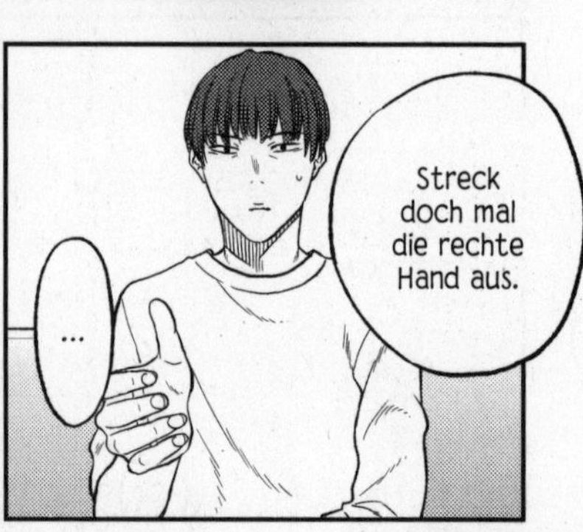
Streck doch mal die rechte Hand aus.
...

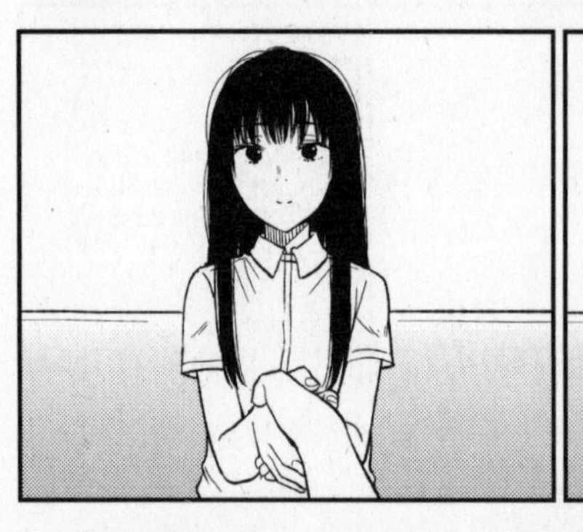

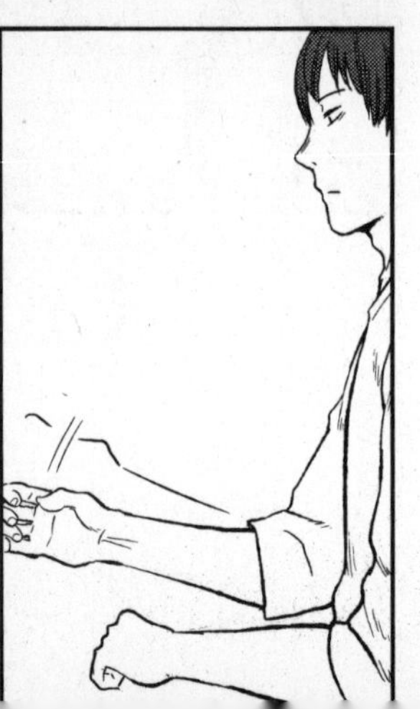

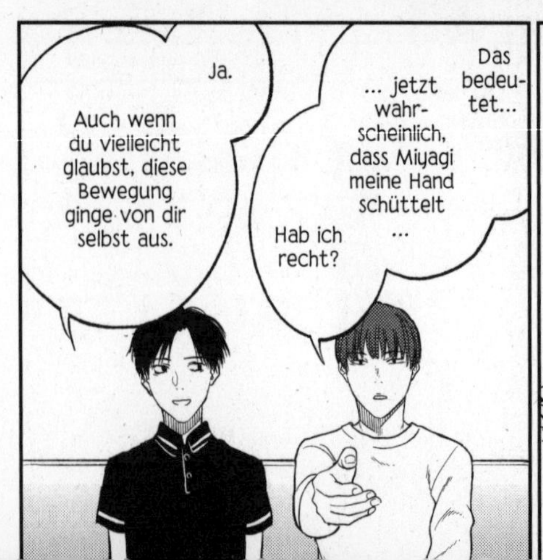
Das bedeu-tet...
... jetzt wahr-scheinlich, dass Miyagi meine Hand schüttelt ...
Hab ich recht?
Ja.
Auch wenn du vielleicht glaubst, diese Bewegung ginge von dir selbst aus.

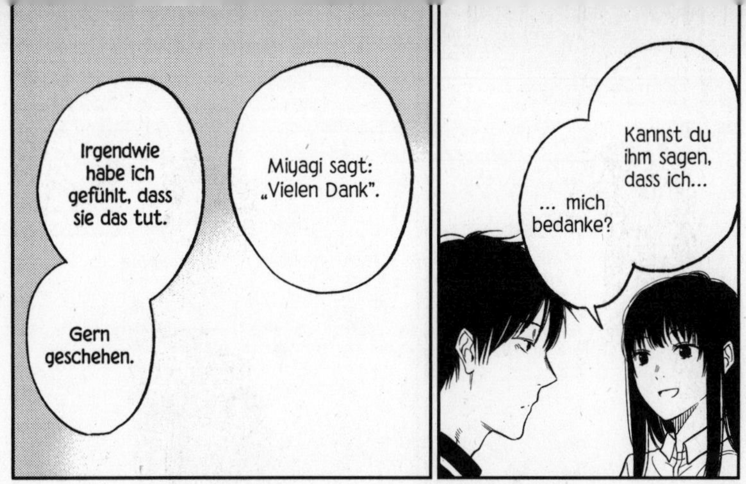

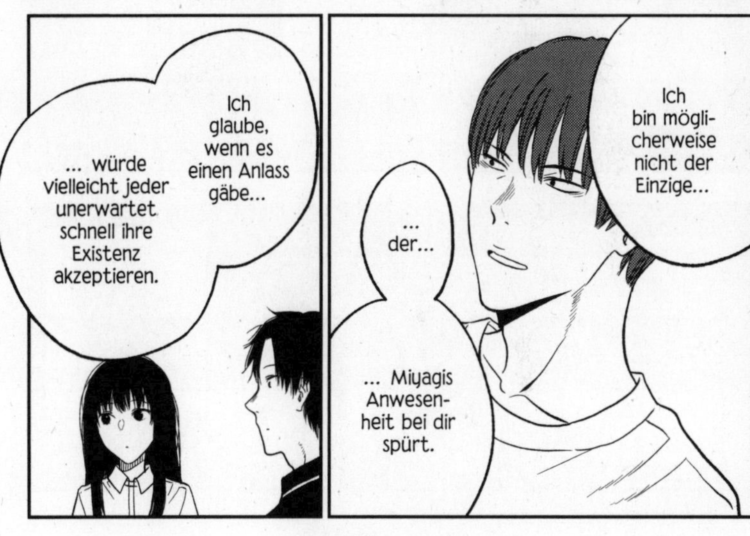

Er hatte mit seiner Vermutung recht.

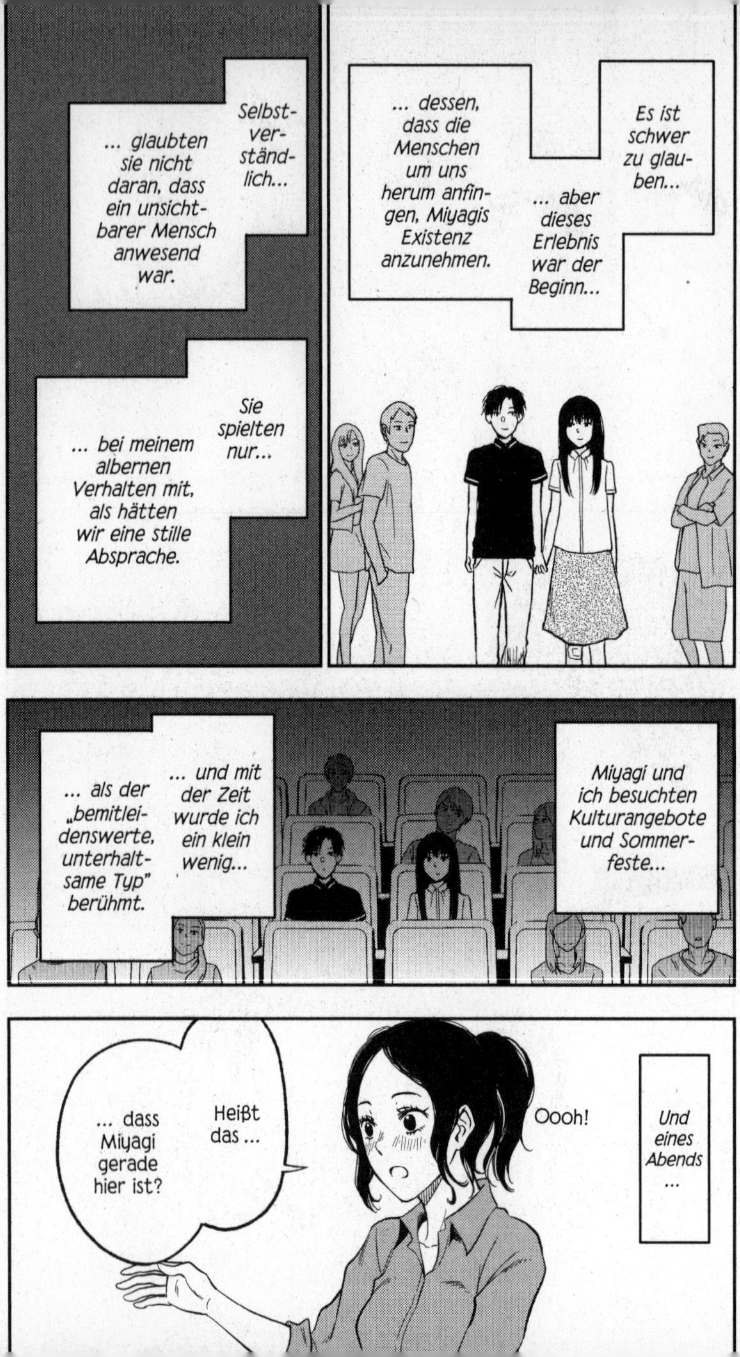

Es ist schwer zu glauben...
... aber dieses Erlebnis war der Beginn...
... dessen, dass die Menschen um uns herum anfingen, Miyagis Existenz anzunehmen.
Selbstverständlich...
... glaubten sie nicht daran, dass ein unsichtbarer Mensch anwesend war.
Sie spielten nur...
... bei meinem albernen Verhalten mit, als hätten wir eine stille Absprache.

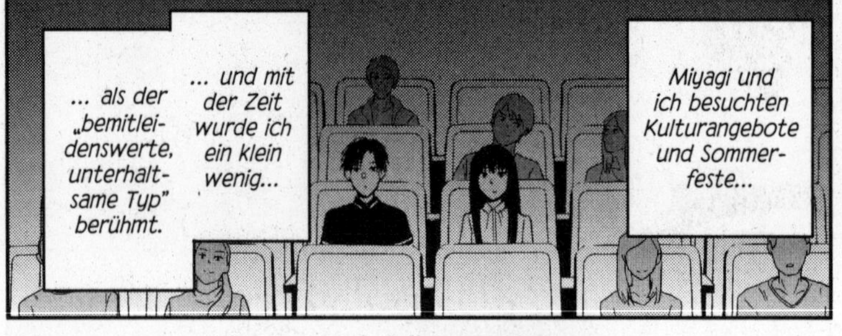

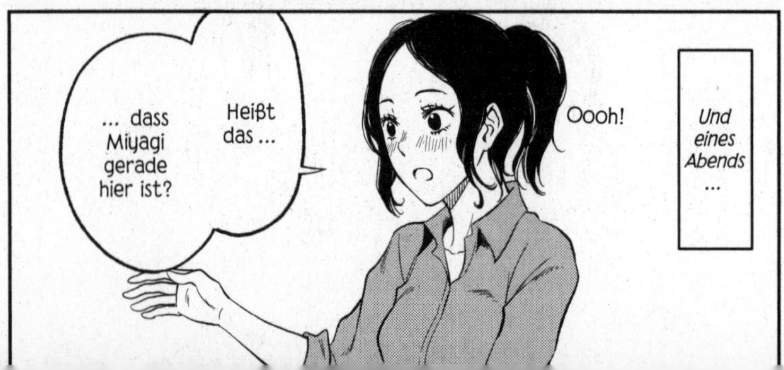

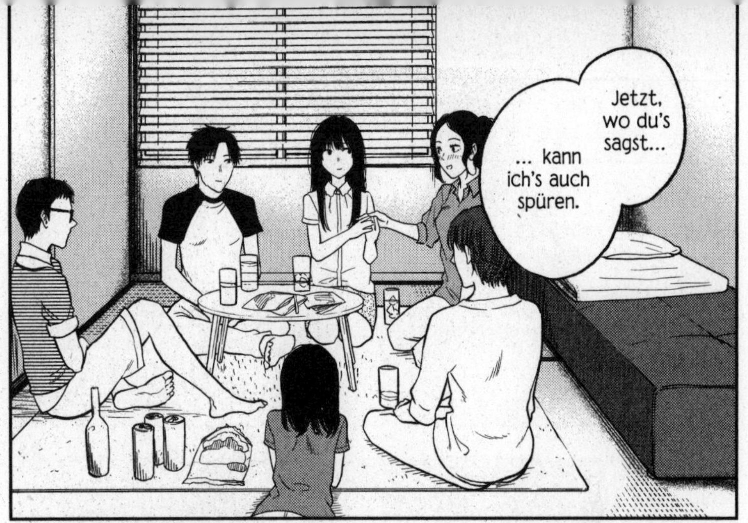
Jetzt, wo du's sagst...
... kann ich's auch spüren.

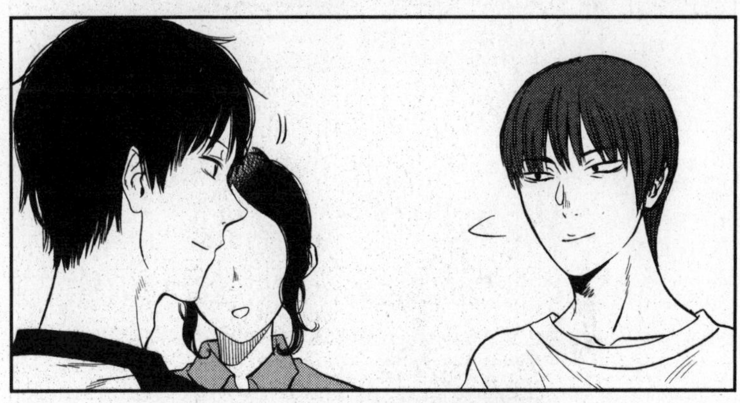

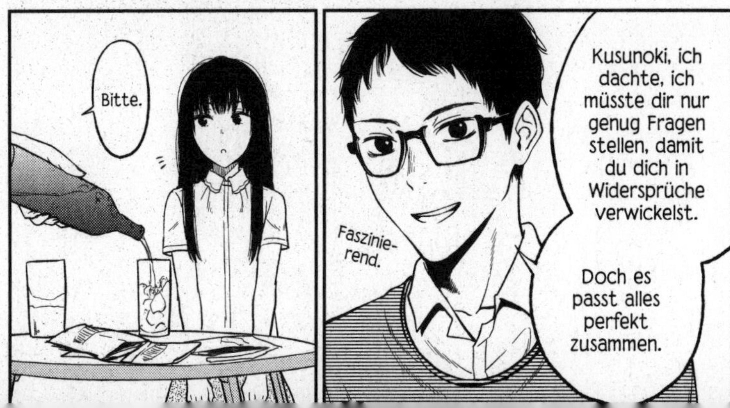
Kusunoki, ich dachte, ich müsste dir nur genug Fragen stellen, damit du dich in Widersprüche verwickelst.
Doch es passt alles perfekt zusammen.
Faszinie-rend.
Bitte.

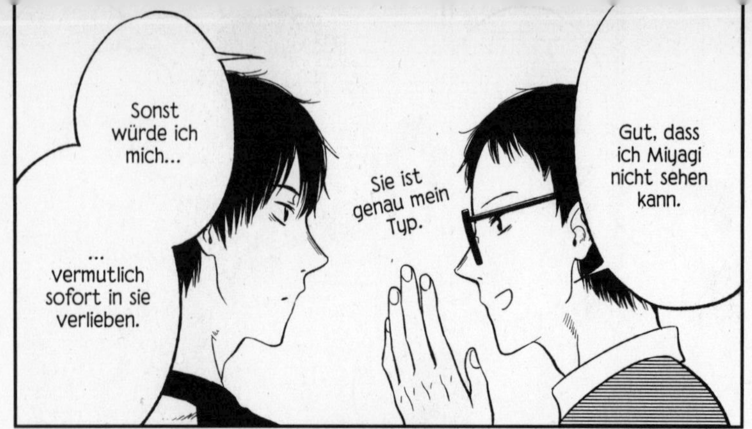
Gut, dass ich Miyagi nicht sehen kann.
Sie ist genau mein Typ.
Sonst würde ich mich...
... vermutlich sofort in sie verlieben.

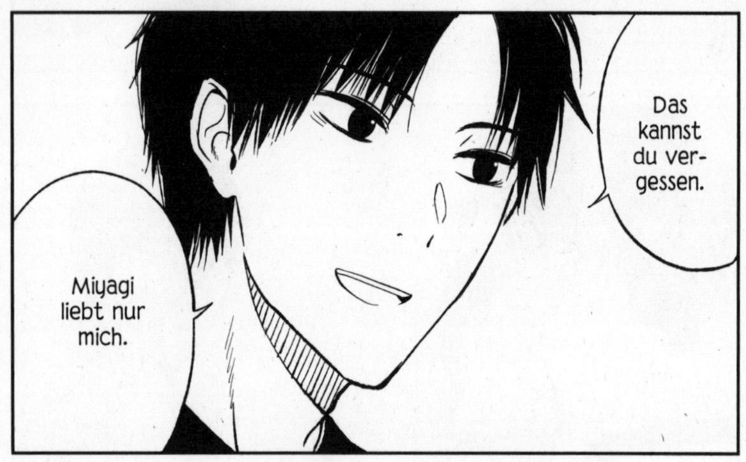
Das kannst du vergessen.
Miyagi liebt nur mich.

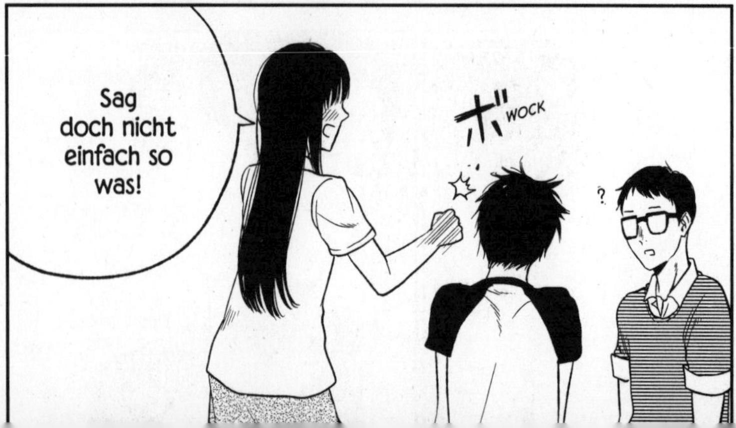
?
ボ WOCK
Sag doch nicht einfach so was!

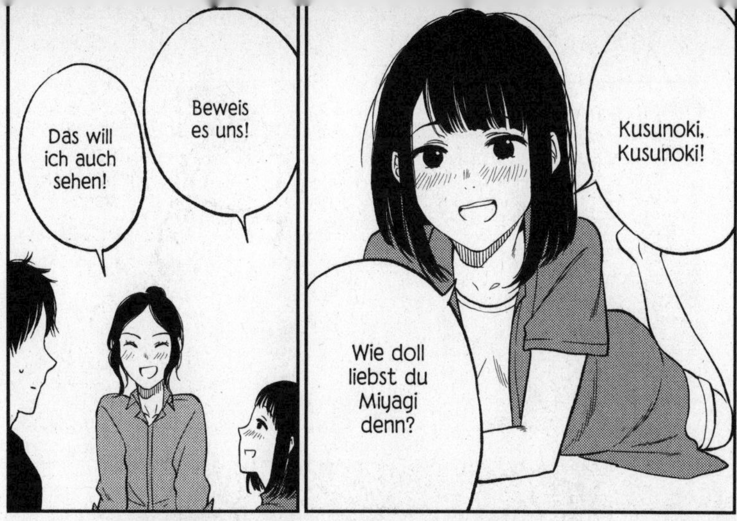
Kusunoki, Kusunoki!
Wie doll liebst du Miyagi denn?
Beweis es uns!
Das will ich auch sehen!

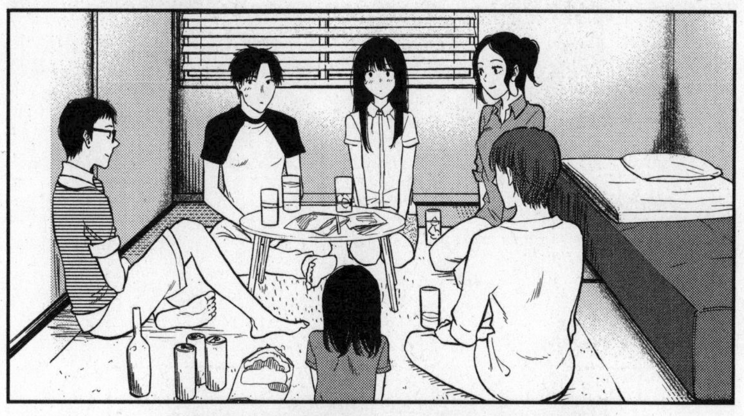

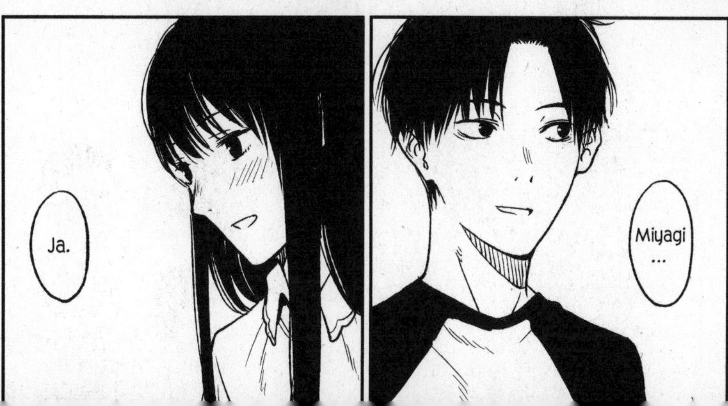
Miyagi ...
Ja.

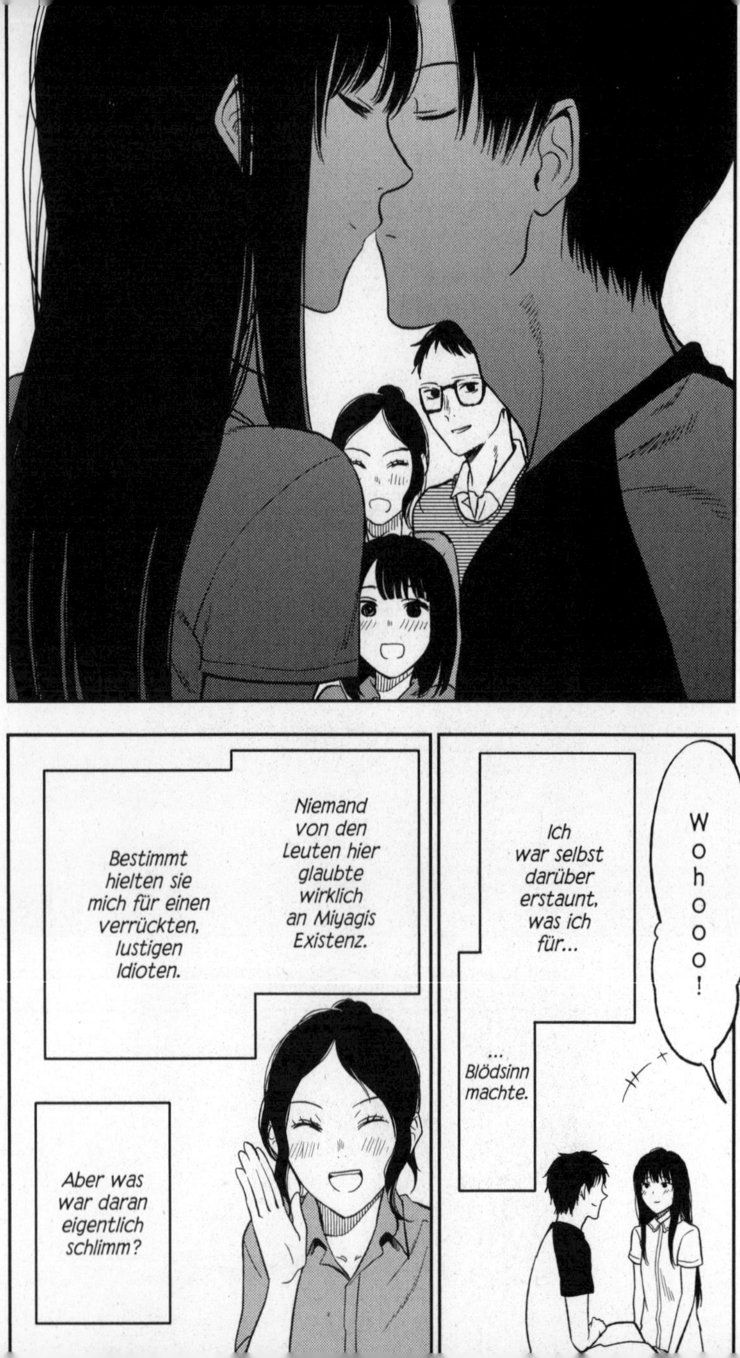

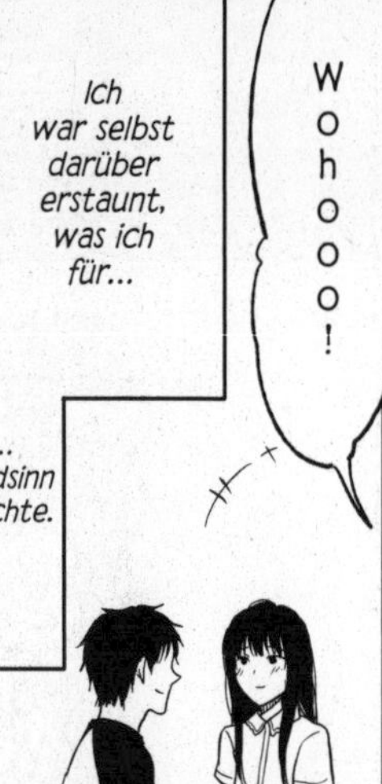
Wohoooo!
Ich war selbst darüber erstaunt, was ich für...
...Blödsinn machte.

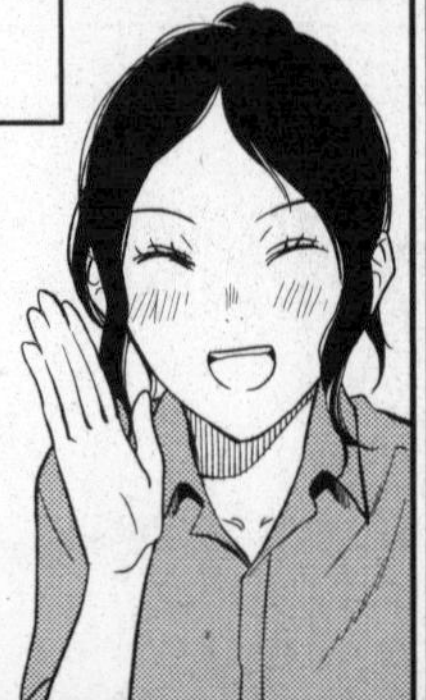
Niemand von den Leuten hier glaubte wirklich an Miyagis Existenz.
Bestimmt hielten sie mich für einen verrückten, lustigen Idioten.
Aber was war daran eigentlich schlimm?

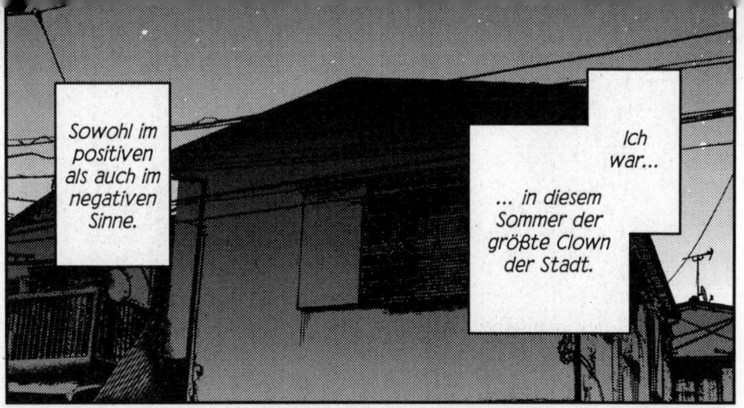
Ich war...
... in diesem Sommer der größte Clown der Stadt.
Sowohl im positiven als auch im negativen Sinne.

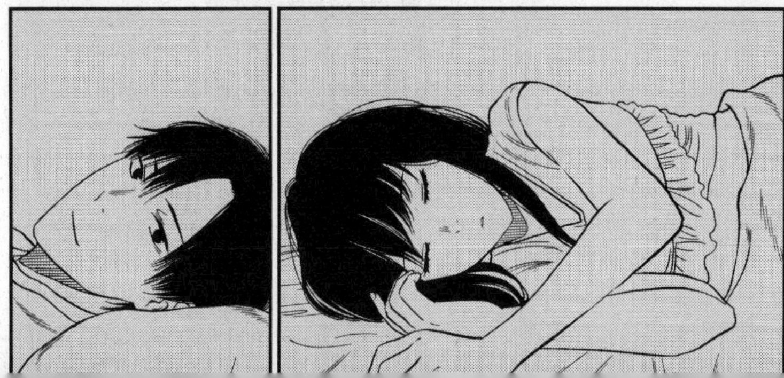

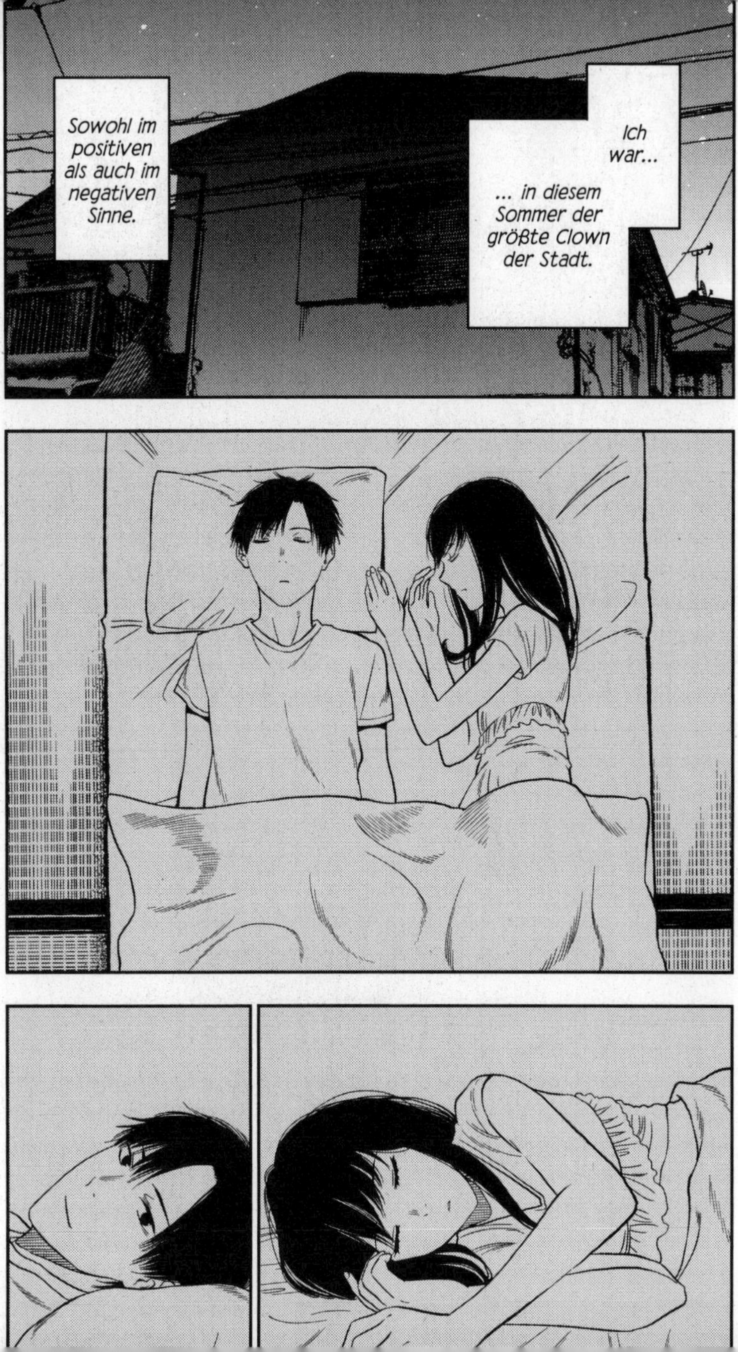

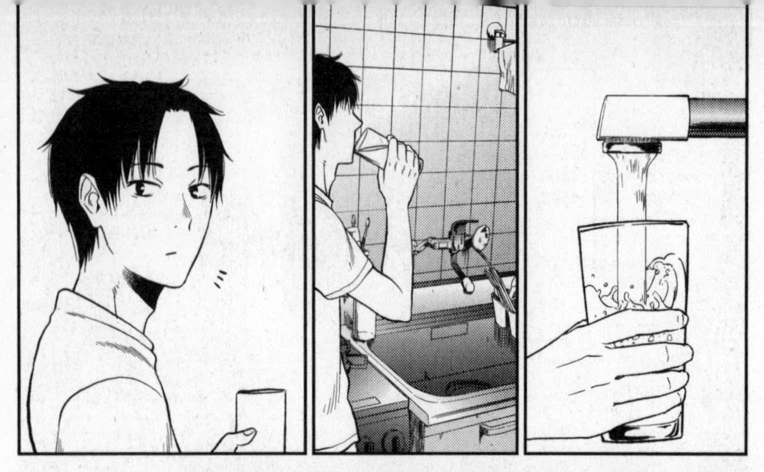

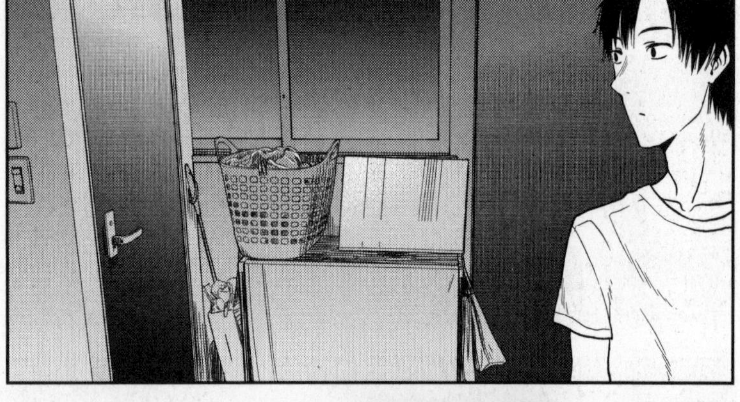

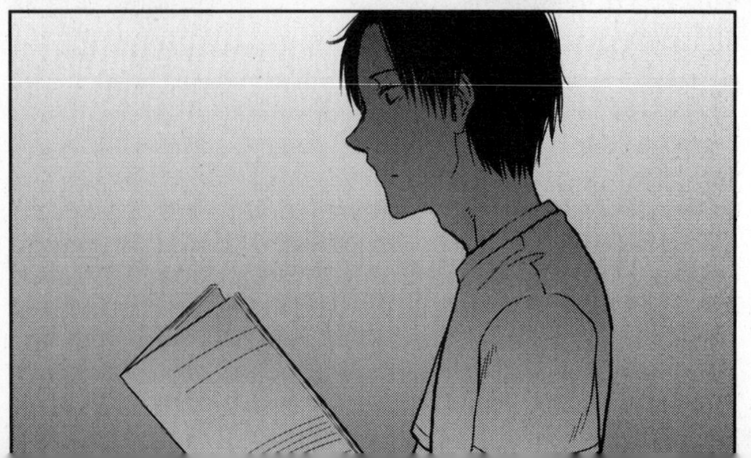

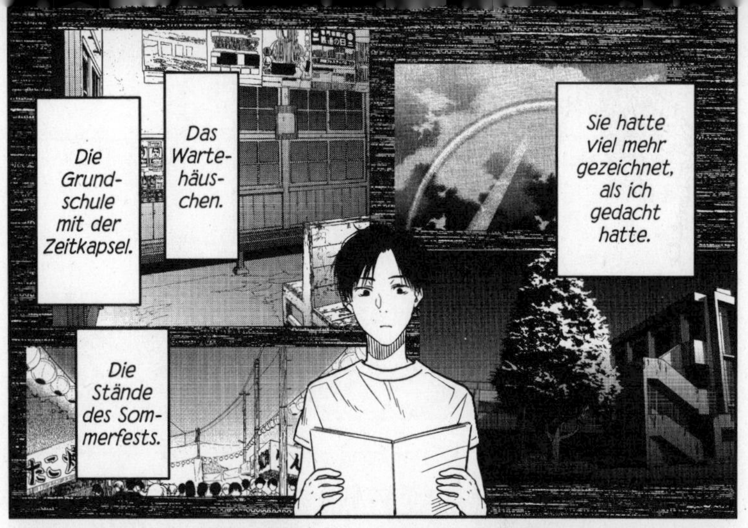
Sie hatte viel mehr gezeichnet, als ich gedacht hatte.
Das Wartehäuschen.
Die Grundschule mit der Zeitkapsel.
Die Stände des Sommerfests.

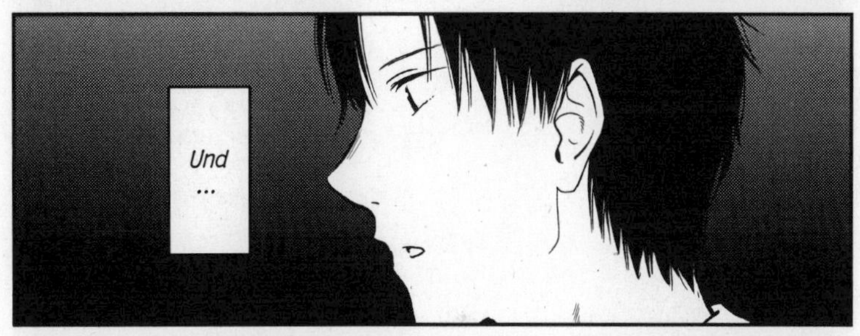
Und …

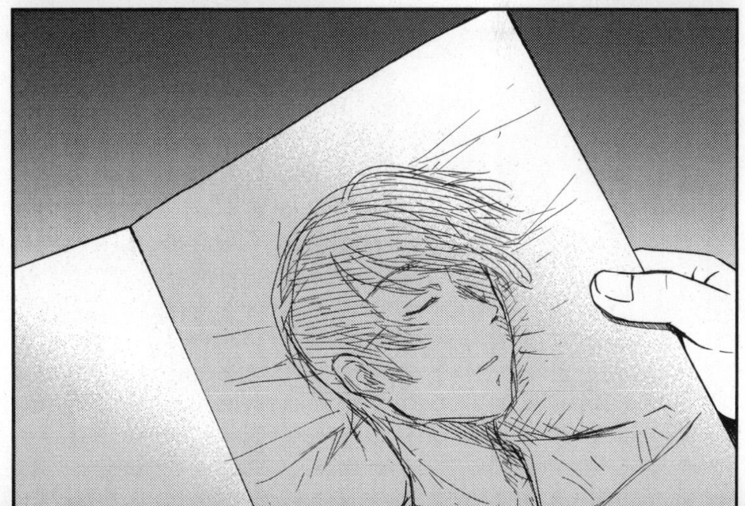

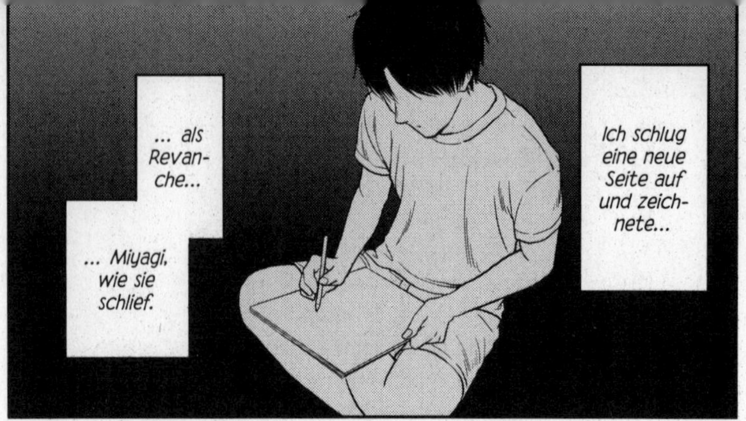
Ich schlug eine neue Seite auf und zeichnete...
... als Revanche...
... Miyagi, wie sie schlief.

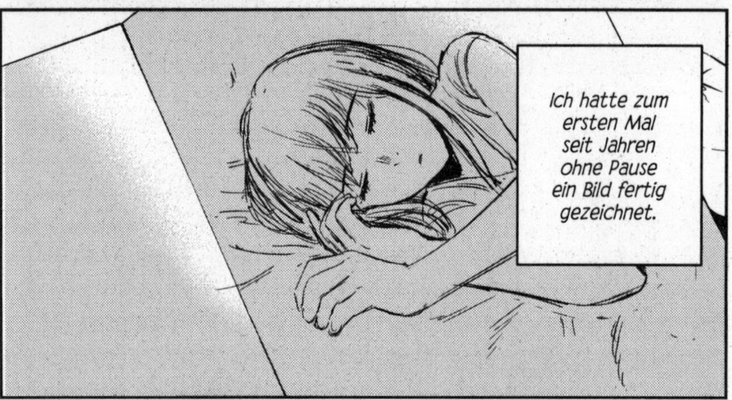
Ich hatte zum ersten Mal seit Jahren ohne Pause ein Bild fertig gezeichnet.

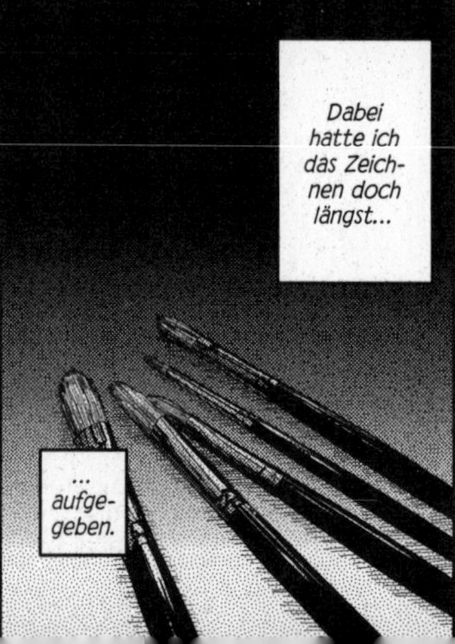
Dabei hatte ich das Zeichnen doch längst...
... aufgegeben.

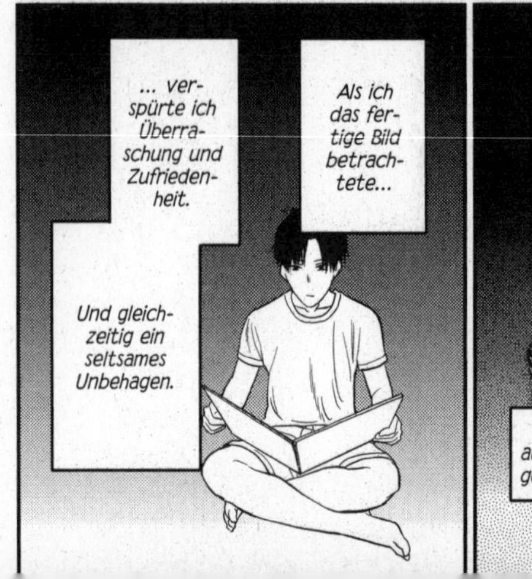
Als ich das fertige Bild betrachtete...
... verspürte ich Überraschung und Zufriedenheit.
Und gleichzeitig ein seltsames Unbehagen.

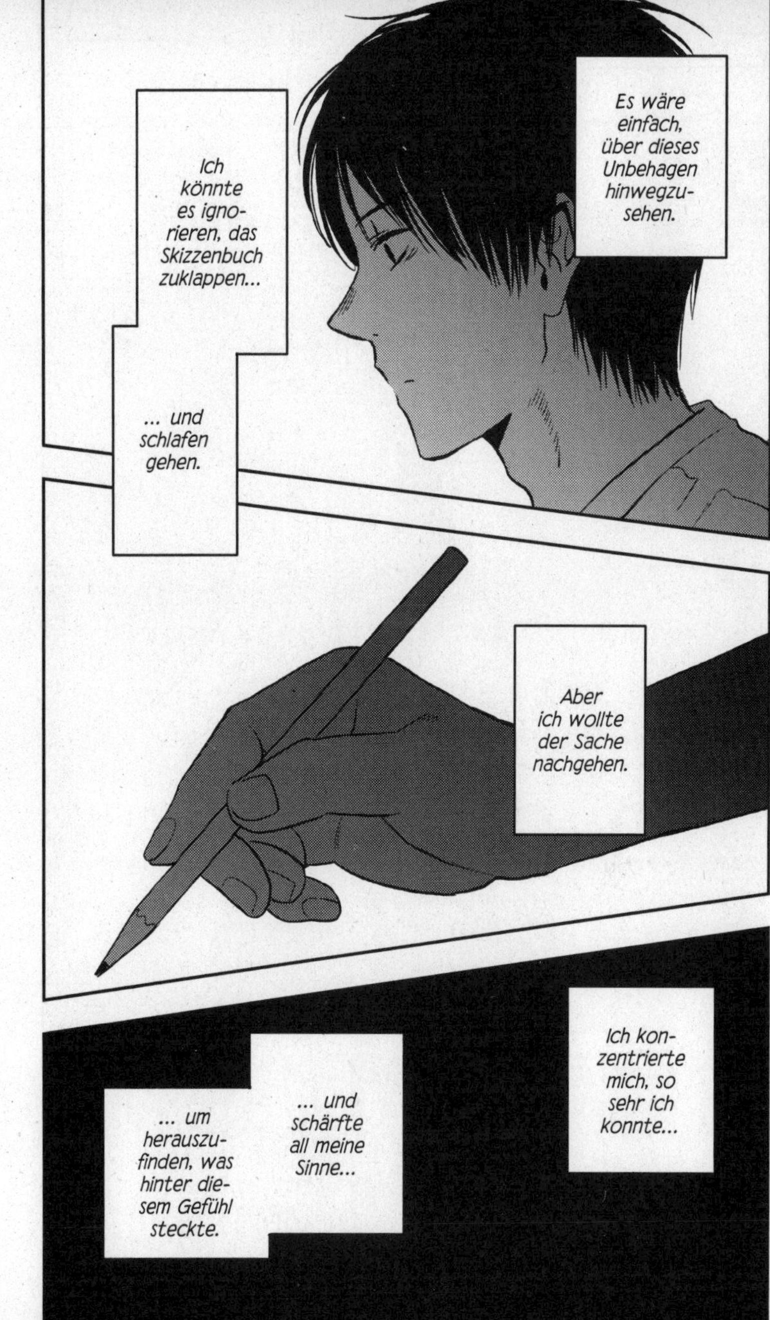
Es wäre einfach, über dieses Unbehagen hinwegzusehen.
Ich könnte es ignorieren, das Skizzenbuch zuklappen...
... und schlafen gehen.
Aber ich wollte der Sache nachgehen.
Ich konzentrierte mich, so sehr ich konnte...
... und schärfte all meine Sinne...
... um herauszufinden, was hinter diesem Gefühl steckte.

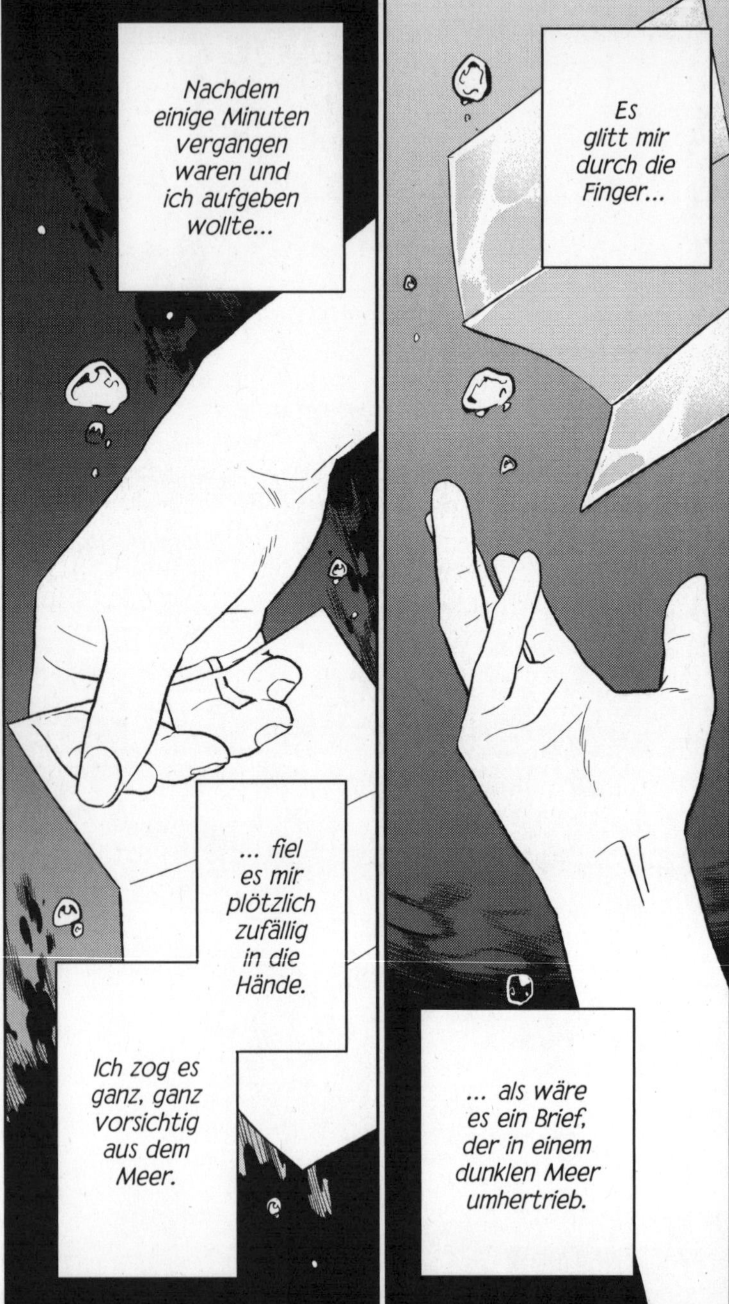
Nachdem einige Minuten vergangen waren und ich aufgeben wollte...
... fiel es mir plötzlich zufällig in die Hände.
Ich zog es ganz, ganz vorsichtig aus dem Meer.
Es glitt mir durch die Finger...
... als wäre es ein Brief, der in einem dunklen Meer umhertrieb.

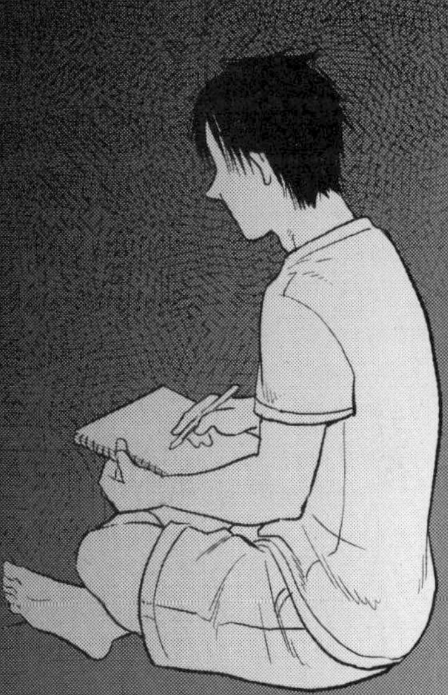
Im nächsten Moment ...
... fing ich an, wie besessen...
... den Stift über das Papier des Skizzenbuches zu bewegen.
Und ich hörte bis zum nächsten Morgen nicht mehr auf.

Ich habe mein Leben für 10.000 Yen pro Jahr verkauft

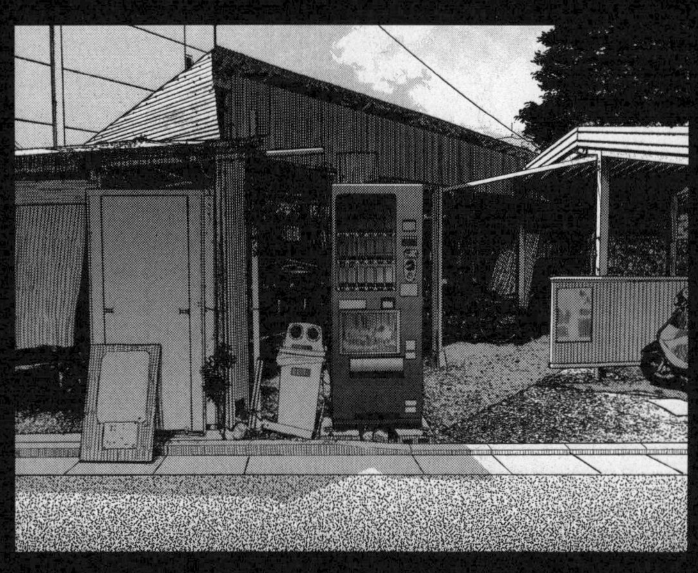

Kapitel 15

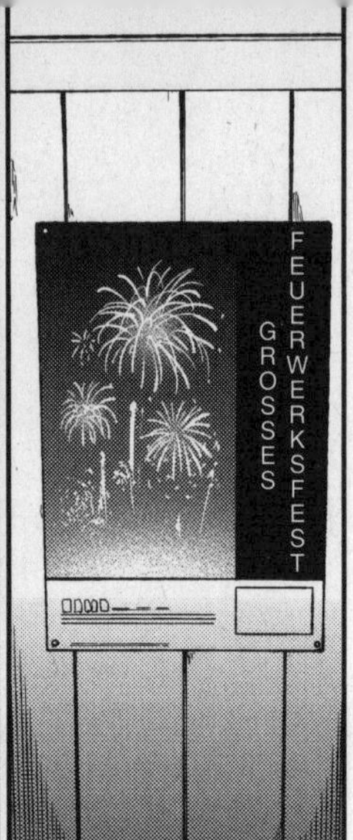

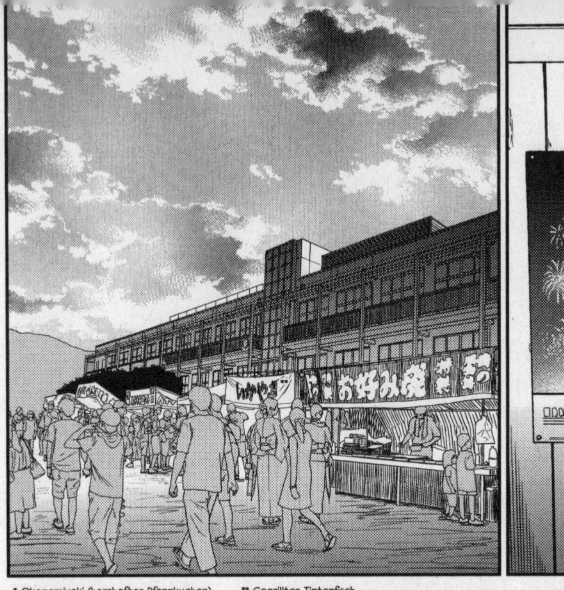

* Okonomiyaki (herzhafter Pfannkuchen). ** Gegrillter Tintenfisch.

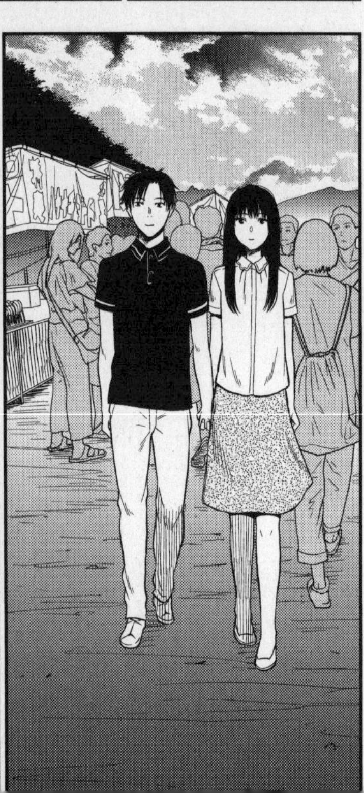

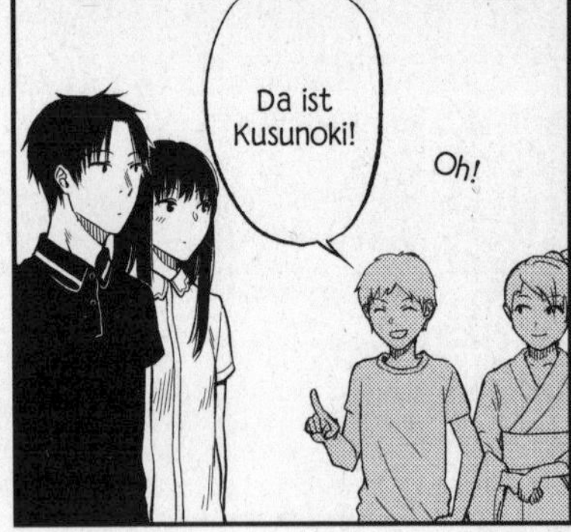

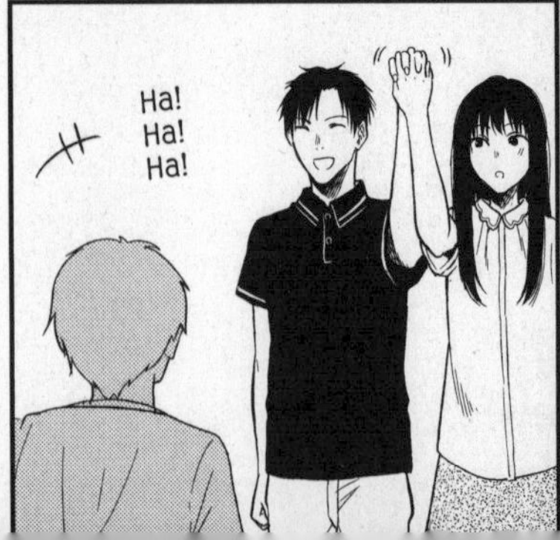

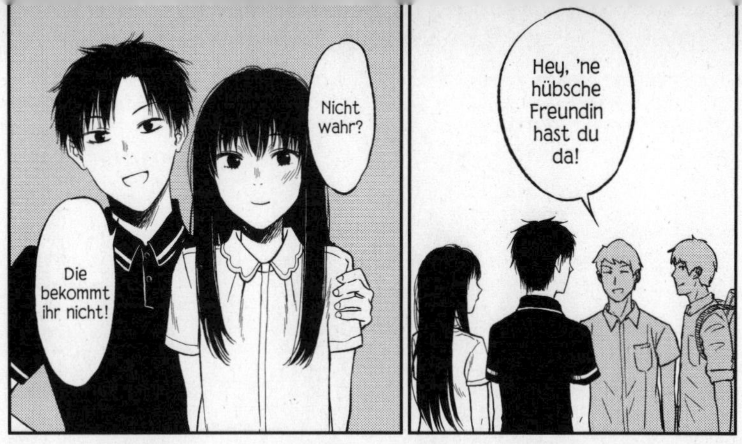
Hey, 'ne hübsche Freundin hast du da!
Nicht wahr?
Die bekommt ihr nicht!

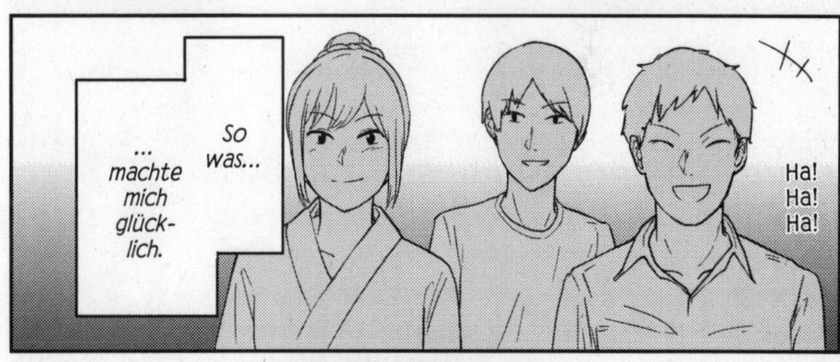
Ha! Ha! Ha!
So was...
... machte mich glücklich.

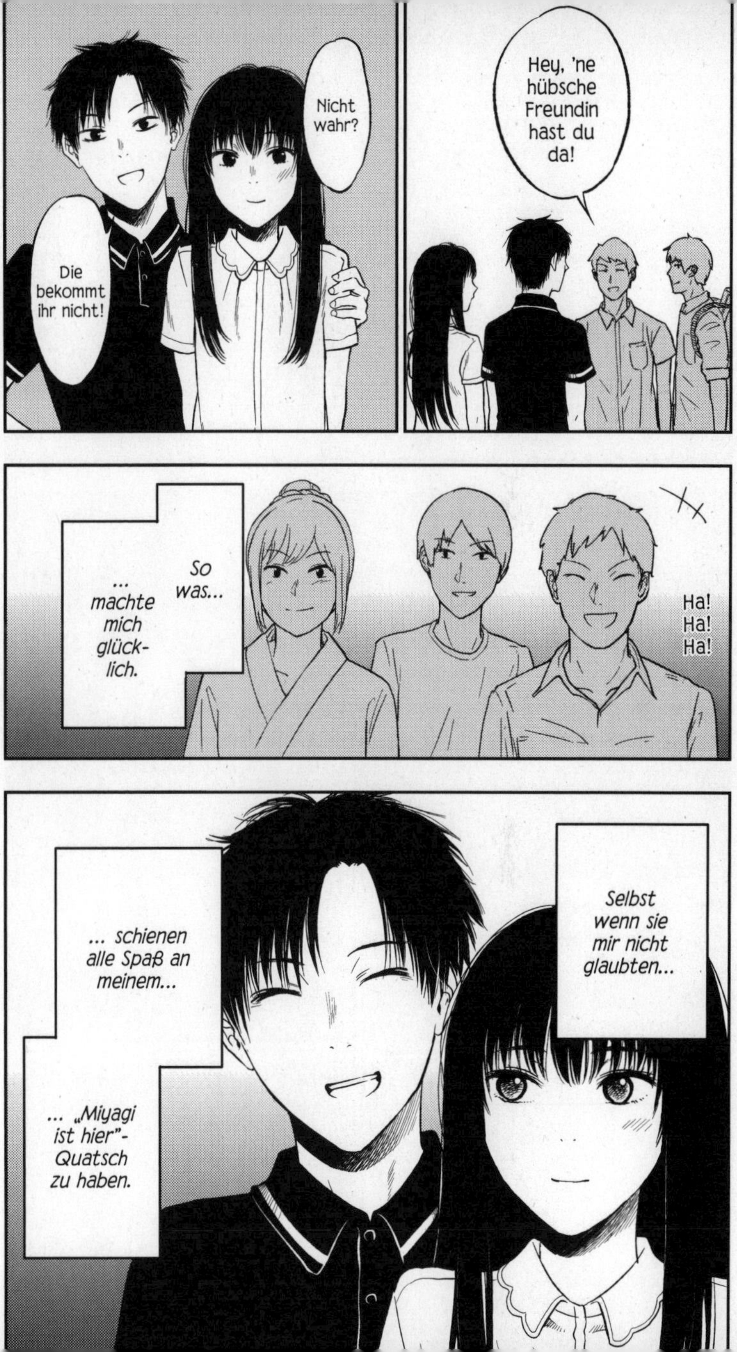

Selbst wenn sie mir nicht glaubten...
... schienen alle Spaß an meinem...
... „Miyagi ist hier"-Quatsch zu haben.

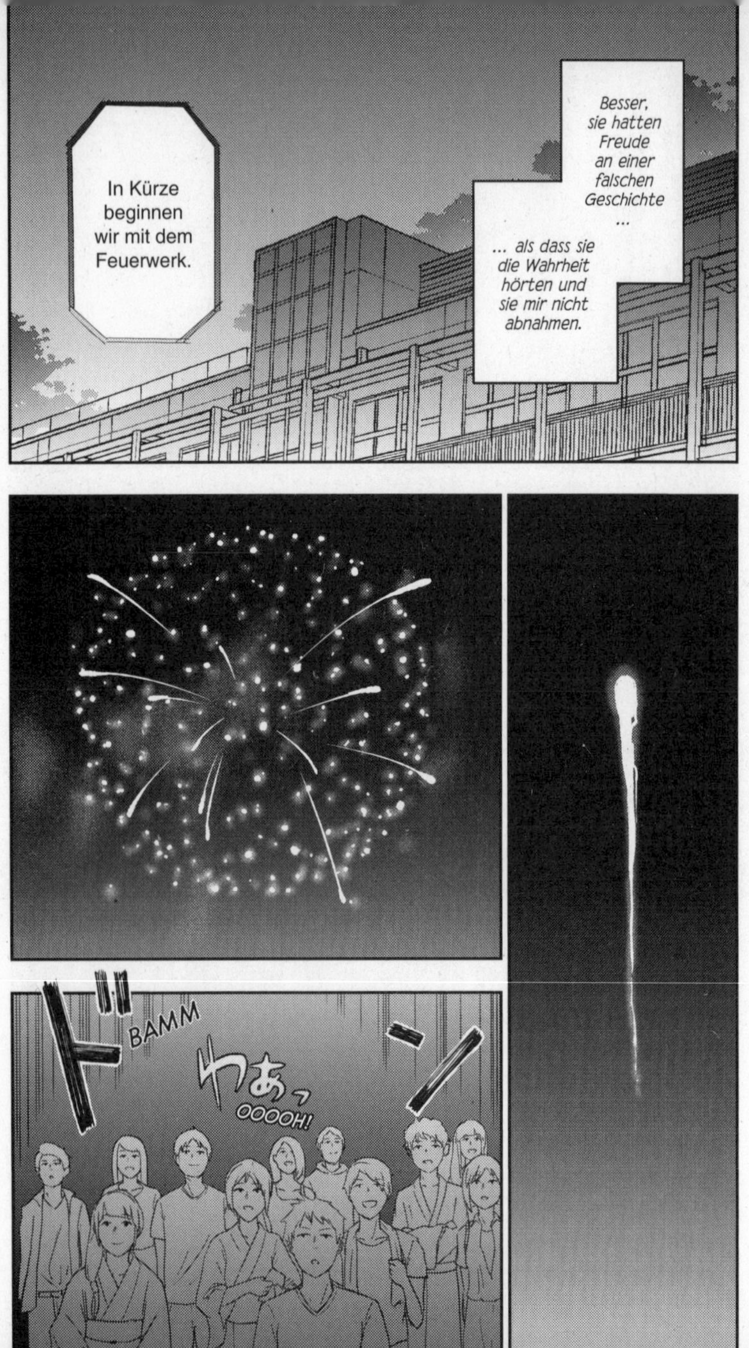
Besser, sie hatten Freude an einer falschen Geschichte ...
... als dass sie die Wahrheit hörten und sie mir nicht abnahmen.
In Kürze beginnen wir mit dem Feuerwerk.
ド
BAMM
ーン
やあっ
OOOOH!

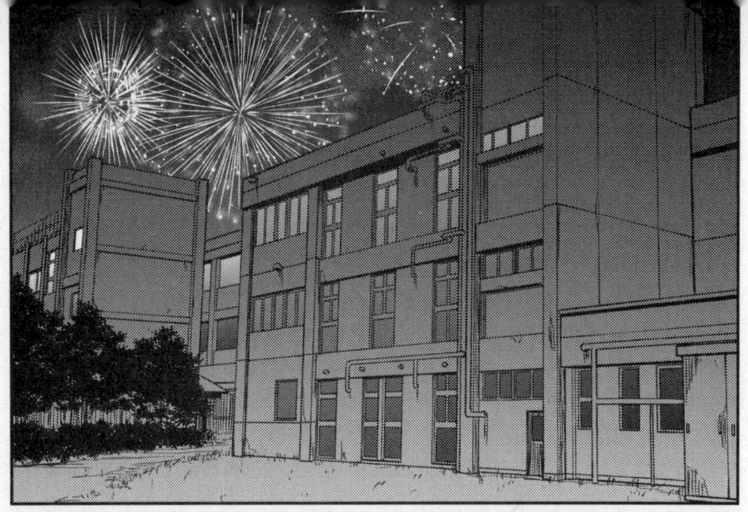

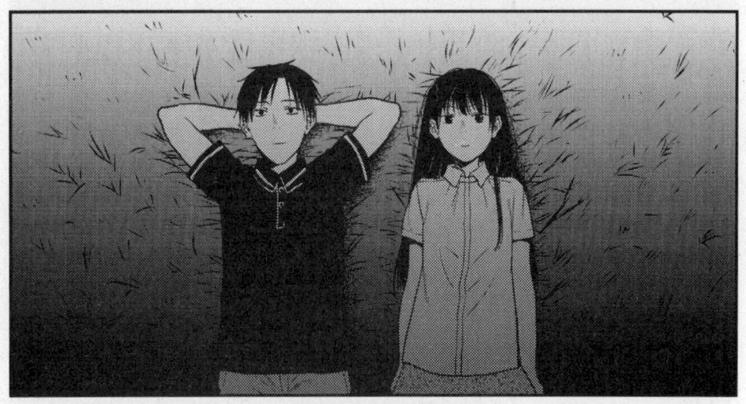

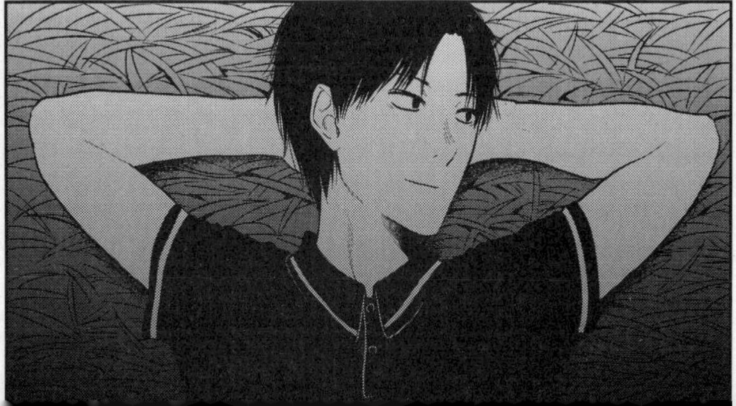

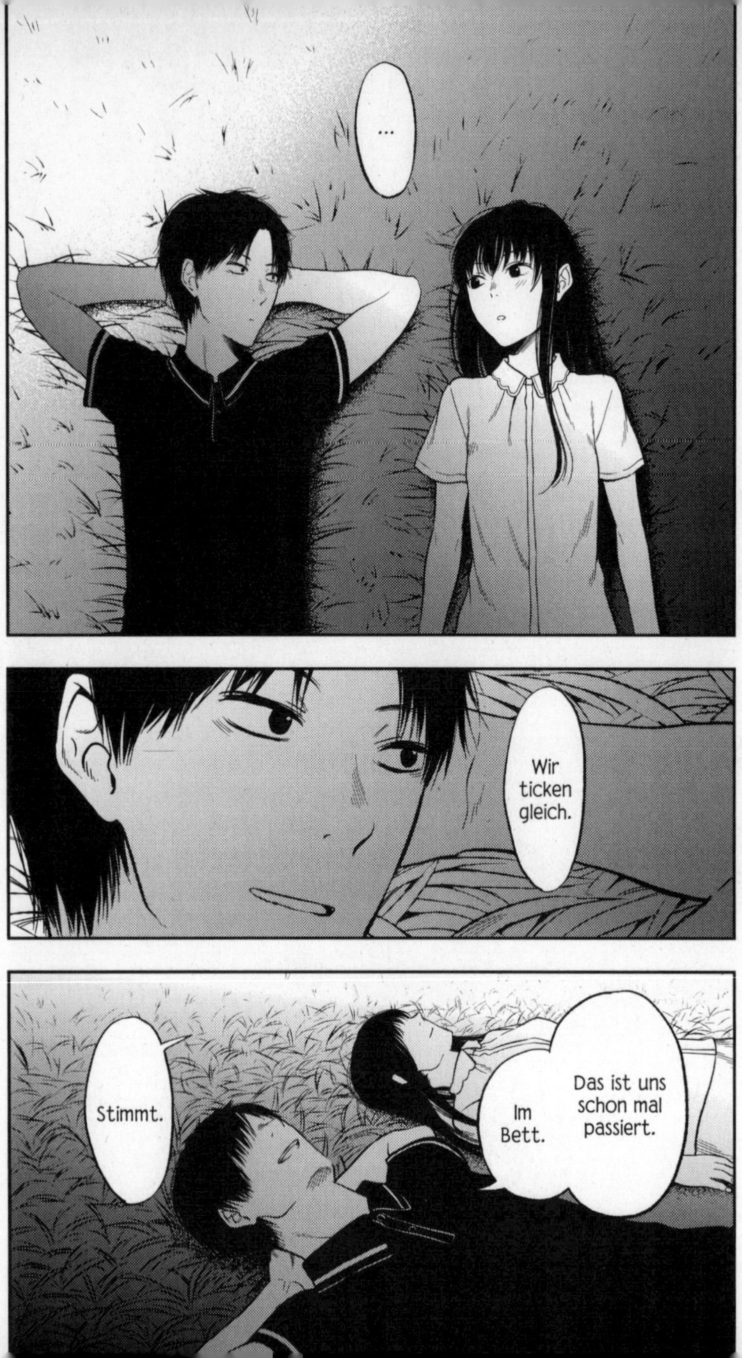

…

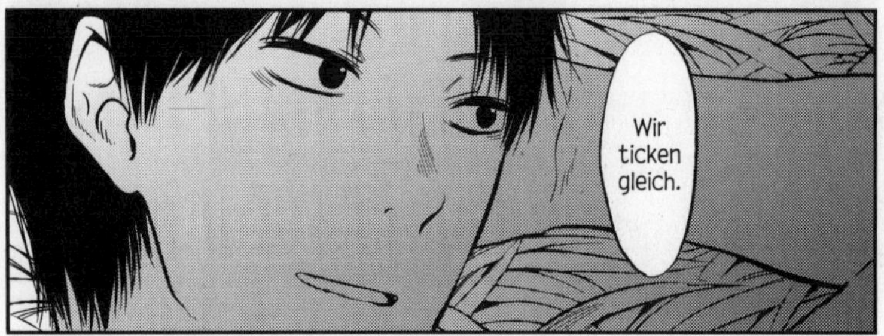
Wir ticken gleich.

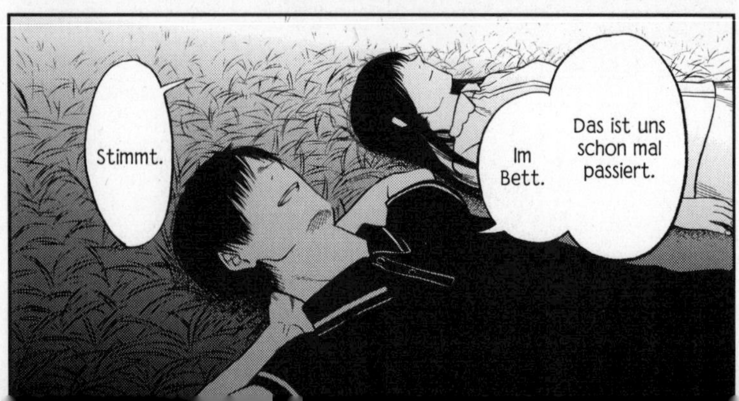
Das ist uns schon mal passiert.
Im Bett.
Stimmt.

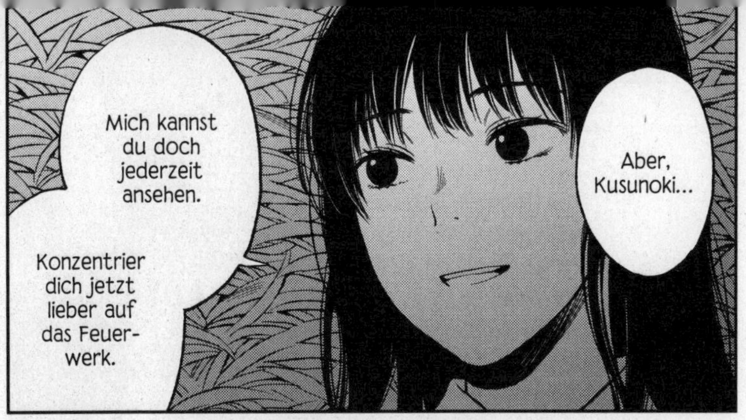
Aber, Kusunoki...
Mich kannst du doch jederzeit ansehen.
Konzentrier dich jetzt lieber auf das Feuerwerk.

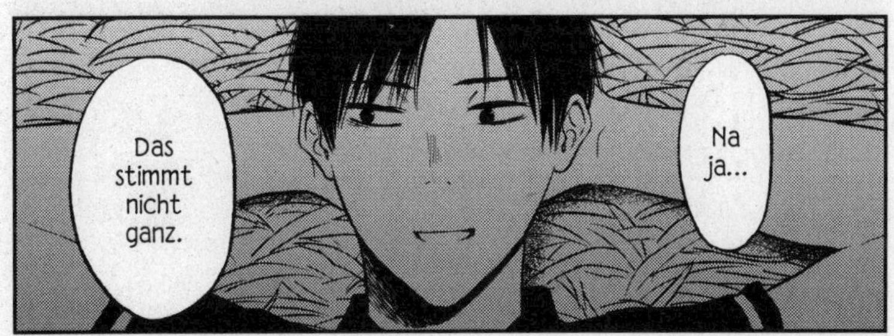
Na ja...
Das stimmt nicht ganz.

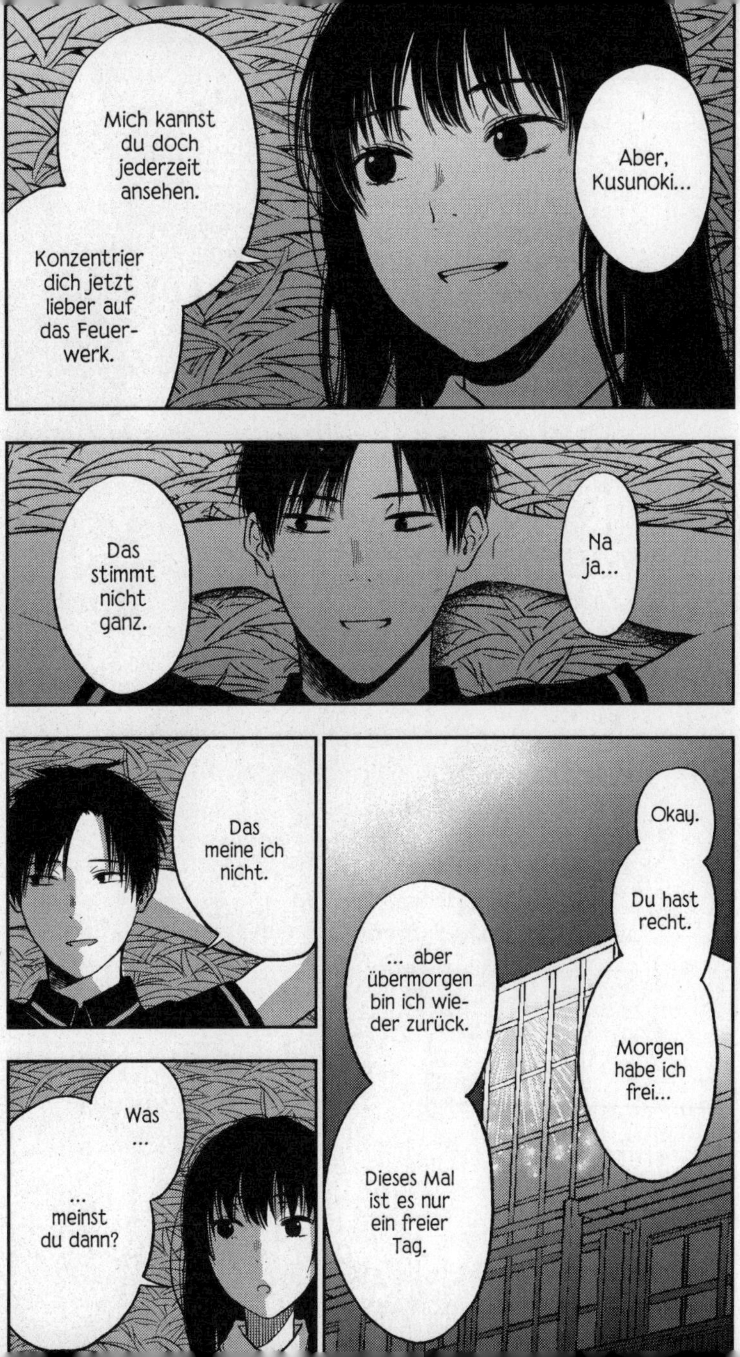

Okay.
Du hast recht.
Morgen habe ich frei...
... aber übermorgen bin ich wieder zurück.
Dieses Mal ist es nur ein freier Tag.
Das meine ich nicht.
Was ...
... meinst du dann?

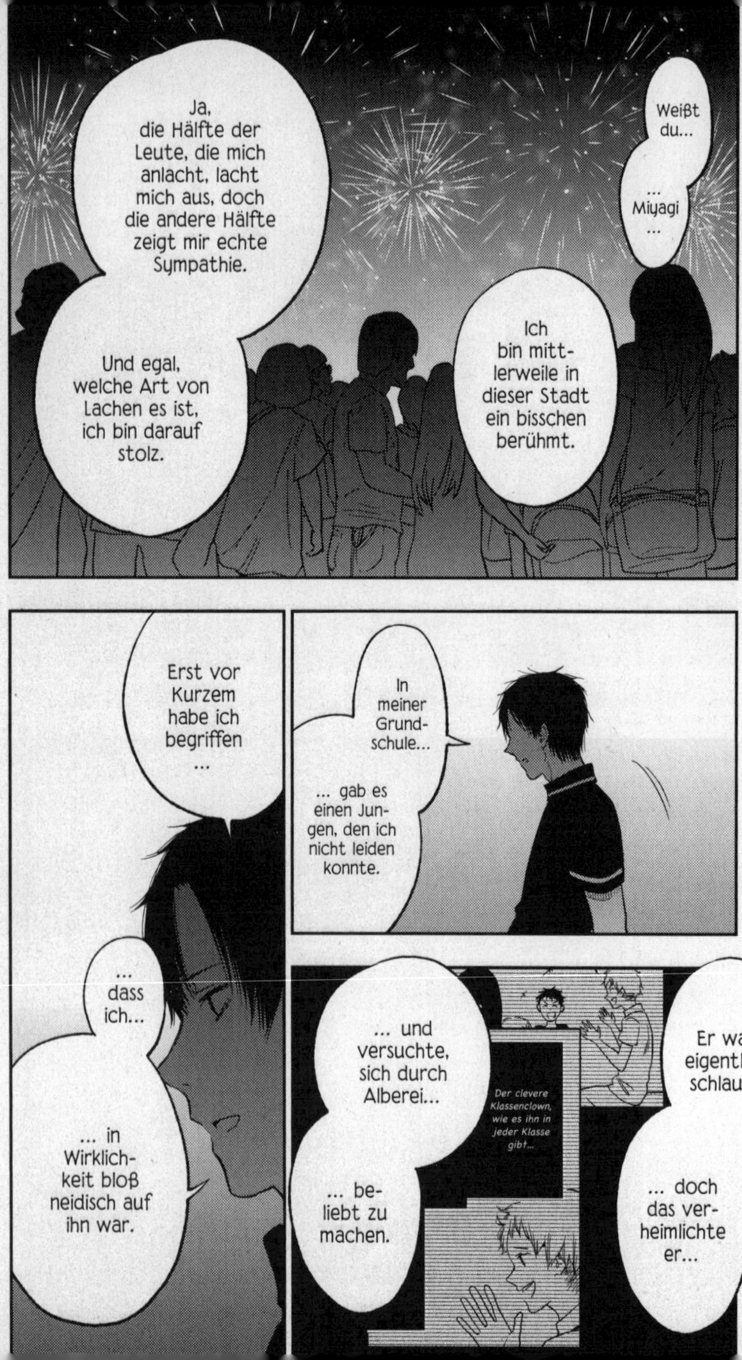

Weißt du... ... Miyagi ...

Ich bin mittlerweile in dieser Stadt ein bisschen berühmt.

Ja, die Hälfte der Leute, die mich anlacht, lacht mich aus, doch die andere Hälfte zeigt mir echte Sympathie.

Und egal, welche Art von Lachen es ist, ich bin darauf stolz.

In meiner Grundschule...

... gab es einen Jungen, den ich nicht leiden konnte.

Er war eigentlich schlau...

... doch das verheimlichte er...

... und versuchte, sich durch Alberei...

... beliebt zu machen.

Der clevere Klassenclown, wie es ihn in jeder Klasse gibt...

Erst vor Kurzem habe ich begriffen ...

... dass ich...

... in Wirklichkeit bloß neidisch auf ihn war.

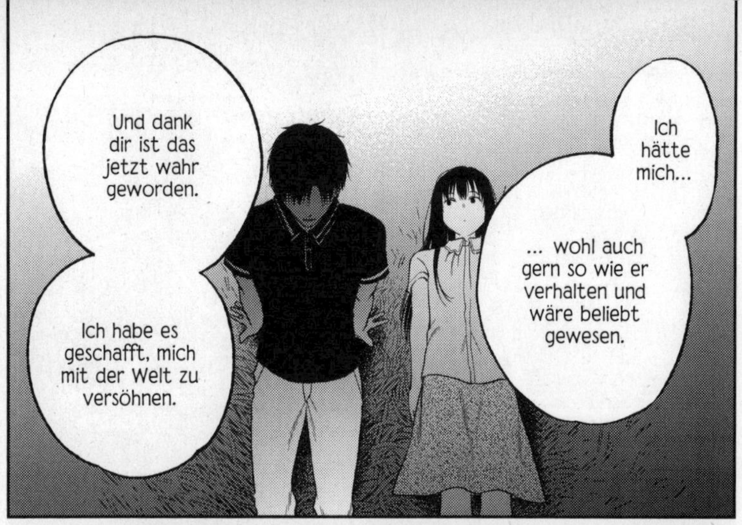
Ich hätte mich...
... wohl auch gern so wie er verhalten und wäre beliebt gewesen.
Und dank dir ist das jetzt wahr geworden.
Ich habe es geschafft, mich mit der Welt zu versöhnen.

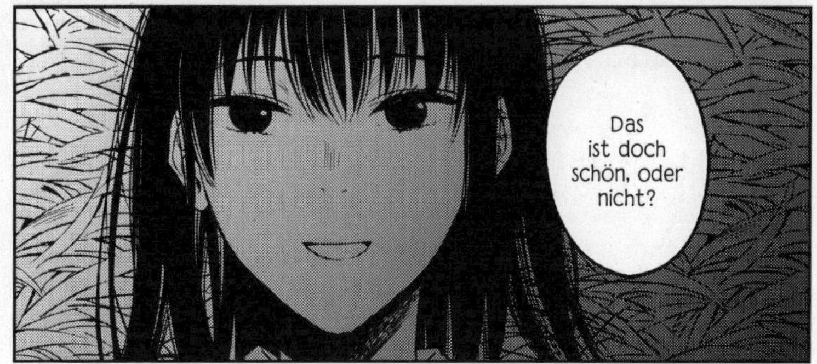
Das ist doch schön, oder nicht?

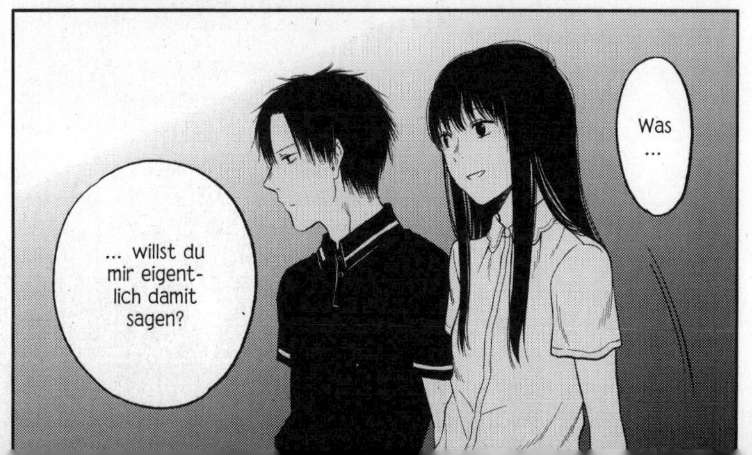
Was ...
... willst du mir eigentlich damit sagen?

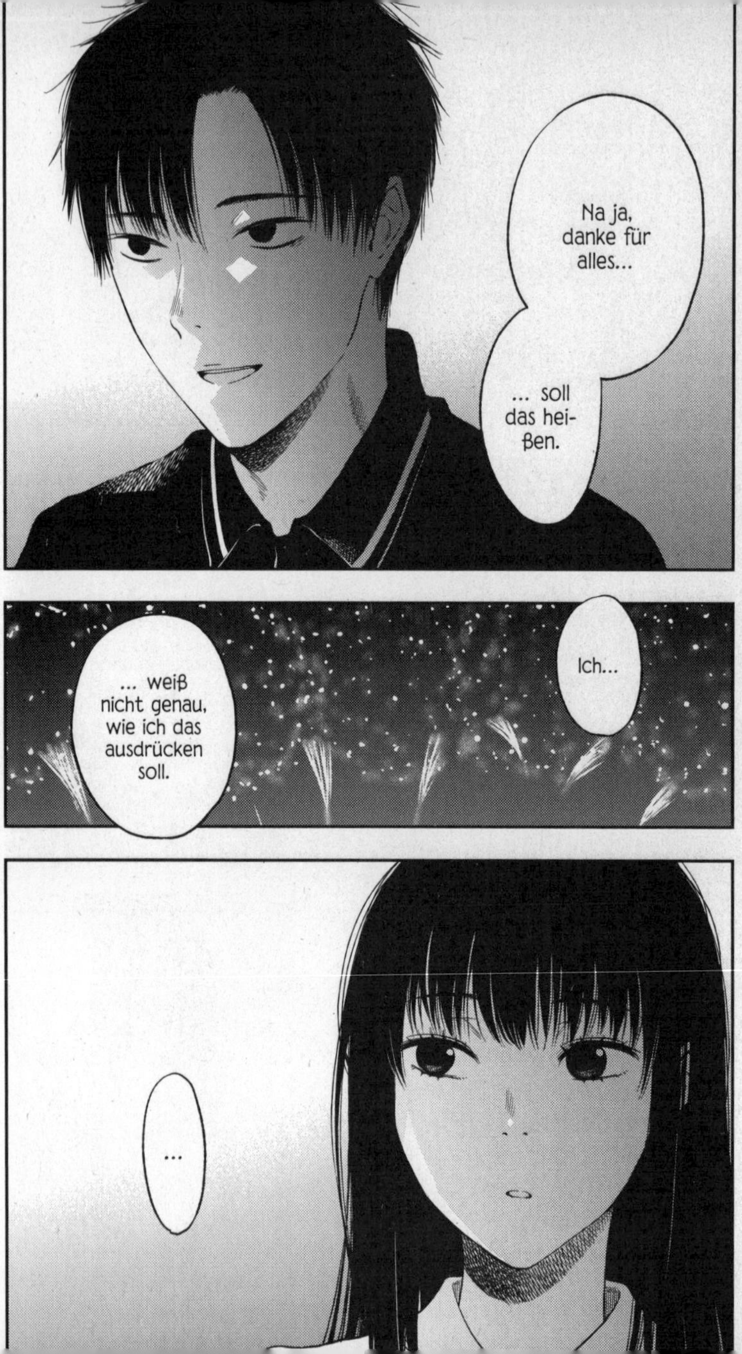

Na ja, danke für alles...
... soll das heißen.

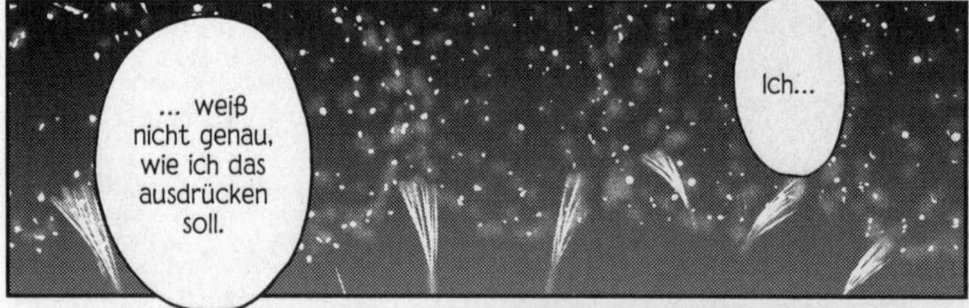

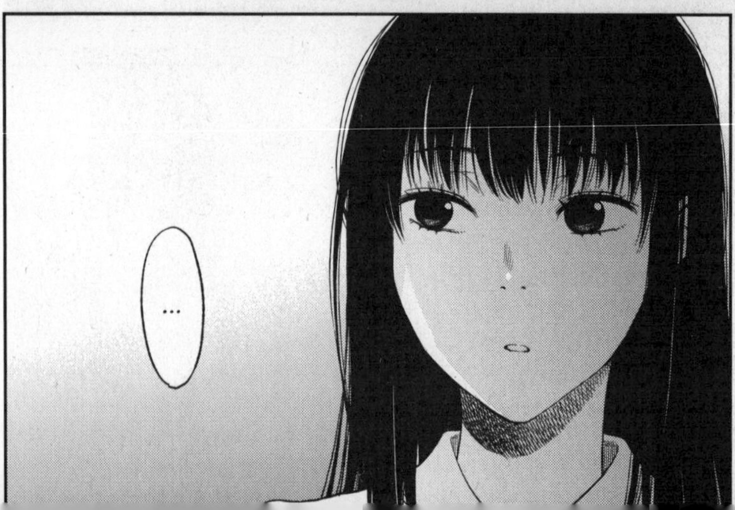

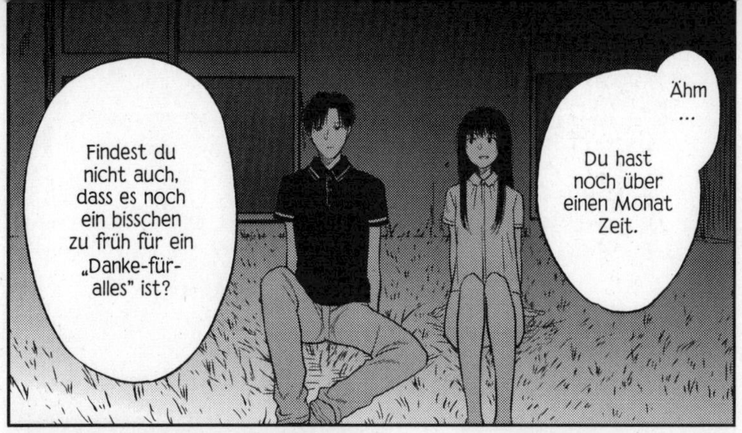
Ähm ...
Du hast noch über einen Monat Zeit.
Findest du nicht auch, dass es noch ein bisschen zu früh für ein „Danke-für-alles" ist?

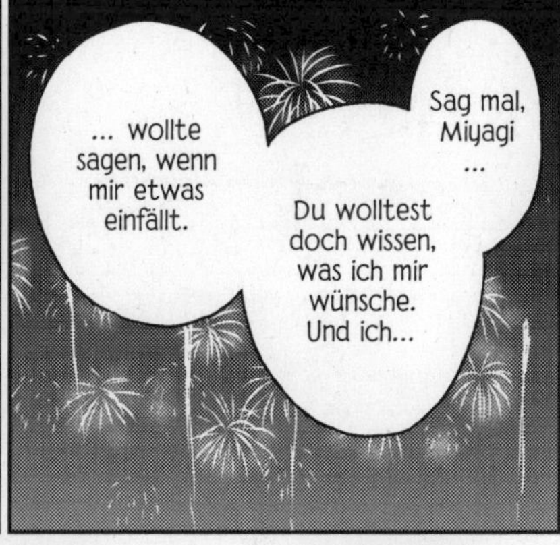
Sag mal, Miyagi ...
Du wolltest doch wissen, was ich mir wünsche. Und ich...
... wollte sagen, wenn mir etwas einfällt.

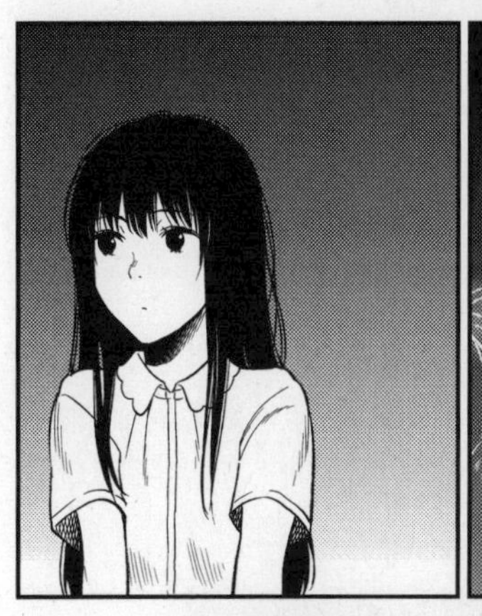

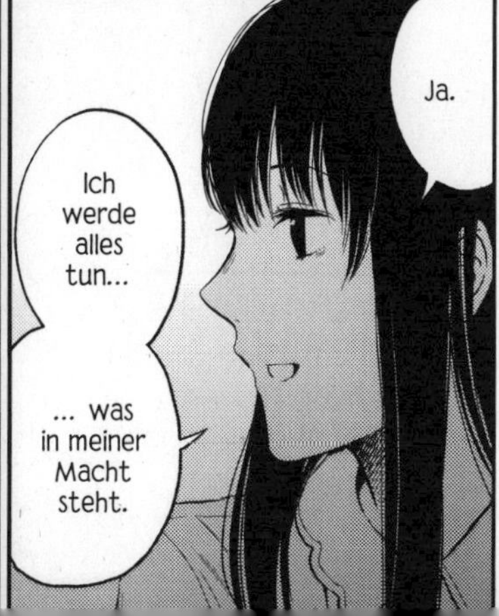
Ja.
Ich werde alles tun...
... was in meiner Macht steht.

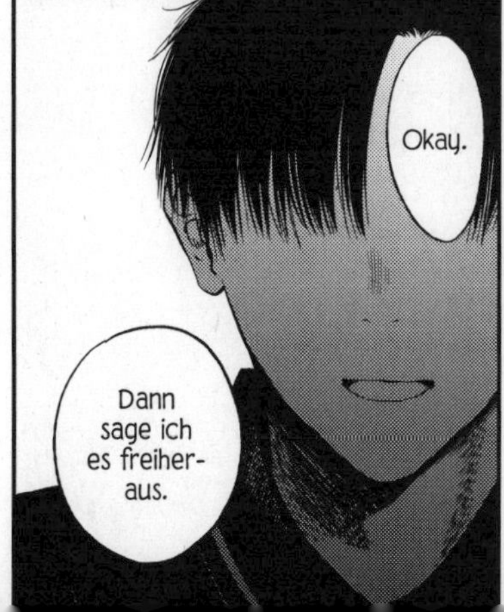
Okay.
Dann sage ich es freiheraus.

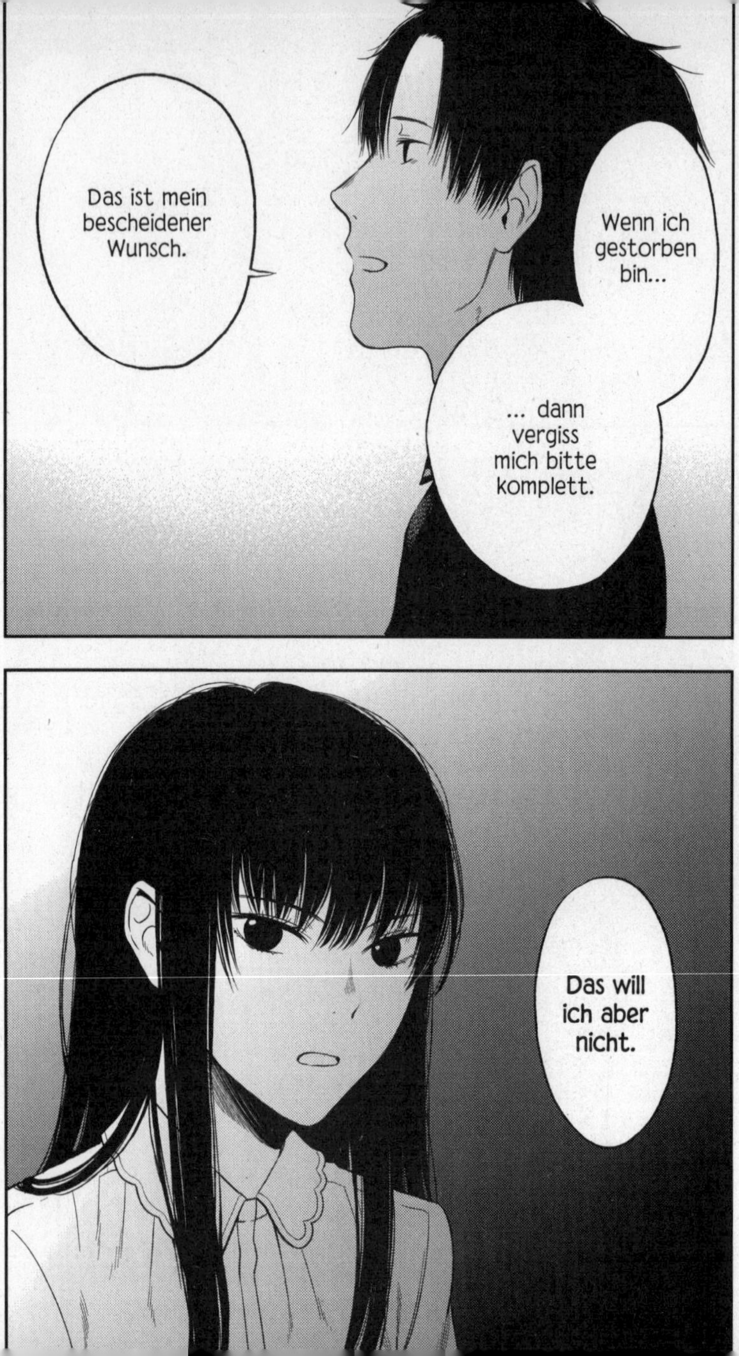

Wenn ich gestorben bin...

... dann vergiss mich bitte komplett.

Das ist mein bescheidener Wunsch.

Das will ich aber nicht.

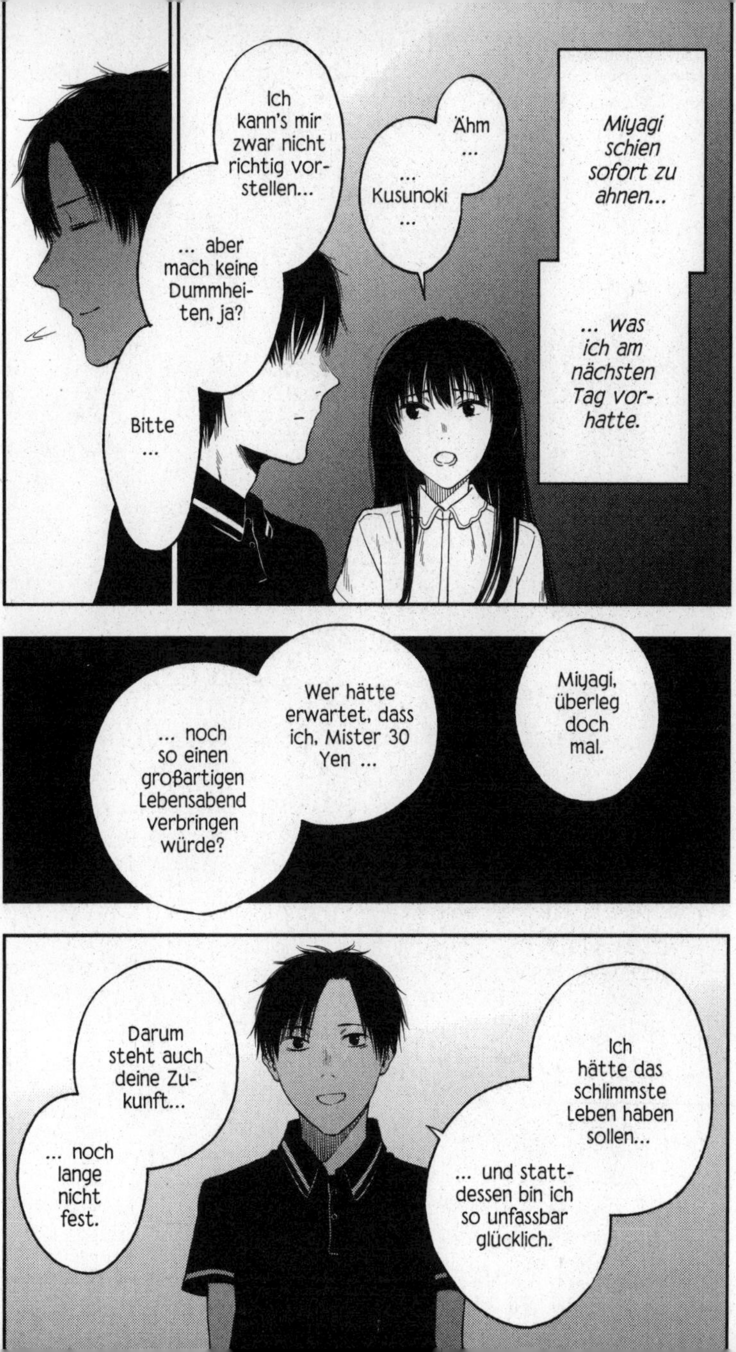

Miyagi schien sofort zu ahnen...

... was ich am nächsten Tag vorhatte.

Ähm ...

... Kusunoki ...

Ich kann's mir zwar nicht richtig vorstellen...

... aber mach keine Dummheiten, ja?

Bitte ...

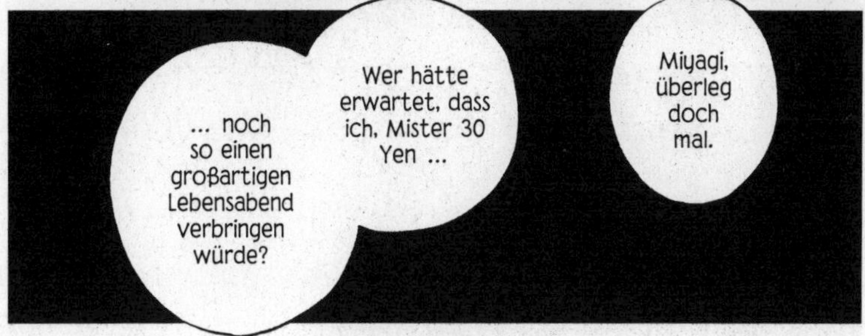

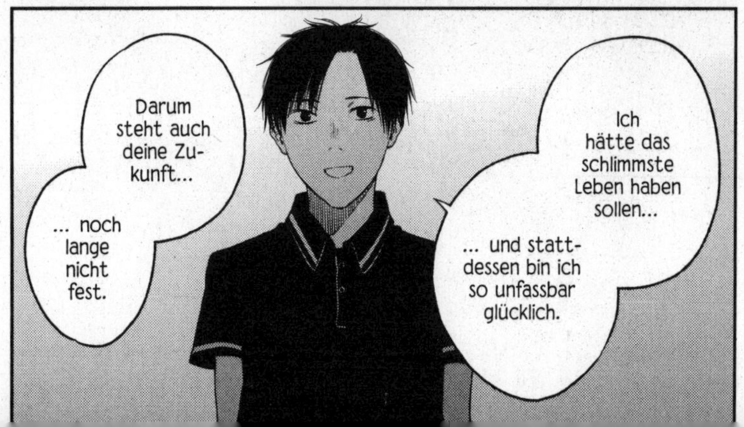

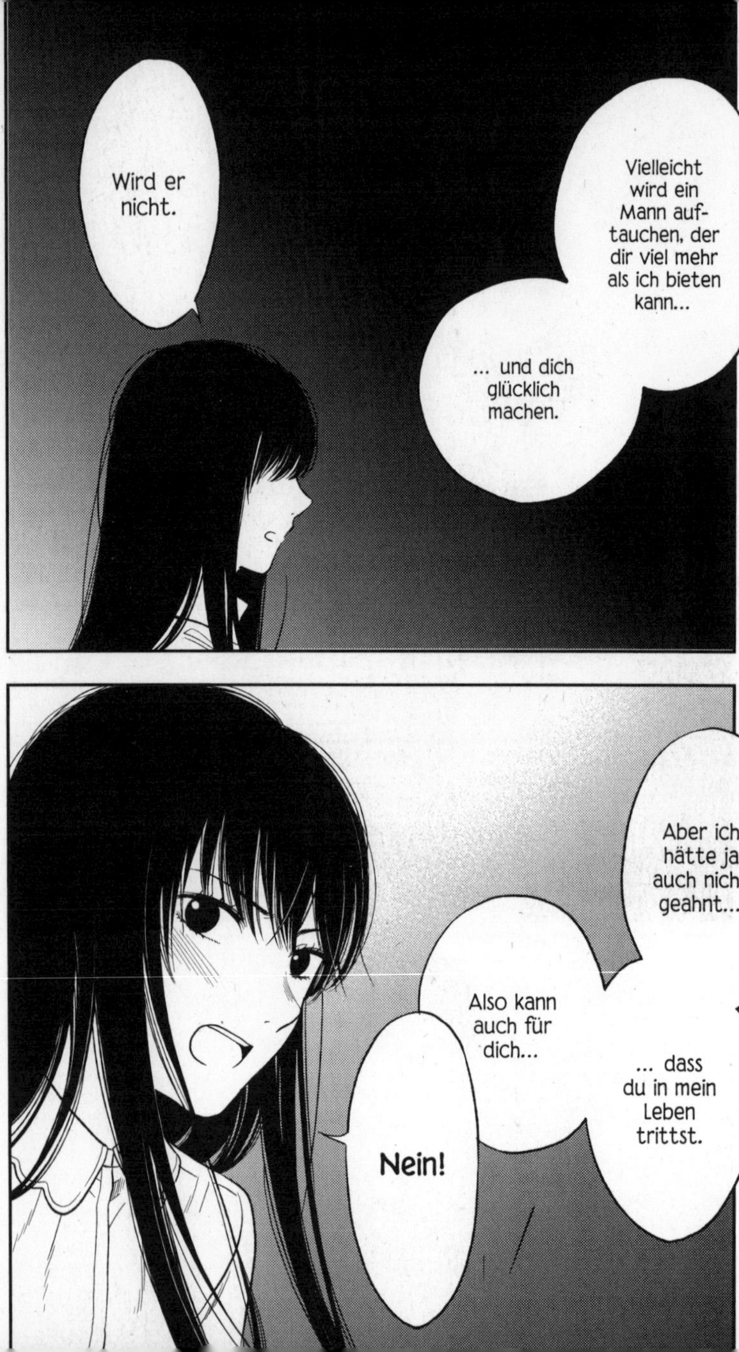

Vielleicht wird ein Mann auftauchen, der dir viel mehr als ich bieten kann...

... und dich glücklich machen.

Wird er nicht.

Aber ich hätte ja auch nicht geahnt...

... dass du in mein Leben trittst.

Also kann auch für dich...

Nein!

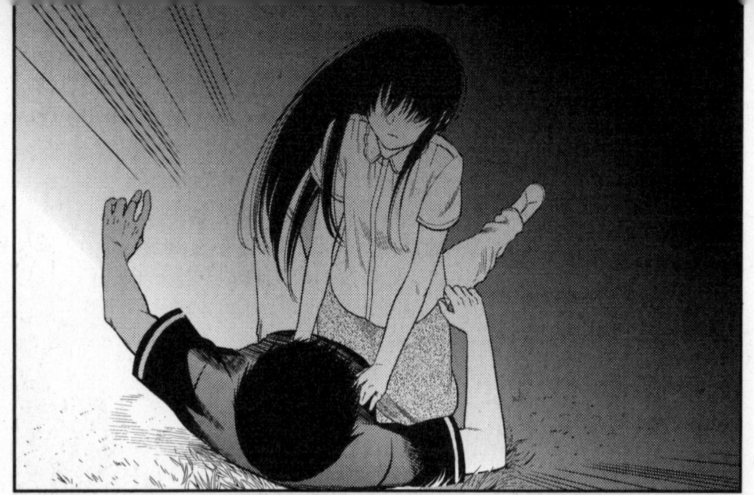

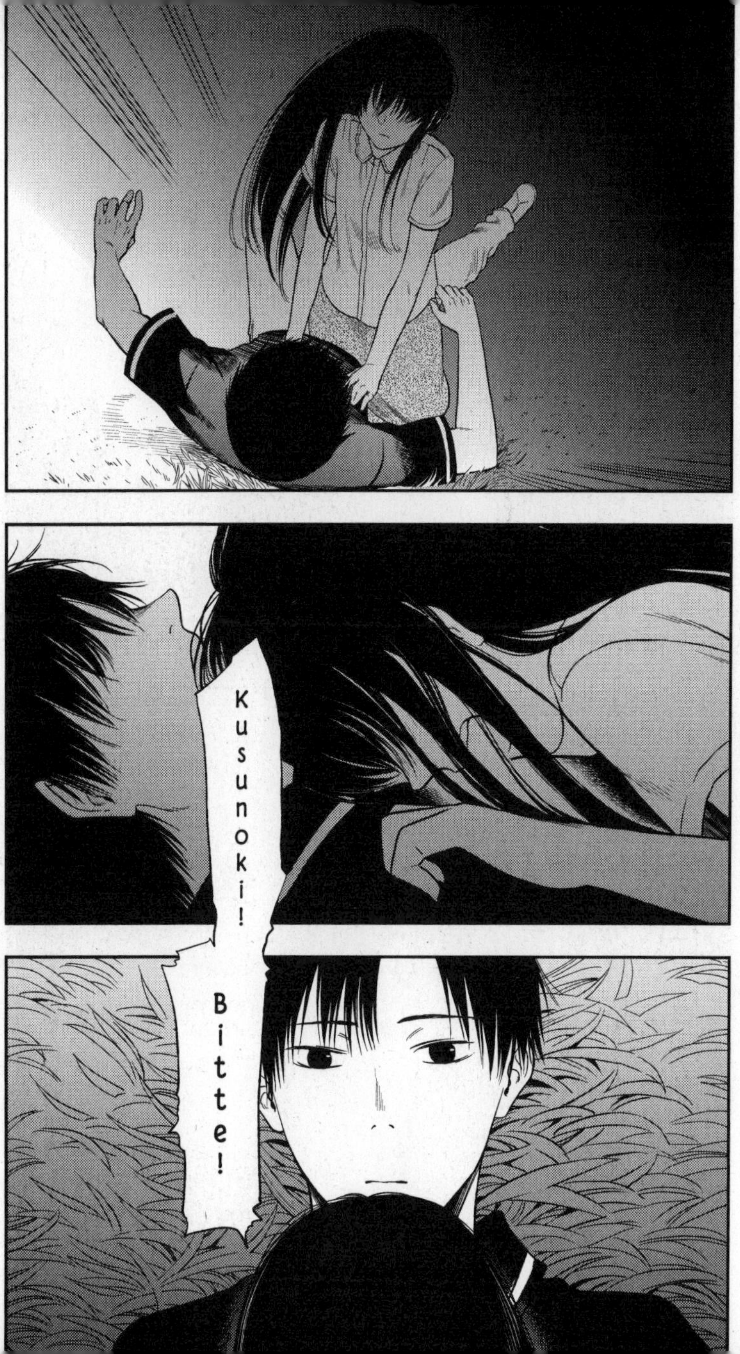

Kusunoki! Bitte!

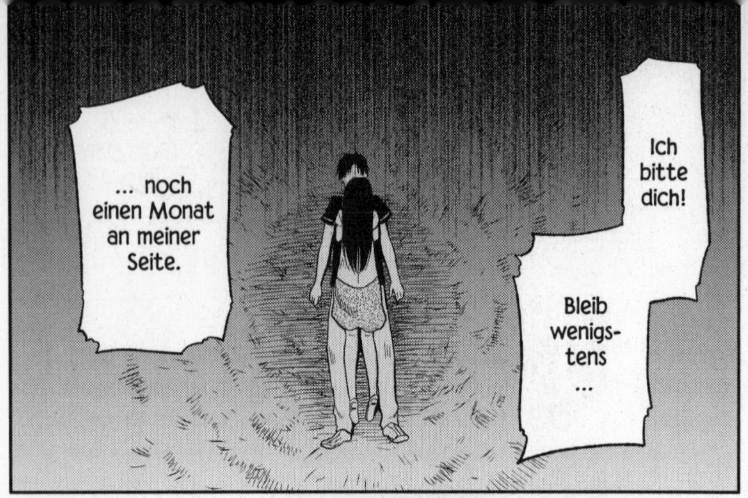

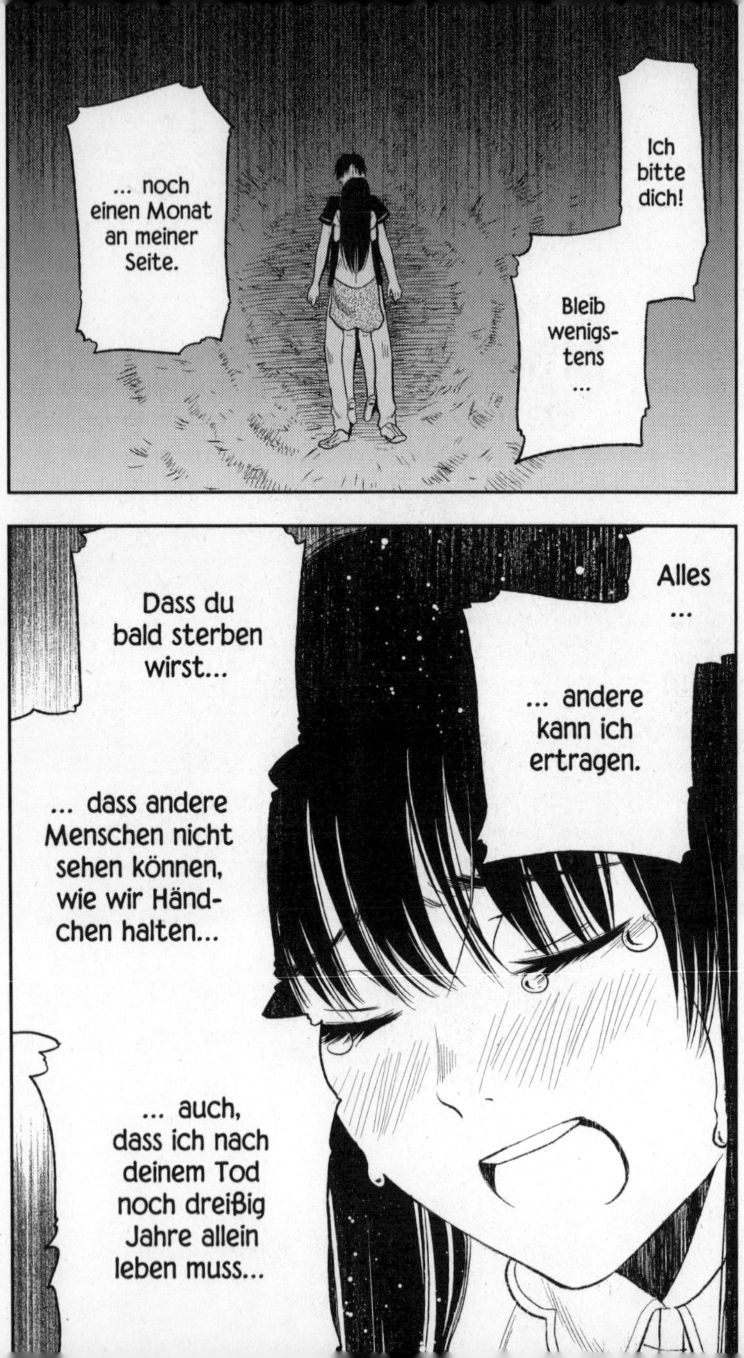

Alles ...

... andere kann ich ertragen.

Dass du bald sterben wirst...

... dass andere Menschen nicht sehen können, wie wir Händchen halten...

... auch, dass ich nach deinem Tod noch dreißig Jahre allein leben muss...

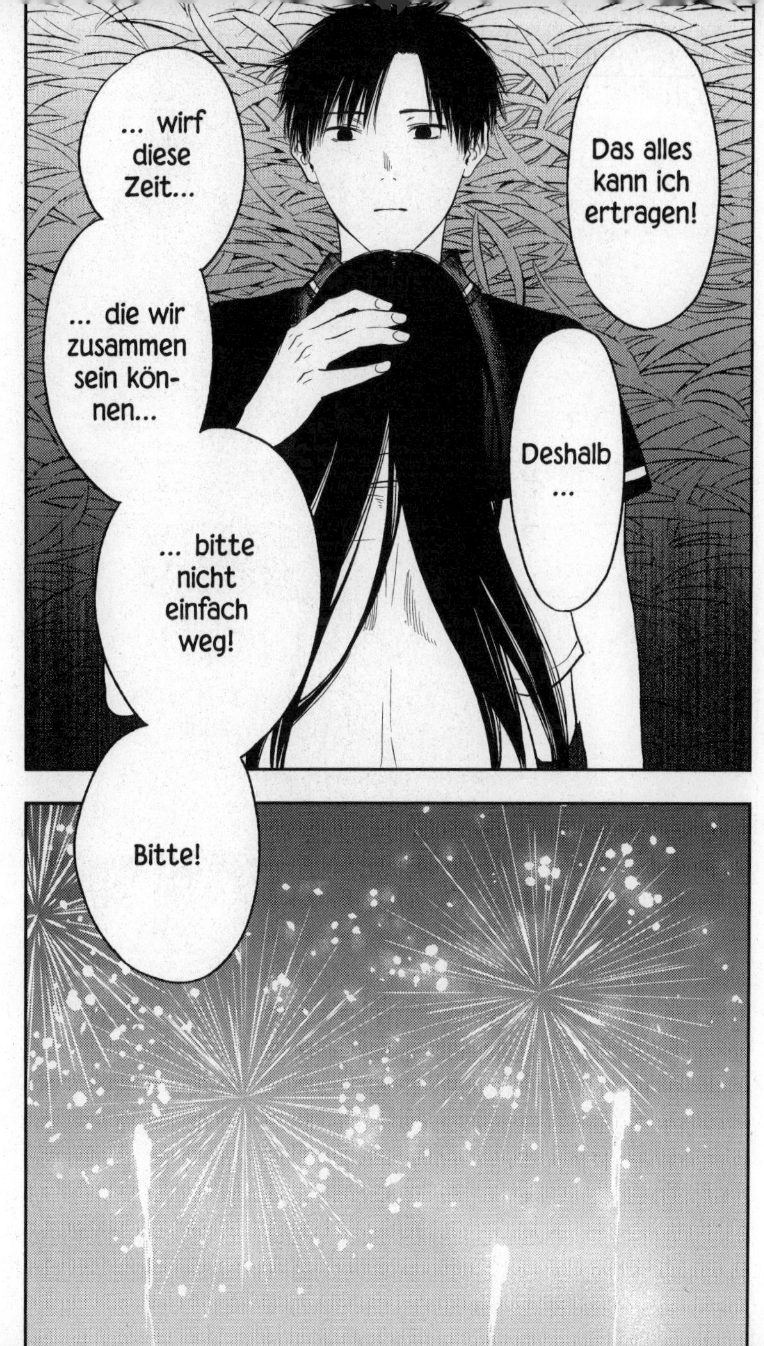
Das alles kann ich ertragen!
Deshalb ...
... wirf diese Zeit...
... die wir zusammen sein kön- nen...
... bitte nicht einfach weg!
Bitte!

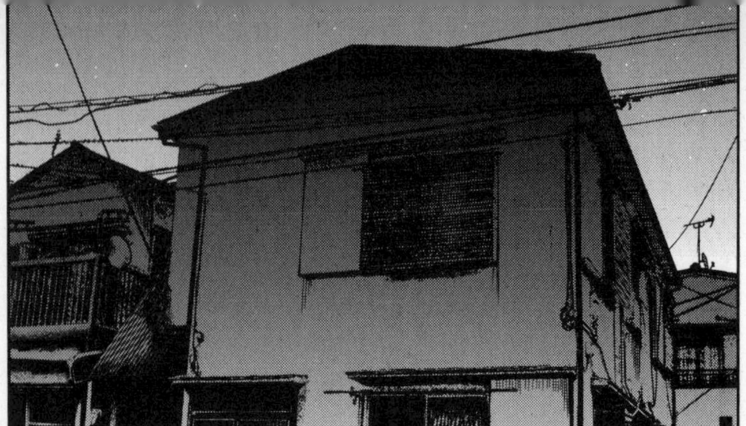

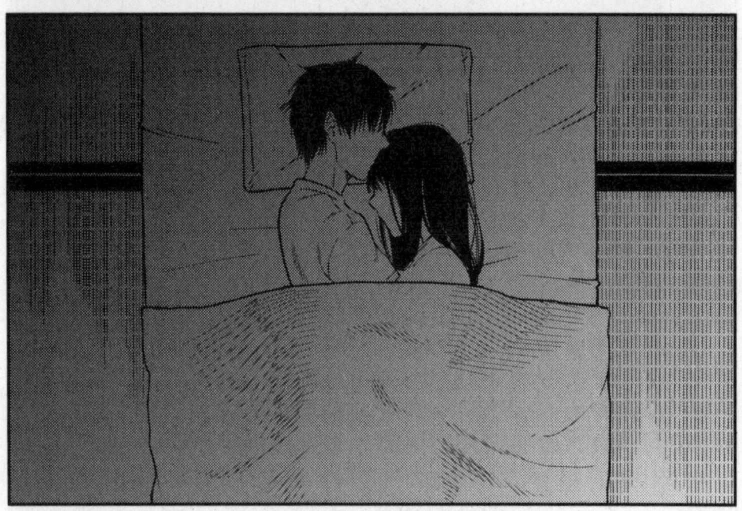

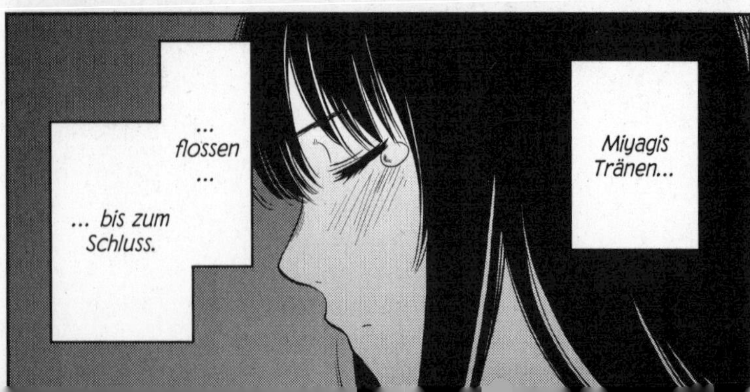
Miyagis Tränen...
... flossen ...
... bis zum Schluss.

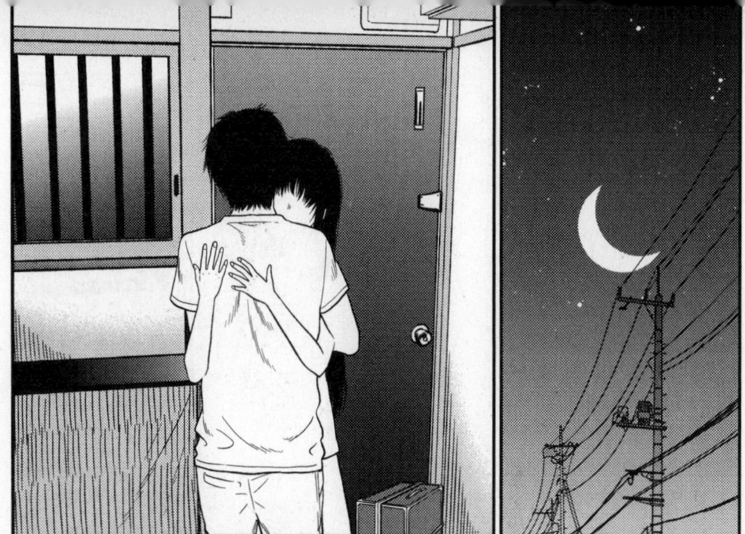

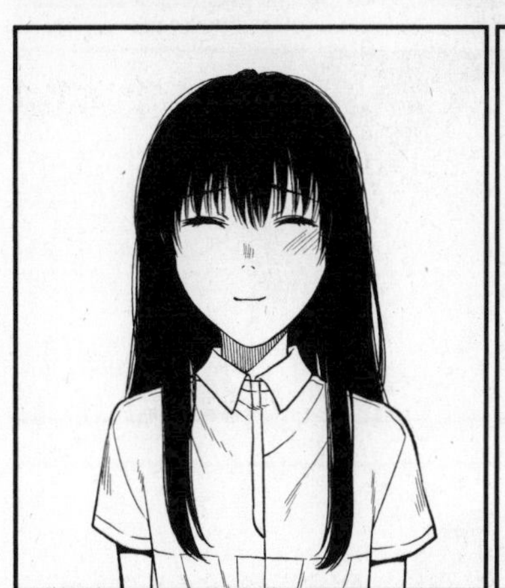

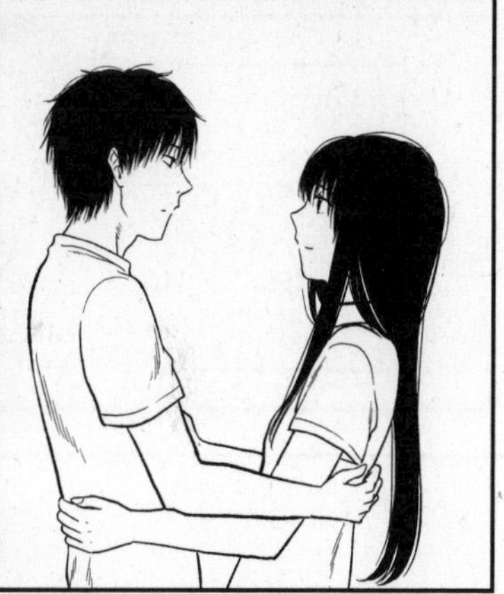

Mach's gut.
Ich war glücklich.

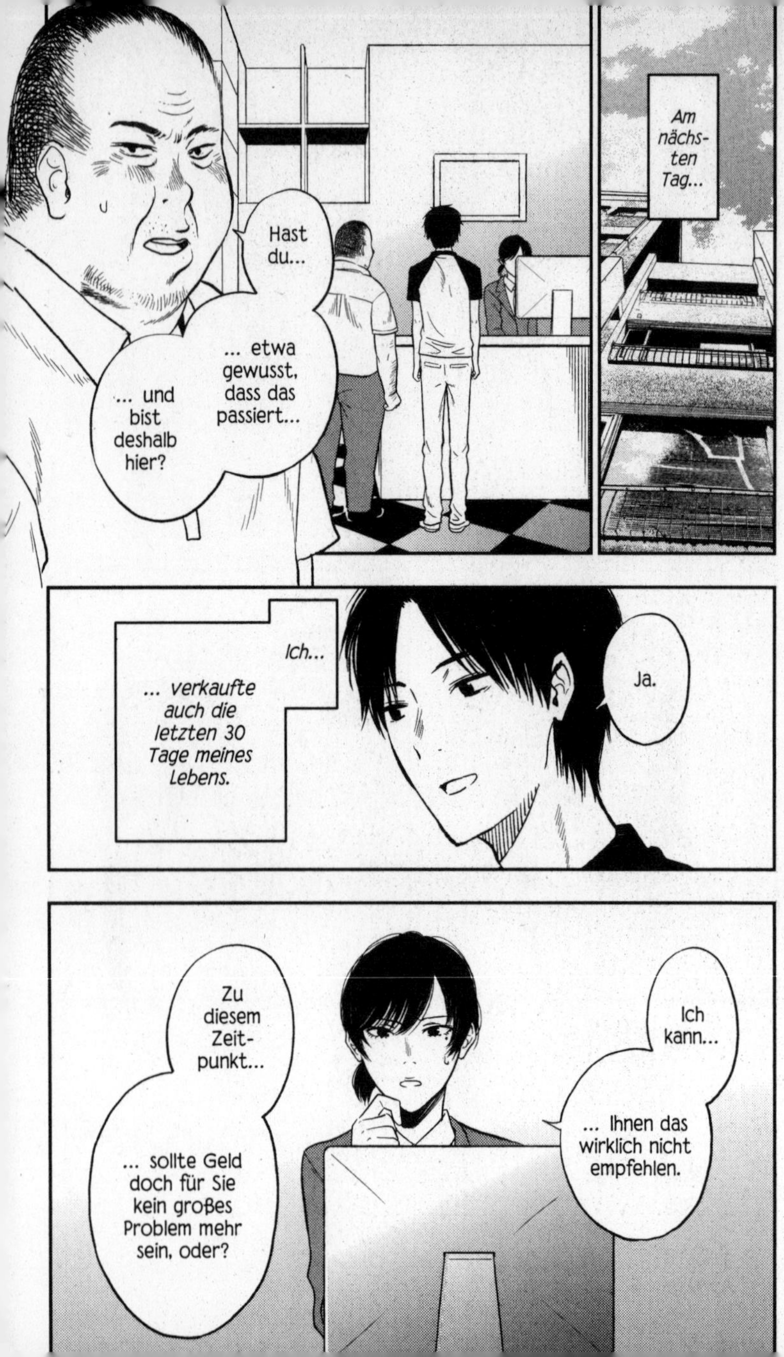

Am nächsten Tag...

Hast du...

... etwa gewusst, dass das passiert...

... und bist deshalb hier?

Ja.

Ich...

... verkaufte auch die letzten 30 Tage meines Lebens.

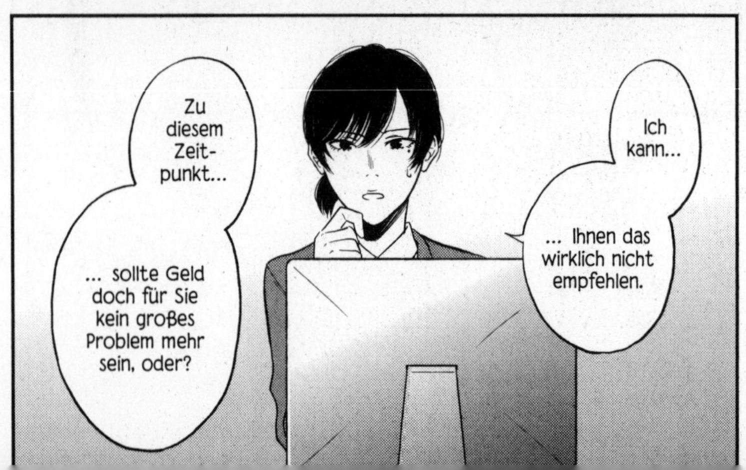

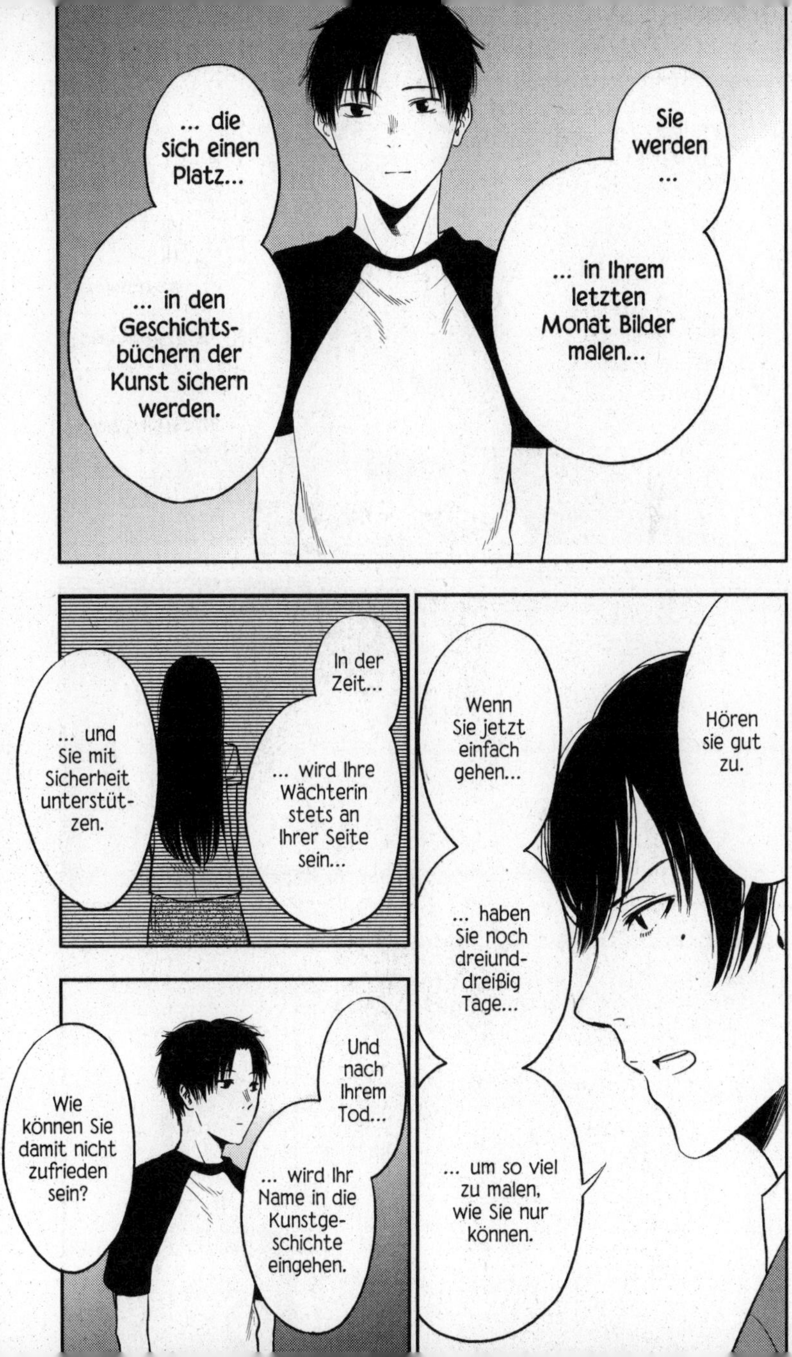

Sie werden ...
... in Ihrem letzten Monat Bilder malen...
... die sich einen Platz...
... in den Geschichtsbüchern der Kunst sichern werden.
Hören sie gut zu.
Wenn Sie jetzt einfach gehen...
... haben Sie noch dreiunddreißig Tage...
... um so viel zu malen, wie Sie nur können.
In der Zeit...
... wird Ihre Wächterin stets an Ihrer Seite sein...
... und Sie mit Sicherheit unterstützen.
Und nach Ihrem Tod...
... wird Ihr Name in die Kunstgeschichte eingehen.
Wie können Sie damit nicht zufrieden sein?

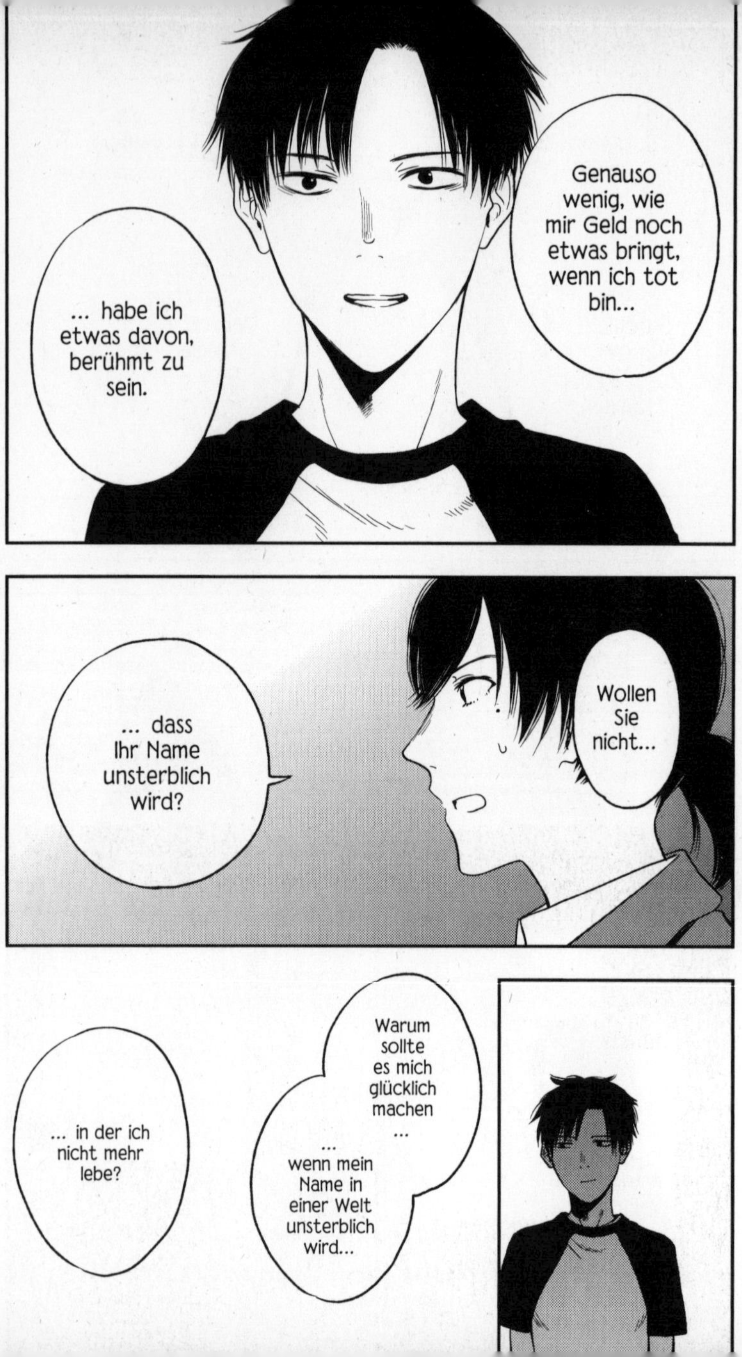

Genauso wenig, wie mir Geld noch etwas bringt, wenn ich tot bin...

... habe ich etwas davon, berühmt zu sein.

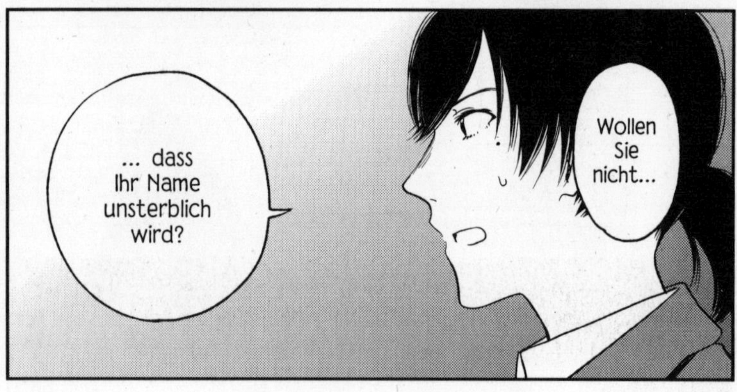

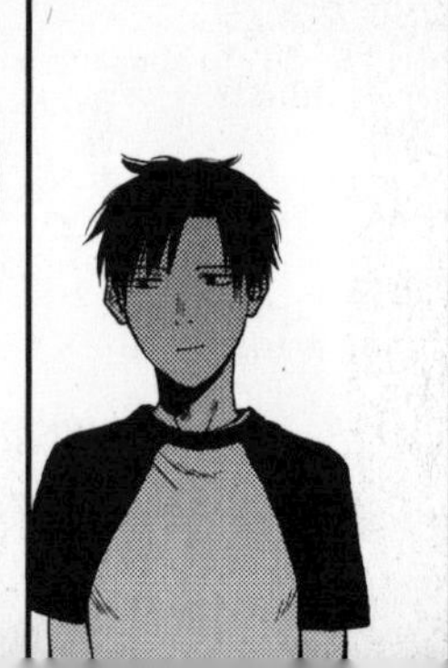

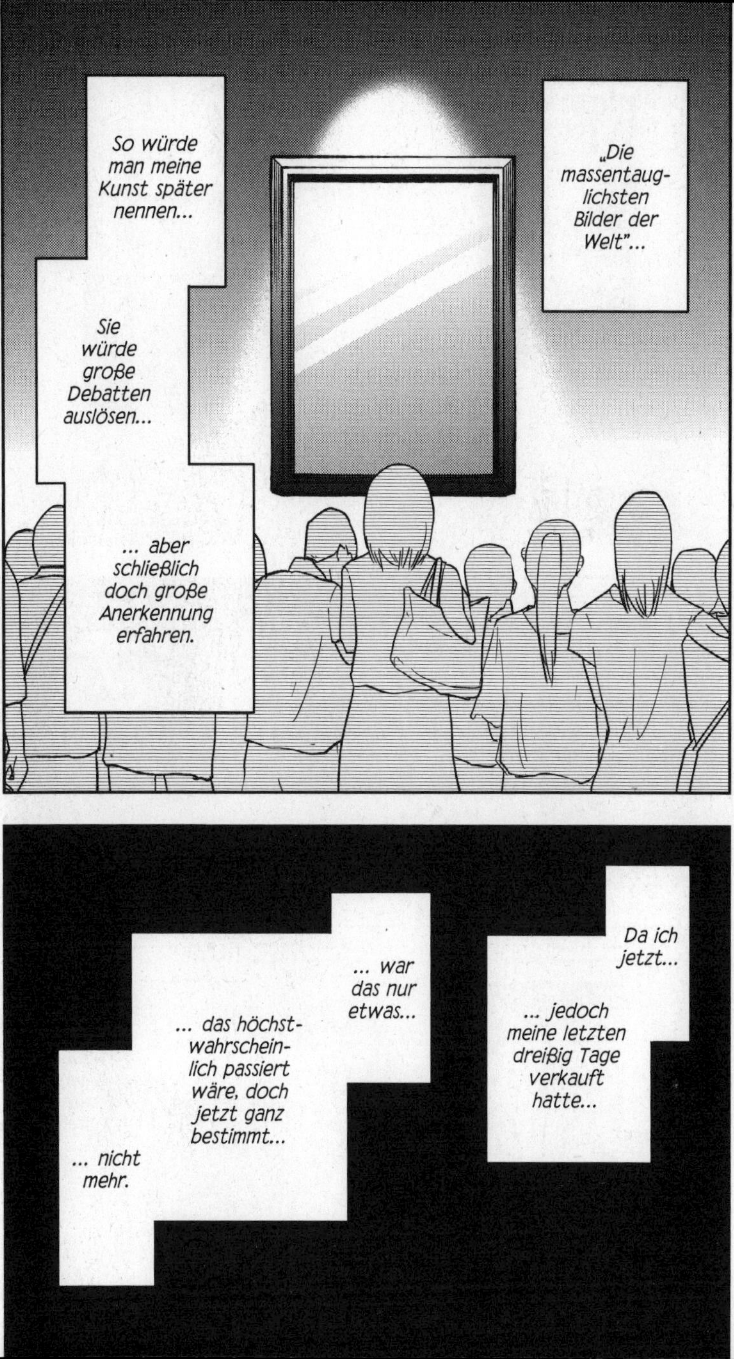

„Die massentauglichsten Bilder der Welt"...

So würde man meine Kunst später nennen...

Sie würde große Debatten auslösen...

... aber schließlich doch große Anerkennung erfahren.

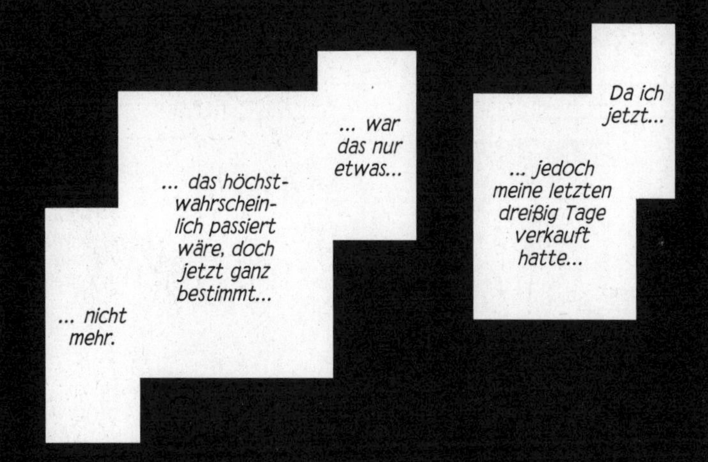

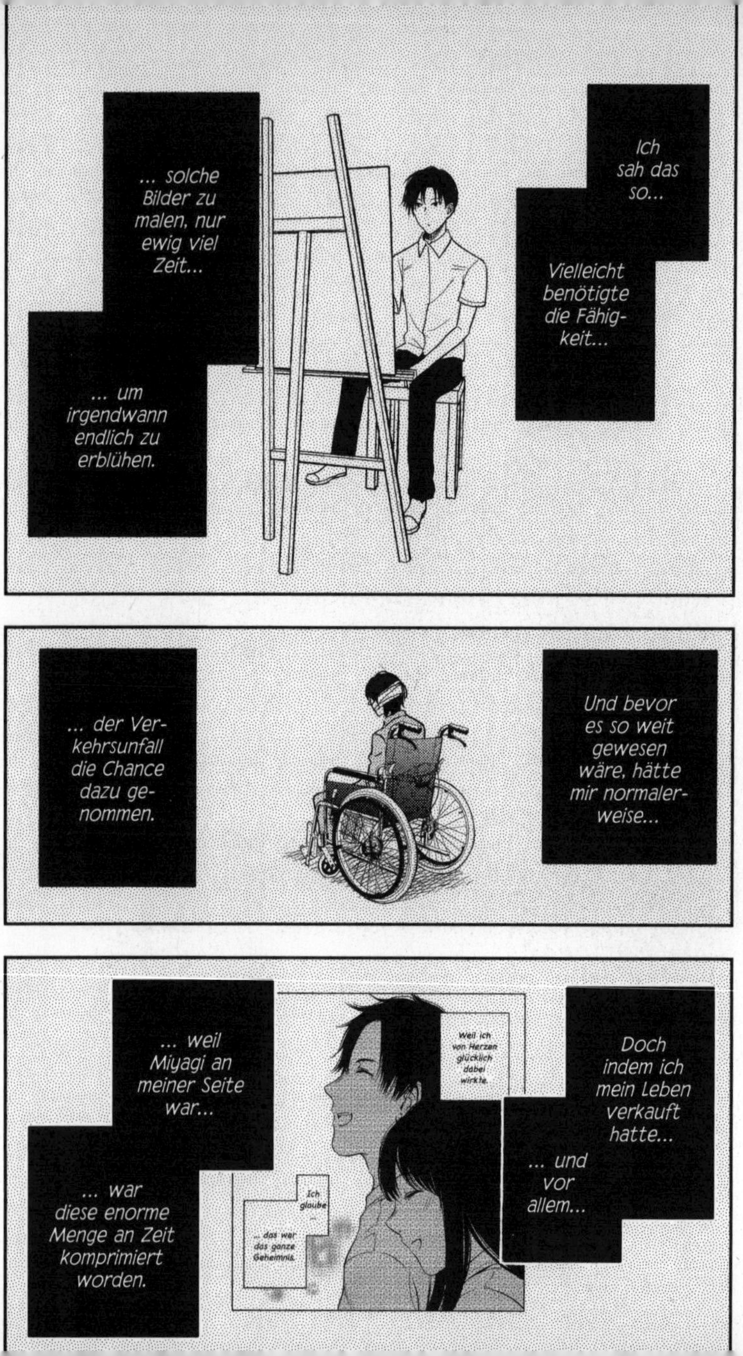

Ich sah das so...

Vielleicht benötigte die Fähigkeit...

... solche Bilder zu malen, nur ewig viel Zeit...

... um irgendwann endlich zu erblühen.

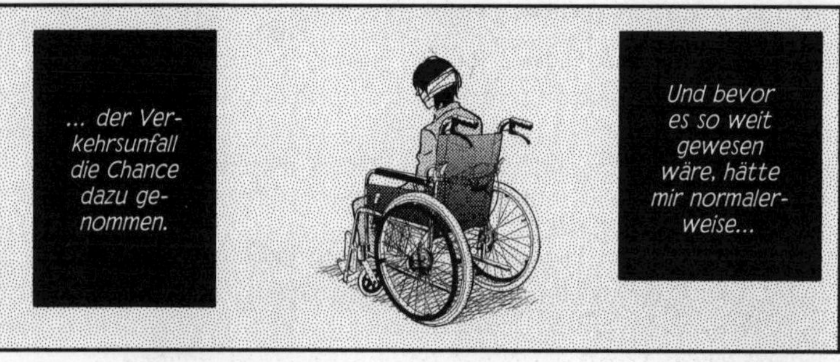

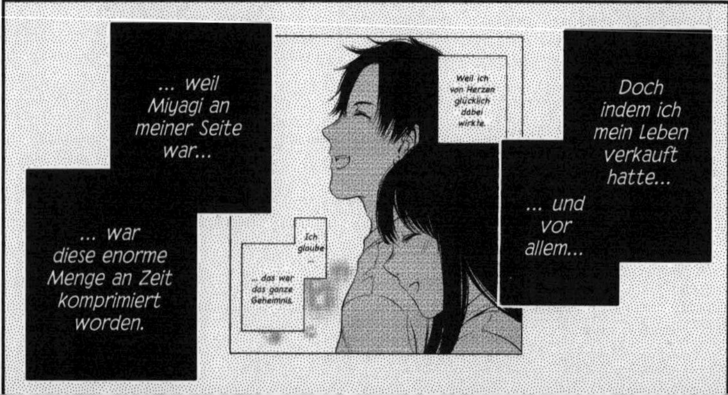

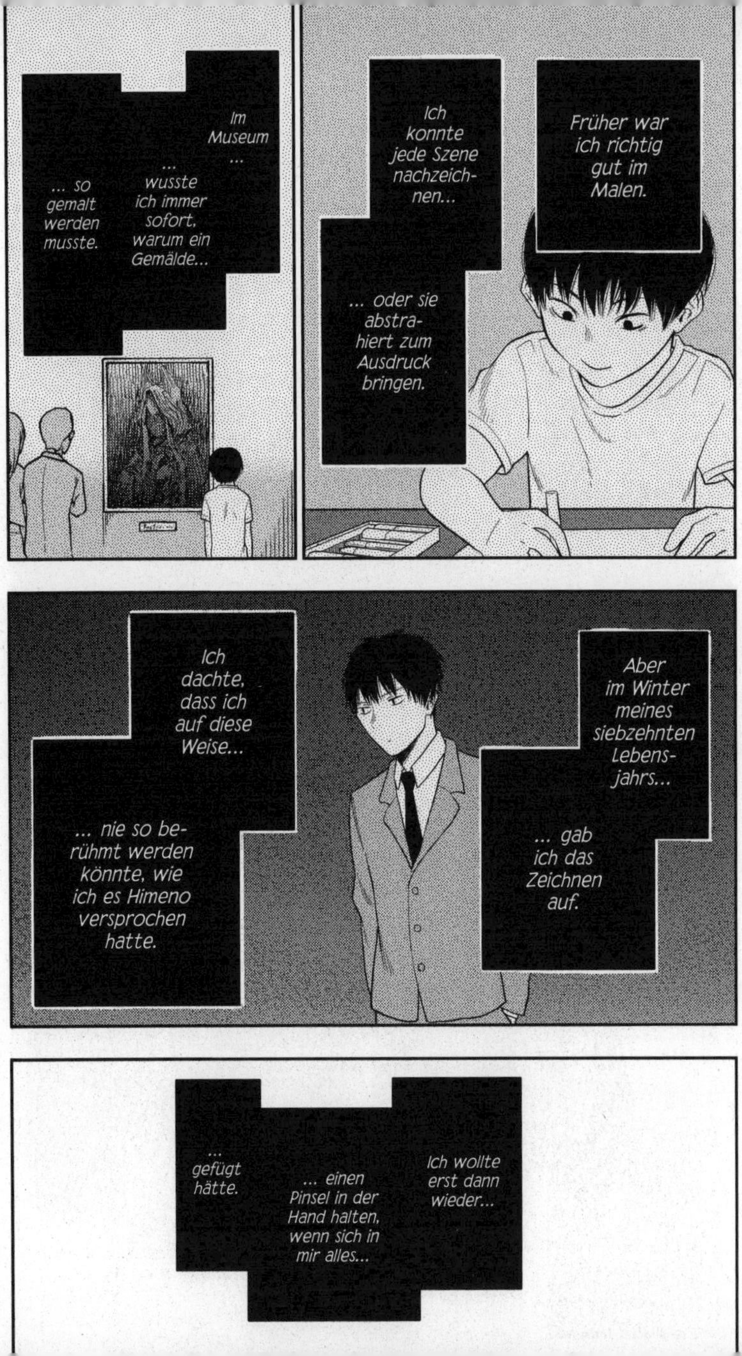

Früher war ich richtig gut im Malen.

Ich konnte jede Szene nachzeichnen...

... oder sie abstrahiert zum Ausdruck bringen.

Im Museum ...

... wusste ich immer sofort, warum ein Gemälde...

... so gemalt werden musste.

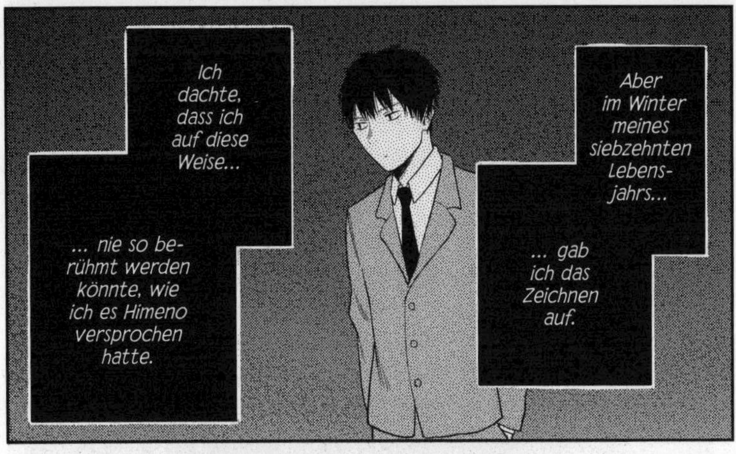

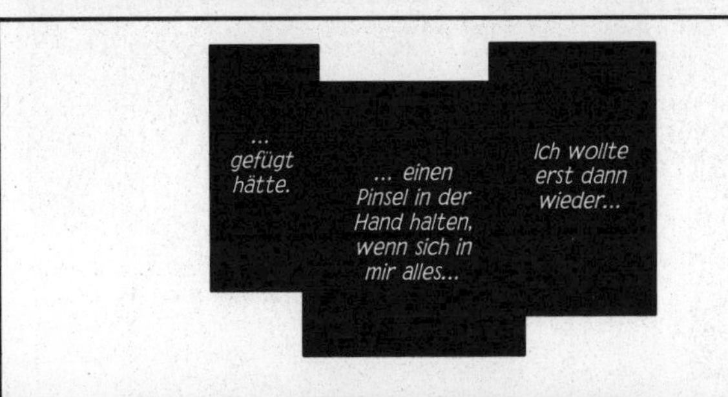

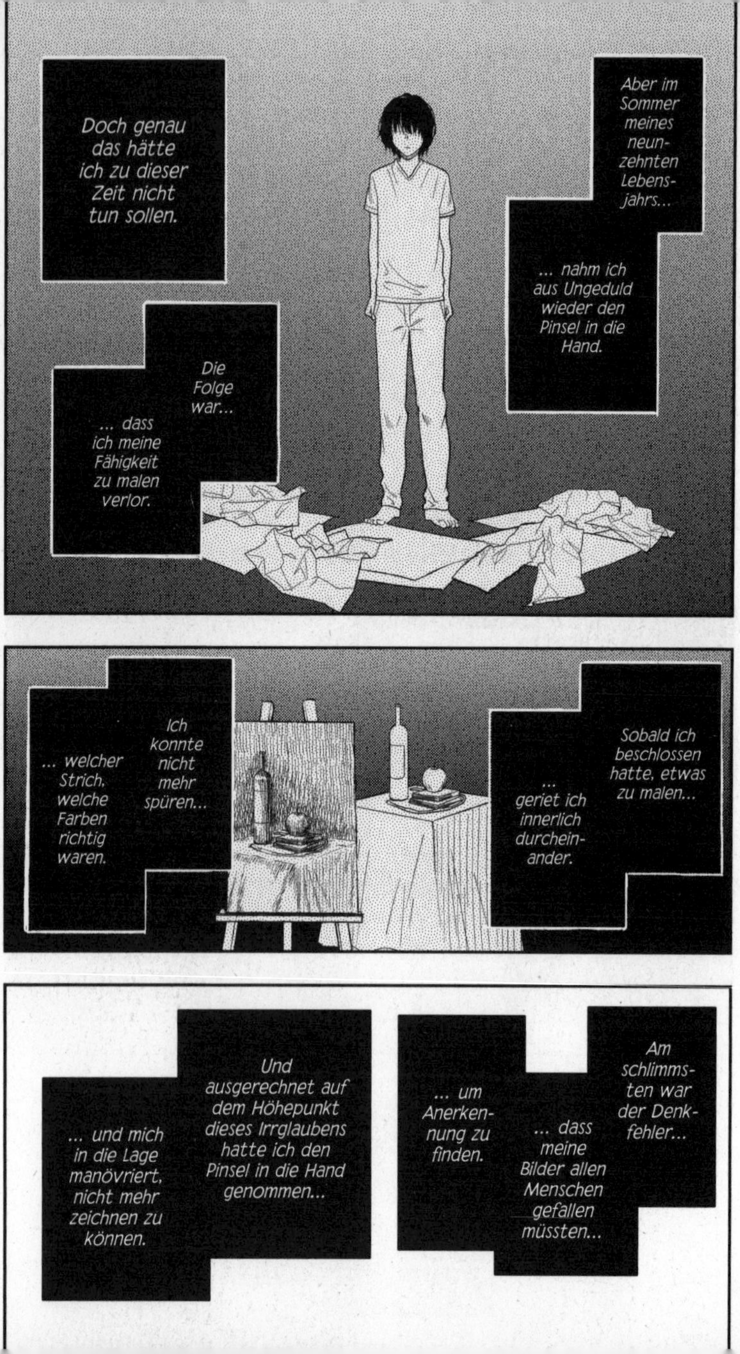

Aber im Sommer meines neunzehnten Lebensjahrs...

... nahm ich aus Ungeduld wieder den Pinsel in die Hand.

Doch genau das hätte ich zu dieser Zeit nicht tun sollen.

Die Folge war...

... dass ich meine Fähigkeit zu malen verlor.

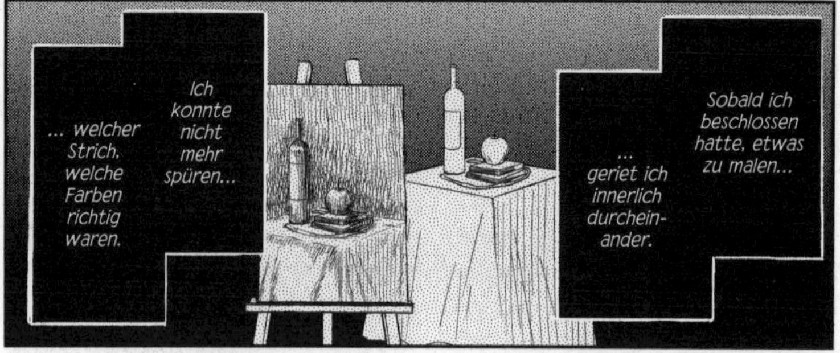

Am schlimmsten war der Denkfehler...

... dass meine Bilder allen Menschen gefallen müssten...

... um Anerkennung zu finden.

Und ausgerechnet auf dem Höhepunkt dieses Irrglaubens hatte ich den Pinsel in die Hand genommen...

... und mich in die Lage manövriert, nicht mehr zeichnen zu können.

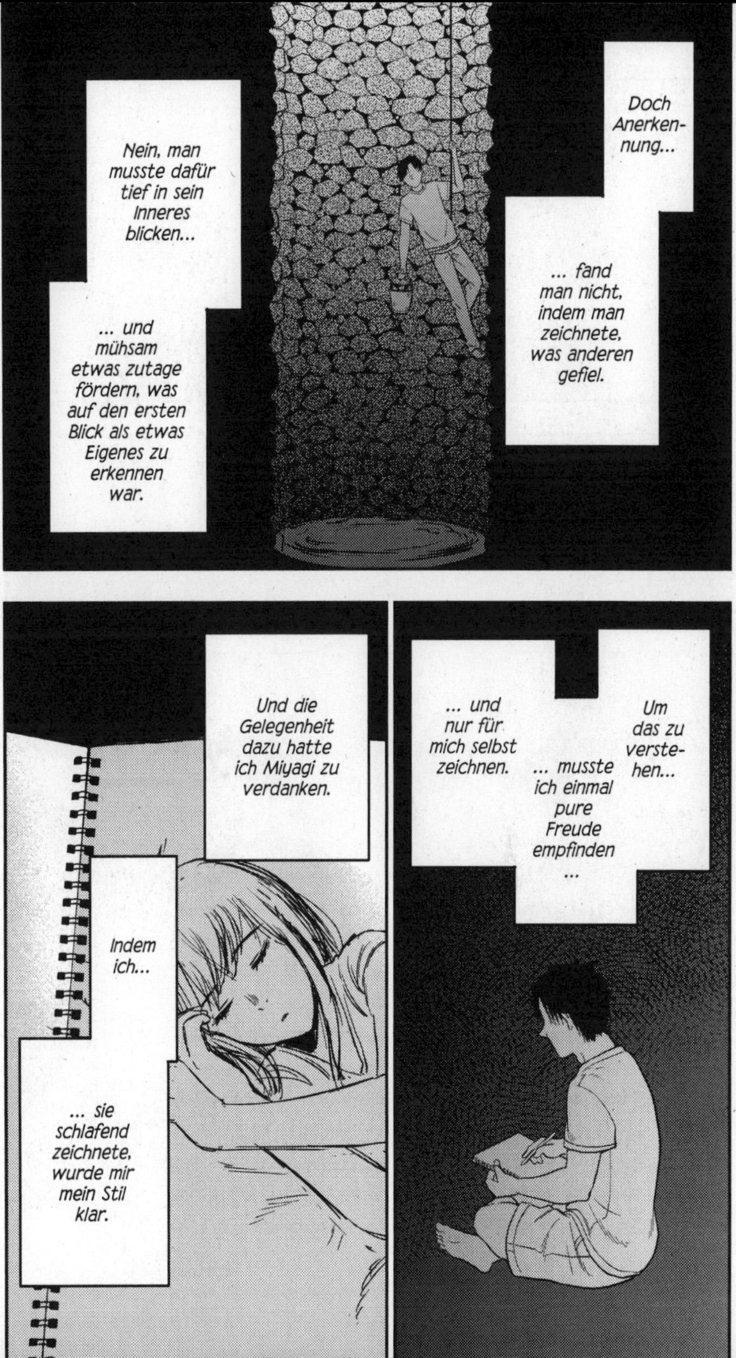

Doch Anerkennung...

... fand man nicht, indem man zeichnete, was anderen gefiel.

Nein, man musste dafür tief in sein Inneres blicken...

... und mühsam etwas zutage fördern, was auf den ersten Blick als etwas Eigenes zu erkennen war.

Um das zu verstehen...

... musste ich einmal pure Freude empfinden ...

... und nur für mich selbst zeichnen.

Und die Gelegenheit dazu hatte ich Miyagi zu verdanken.

Indem ich...

... sie schlafend zeichnete, wurde mir mein Stil klar.

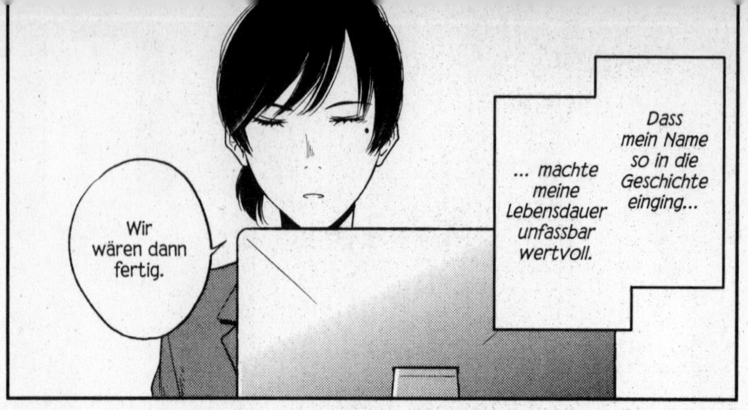
Dass mein Name so in die Geschichte einging...
... machte meine Lebensdauer unfassbar wertvoll.
Wir wären dann fertig.

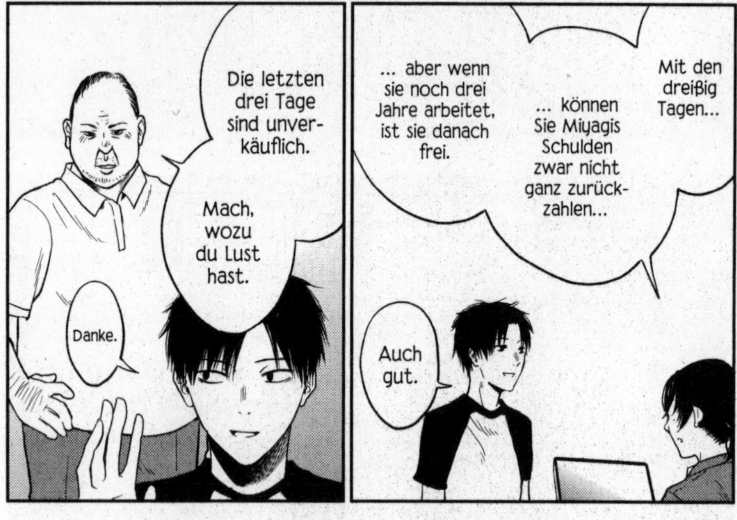
Mit den dreißig Tagen...
... können Sie Miyagis Schulden zwar nicht ganz zurückzahlen...
... aber wenn sie noch drei Jahre arbeitet, ist sie danach frei.
Auch gut.
Die letzten drei Tage sind unverkäuflich.
Mach, wozu du Lust hast.
Danke.

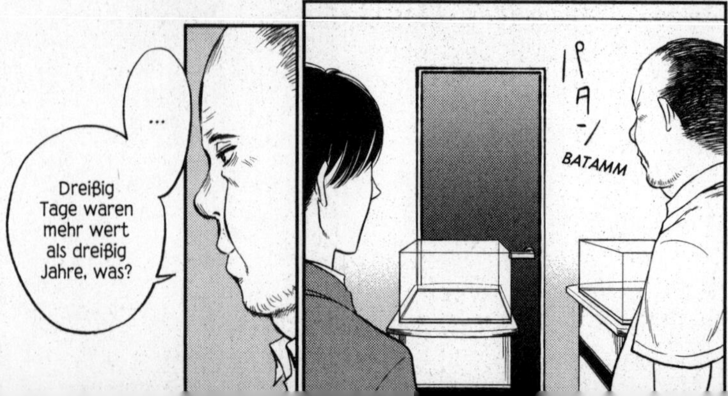
BATAMM
...
Dreißig Tage waren mehr wert als dreißig Jahre, was?

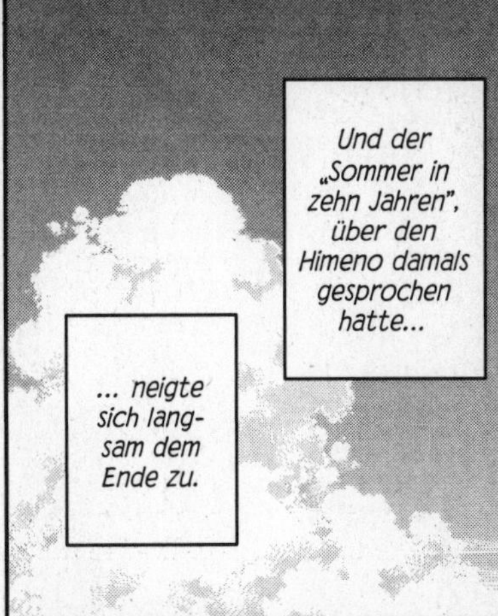

Somit hatte ich...

... die Chance auf Unendlichkeit verpasst.

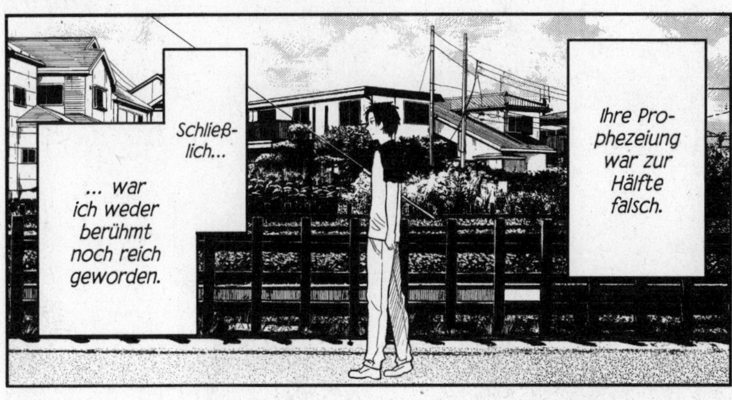

Doch sie war auch zur Hälfte richtig.

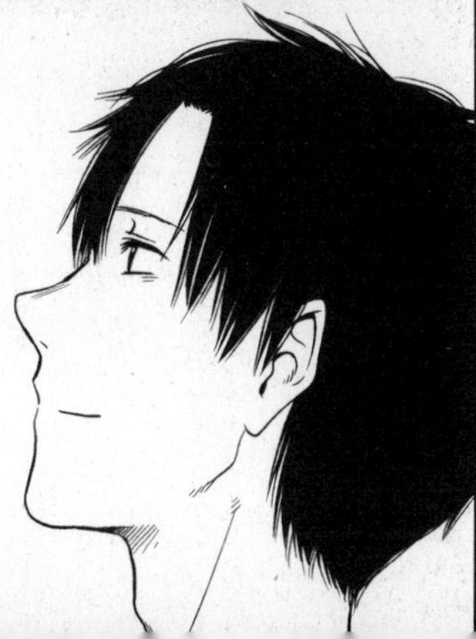

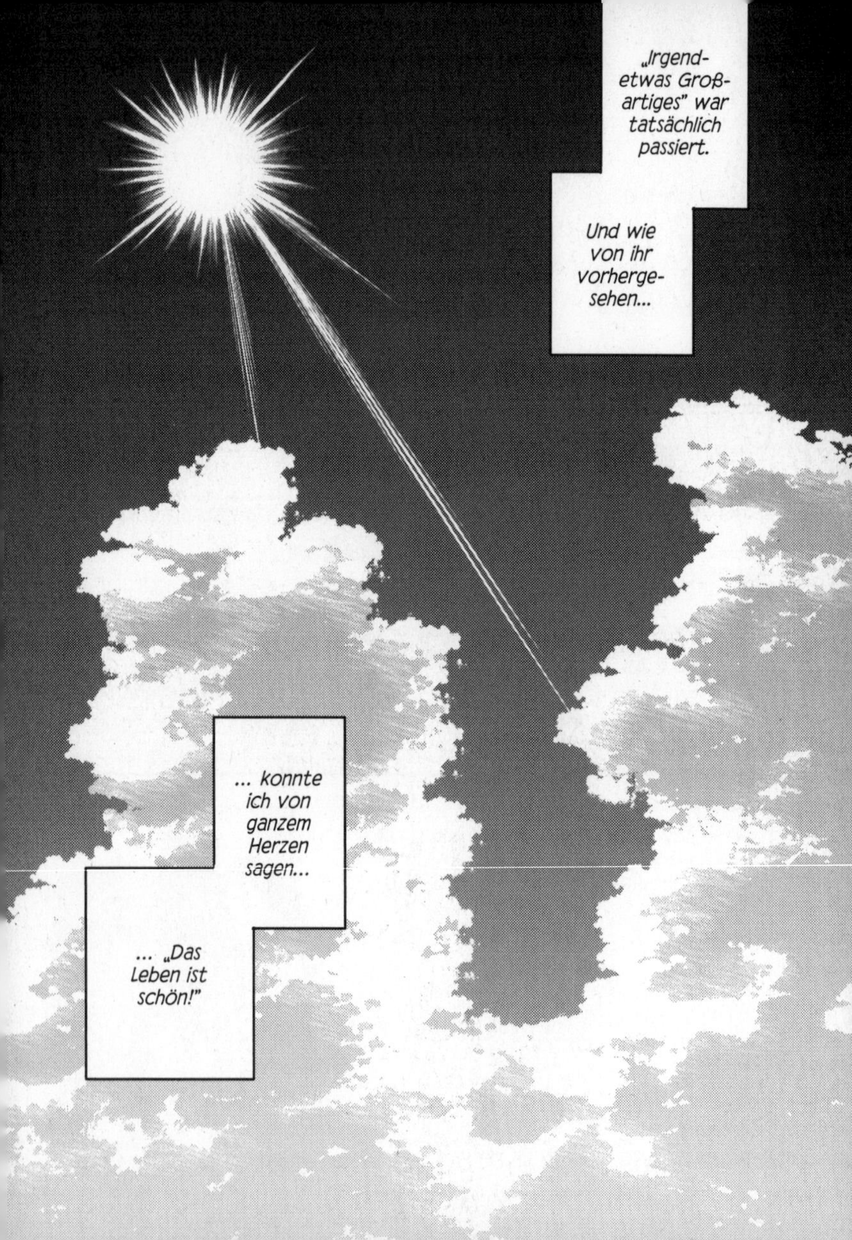
„Irgendetwas Großartiges" war tatsächlich passiert.
Und wie von ihr vorhergesehen...
... konnte ich von ganzem Herzen sagen...
... „Das Leben ist schön!"

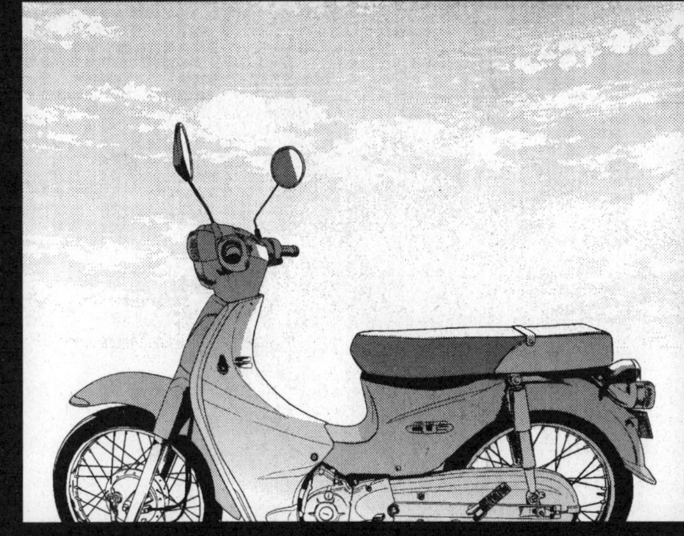

Letztes Kapitel

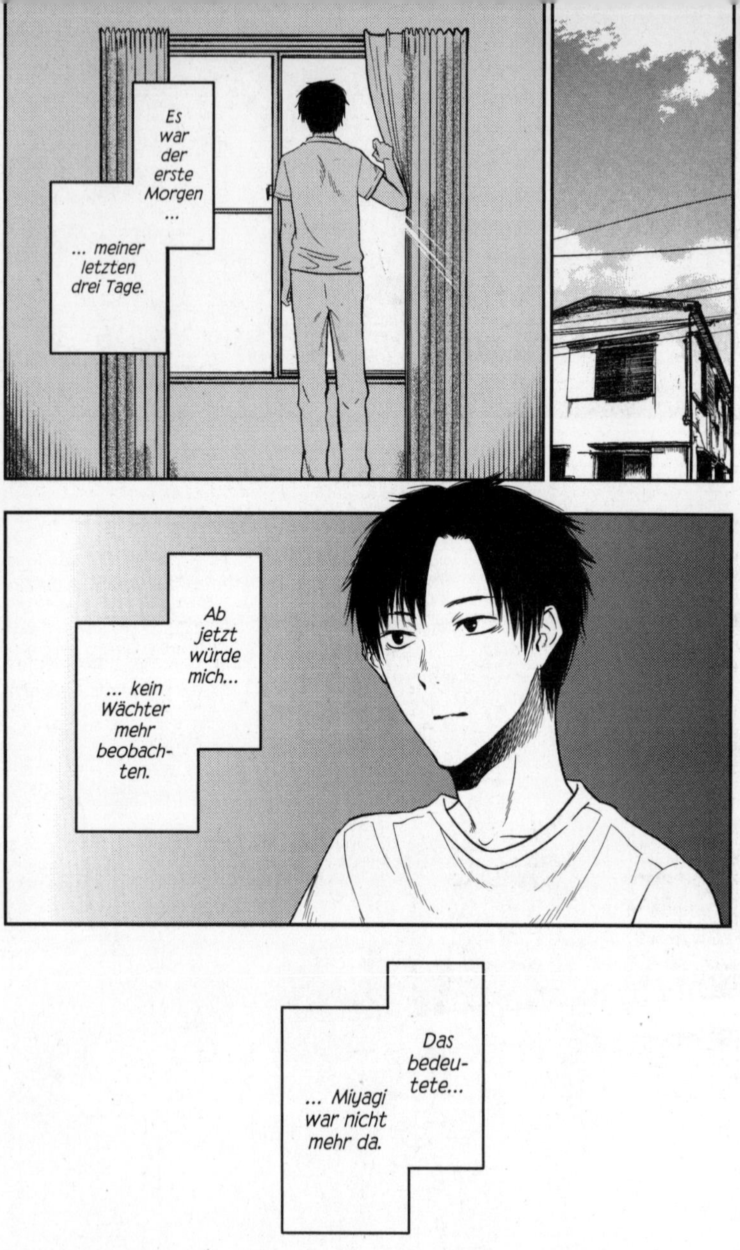

Es war der erste Morgen ...

... meiner letzten drei Tage.

Ab jetzt würde mich...

... kein Wächter mehr beobachten.

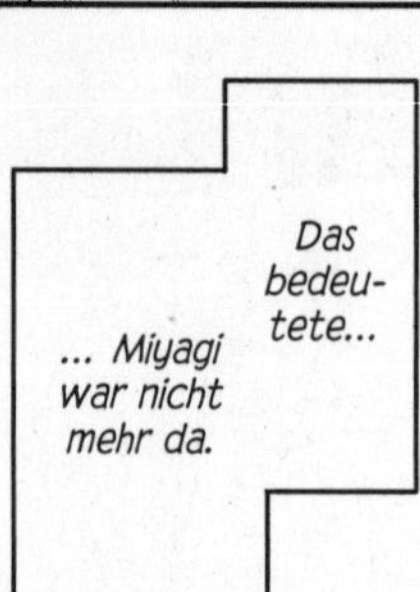

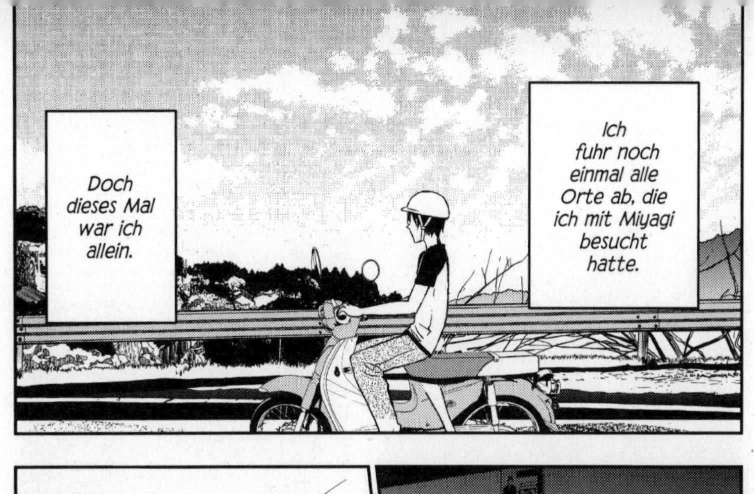
Ich fuhr noch einmal alle Orte ab, die ich mit Miyagi besucht hatte.
Doch dieses Mal war ich allein.

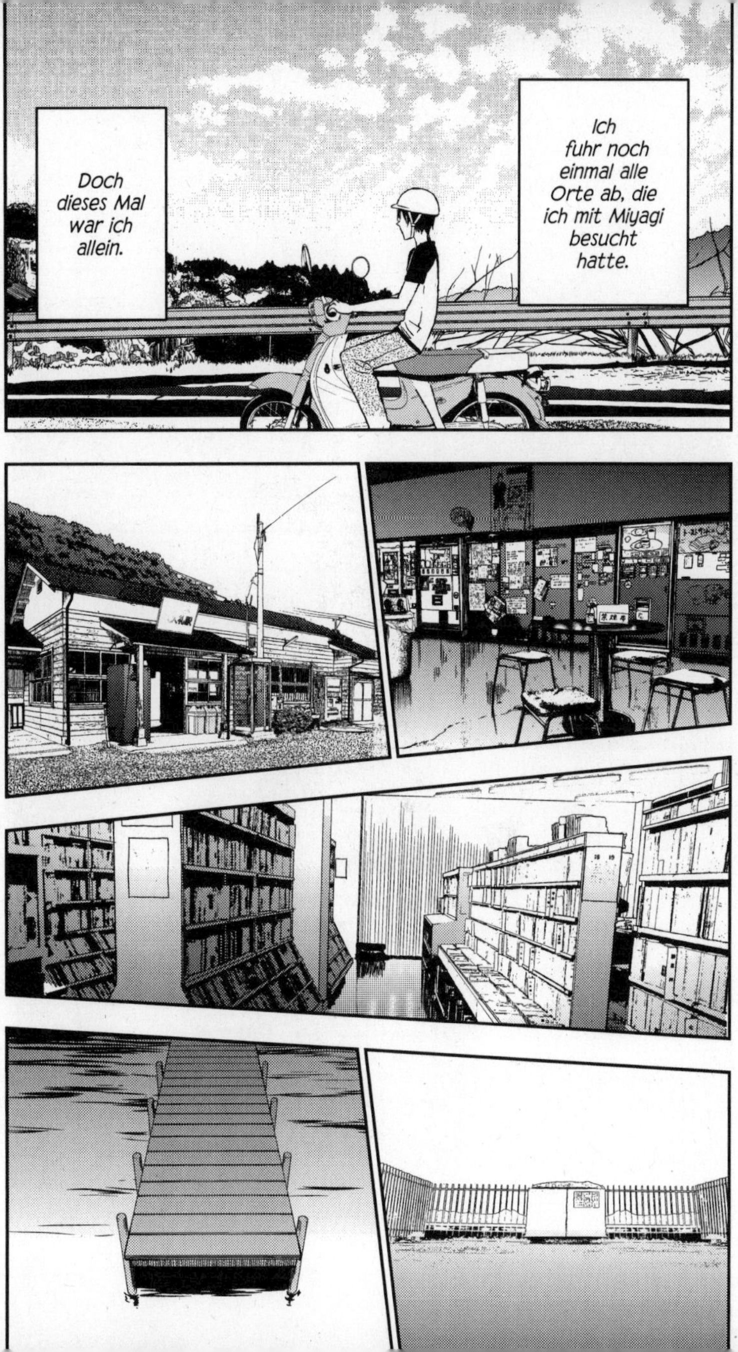

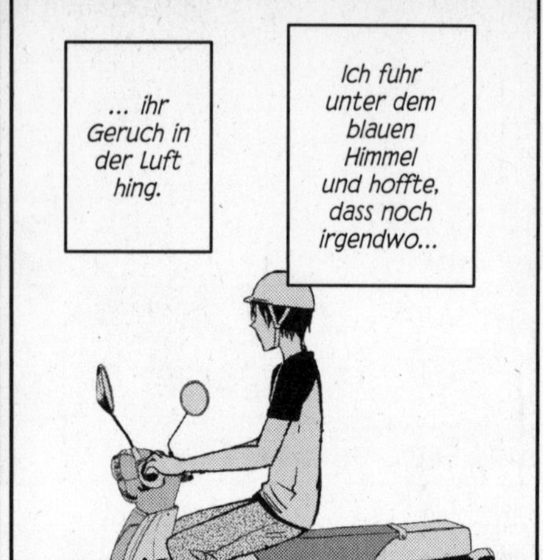
Ich fuhr unter dem blauen Himmel und hoffte, dass noch irgendwo...
... ihr Geruch in der Luft hing.

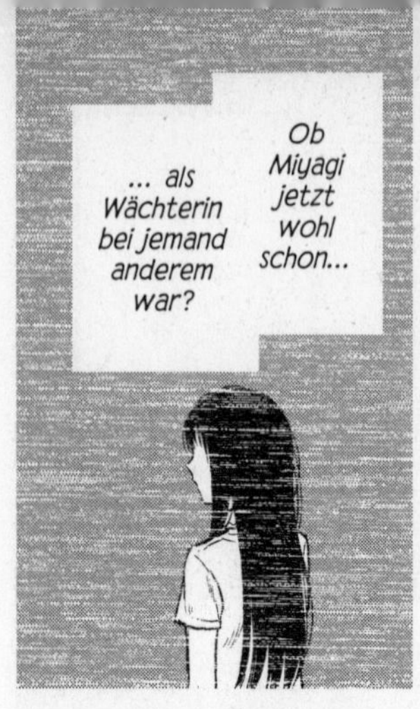
Ob Miyagi jetzt wohl schon...
... als Wächterin bei jemand anderem war?

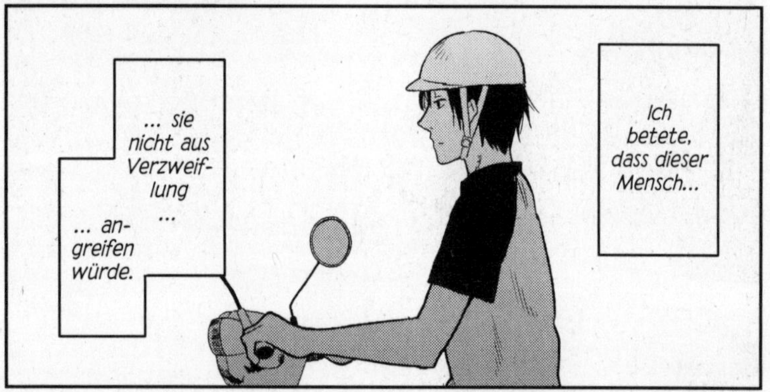
Ich betete, dass dieser Mensch...
... sie nicht aus Verzweiflung ...
... angreifen würde.

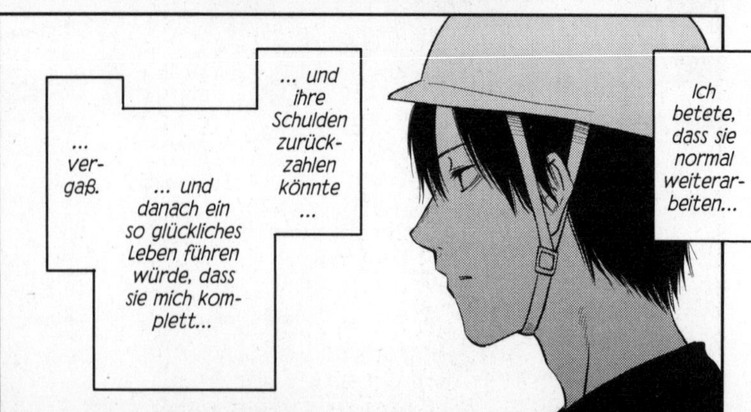
Ich betete, dass sie normal weiterarbeiten...
... und ihre Schulden zurückzahlen könnte ...
... und danach ein so glückliches Leben führen würde, dass sie mich komplett...
... vergaß.

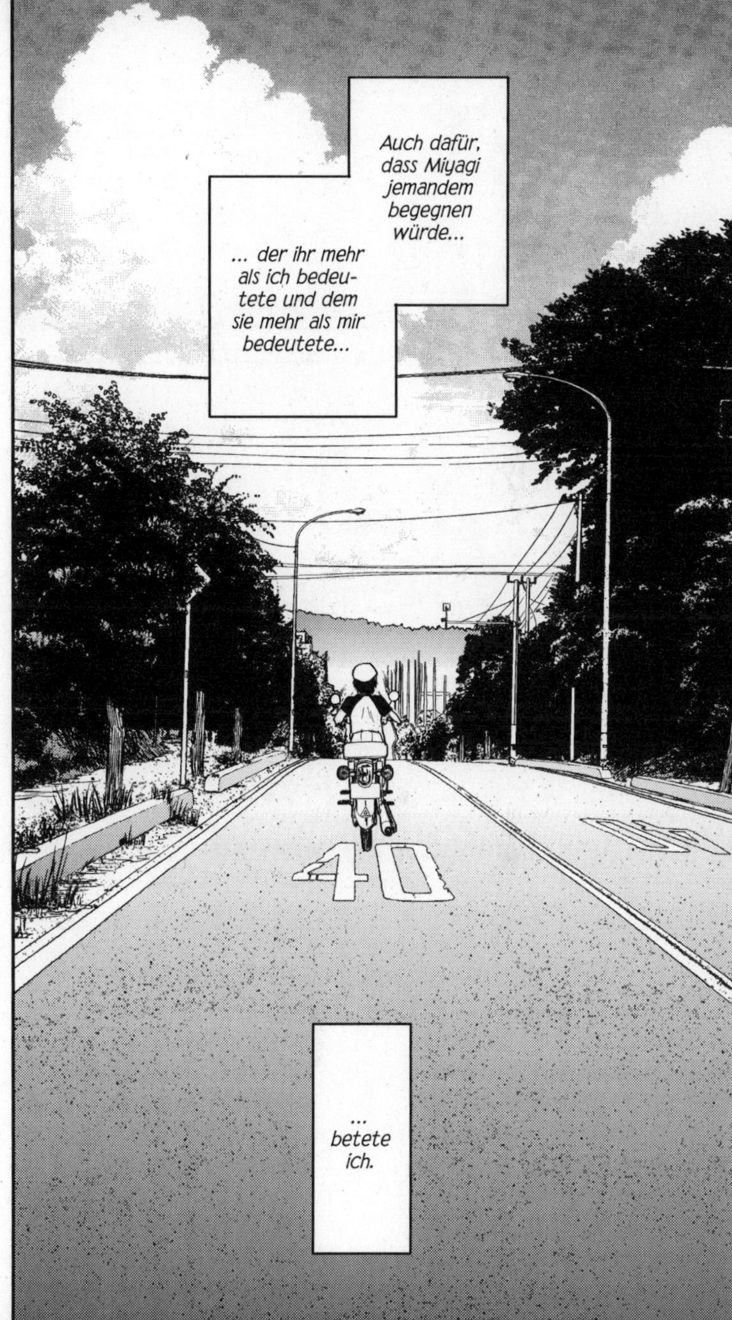
Auch dafür, dass Miyagi jemandem begegnen würde...
... der ihr mehr als ich bedeutete und dem sie mehr als mir bedeutete...
... betete ich.

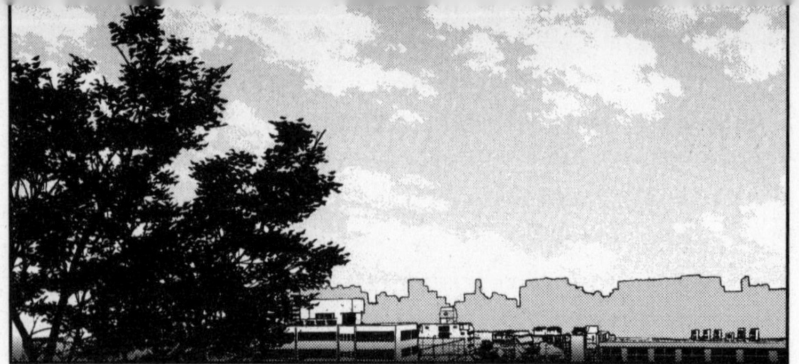

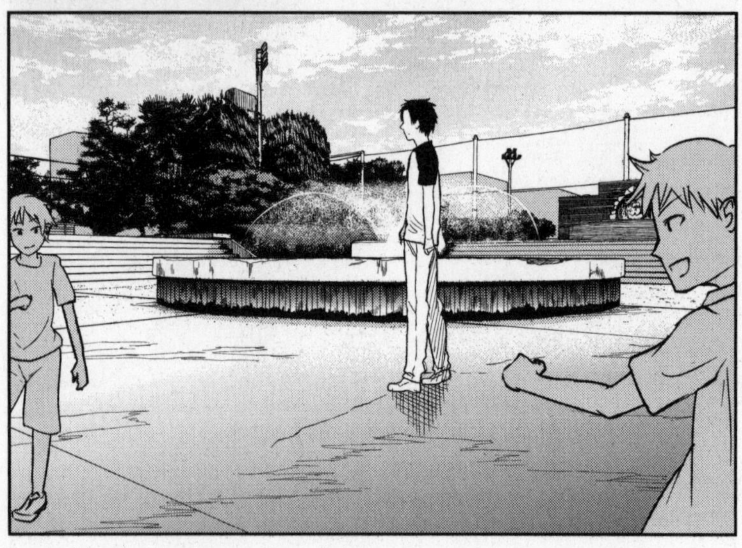

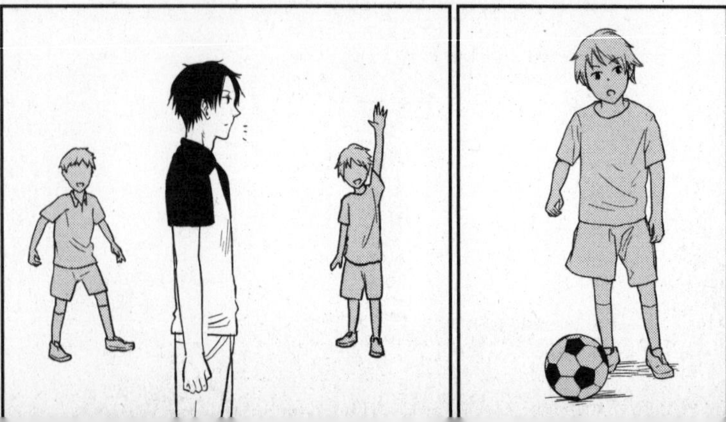

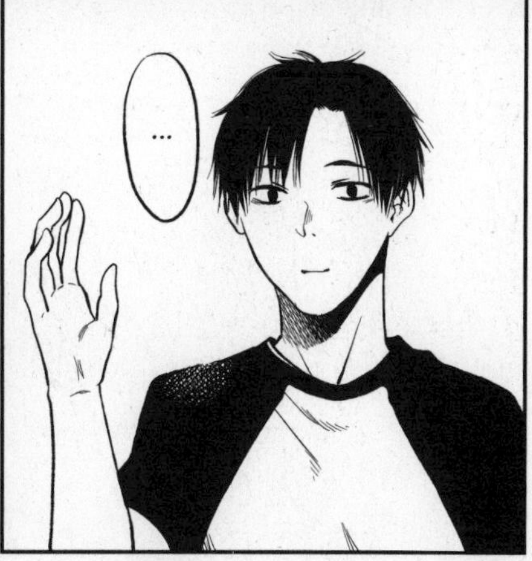
...

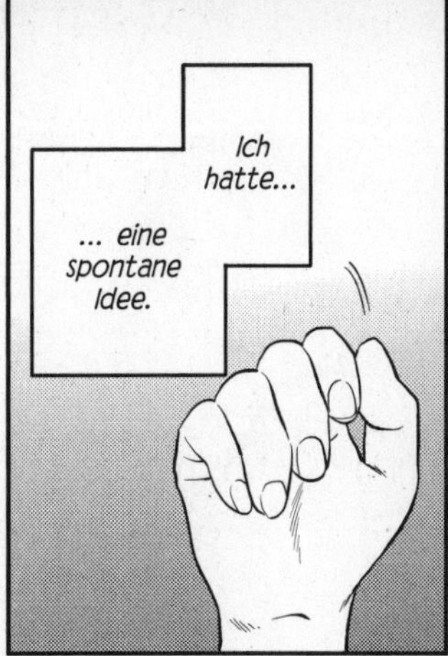
Ich hatte...
... eine spontane Idee.

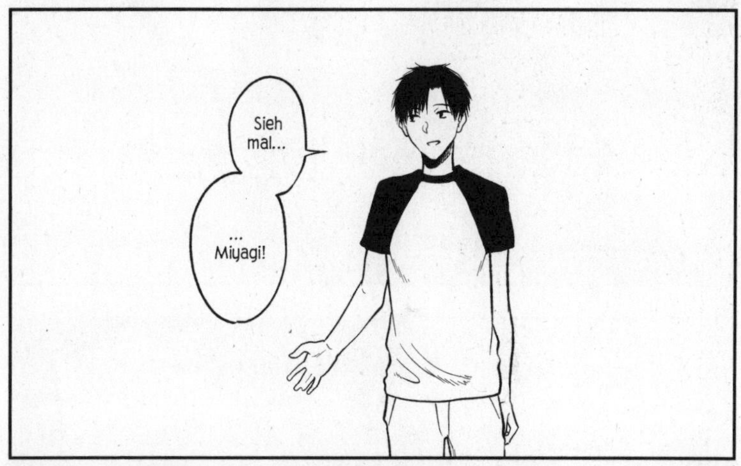
Sieh mal...
... Miyagi!

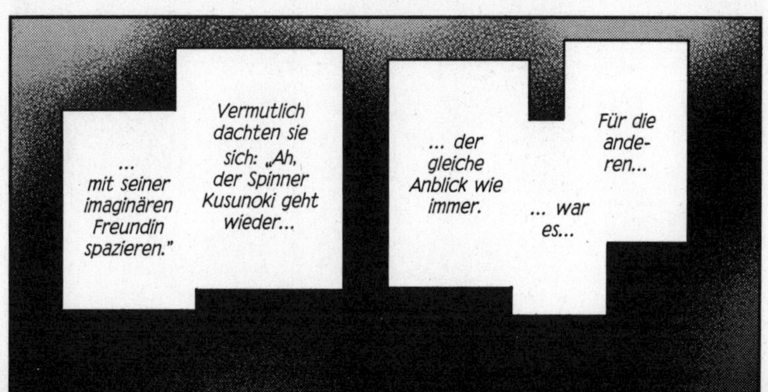
Für die anderen...
... war es...
... der gleiche Anblick wie immer.
Vermutlich dachten sie sich: „Ah, der Spinner Kusunoki geht wieder...
... mit seiner imaginären Freundin spazieren."

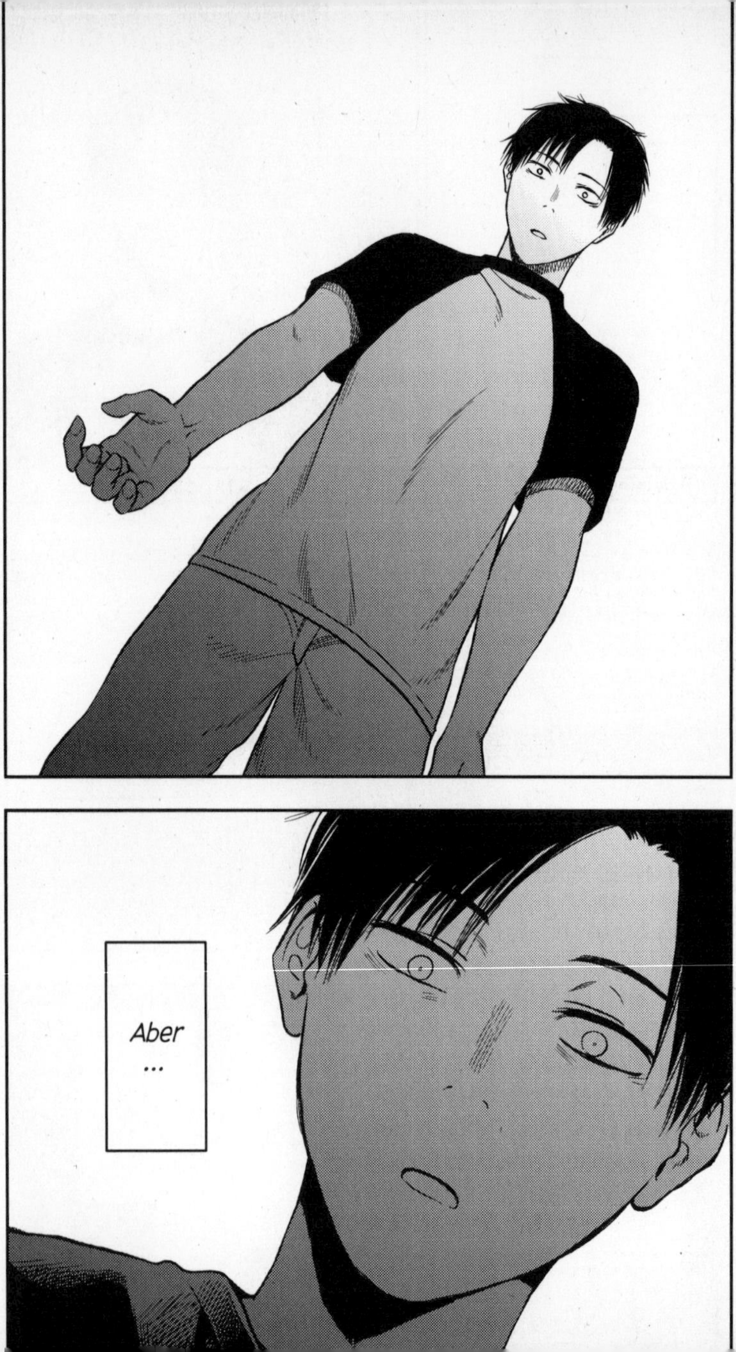

Aber
...

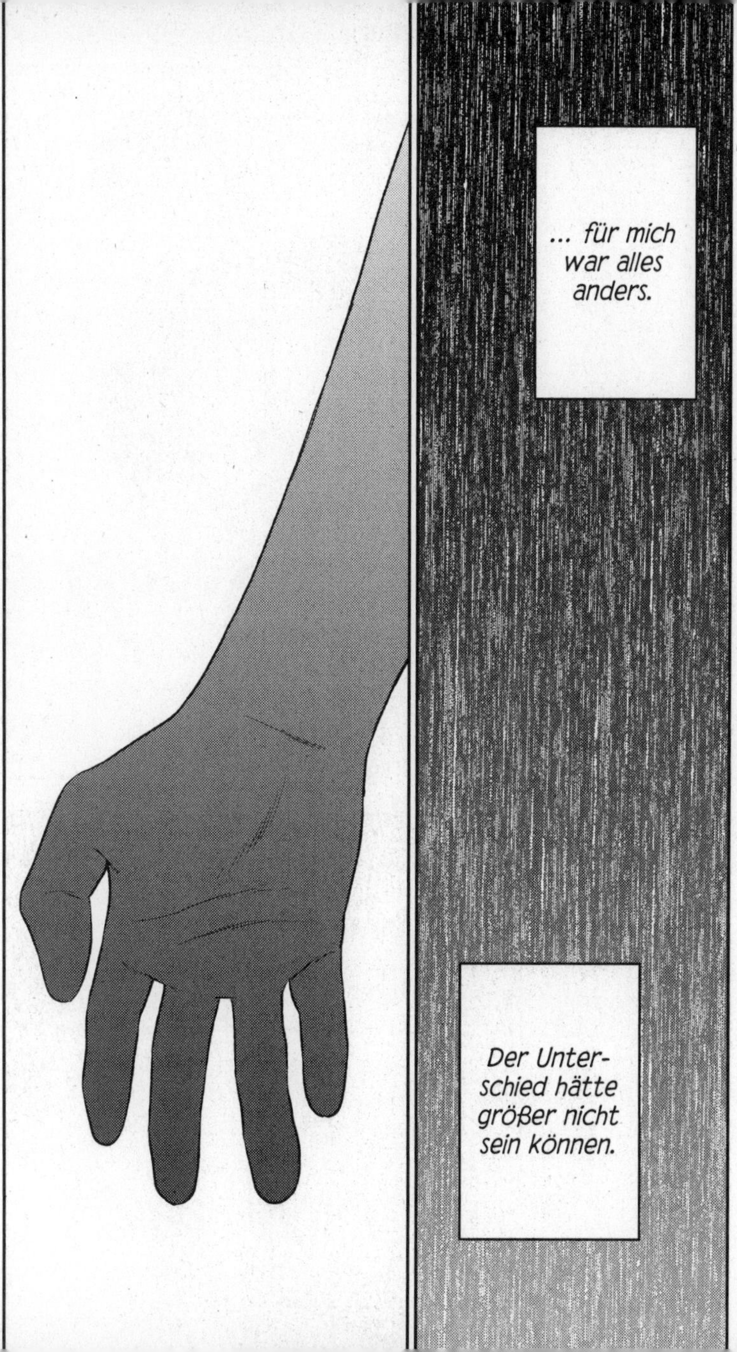

... für mich war alles anders.

Der Unterschied hätte größer nicht sein können.

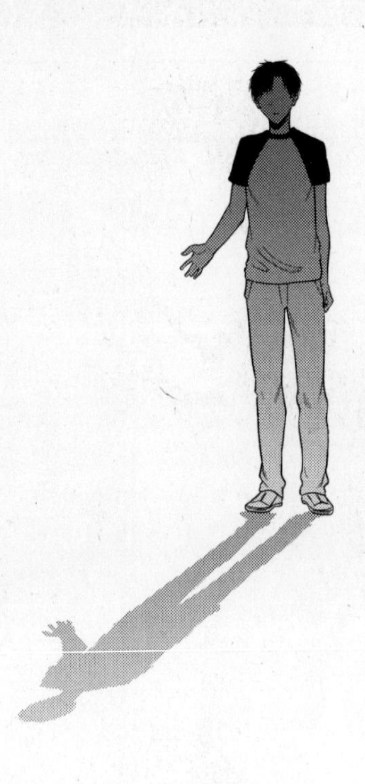

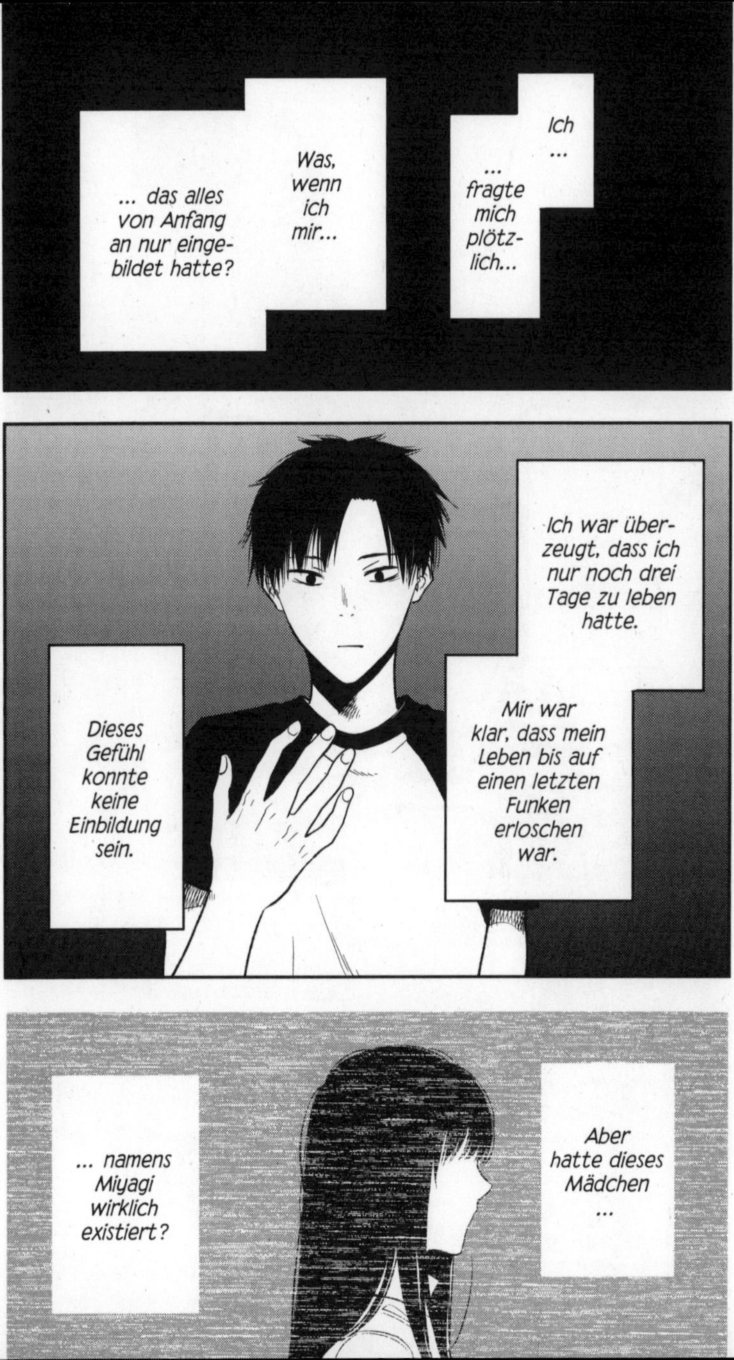

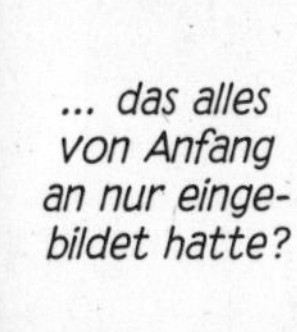

Ich war überzeugt, dass ich nur noch drei Tage zu leben hatte.

Mir war klar, dass mein Leben bis auf einen letzten Funken erloschen war.

Dieses Gefühl konnte keine Einbildung sein.

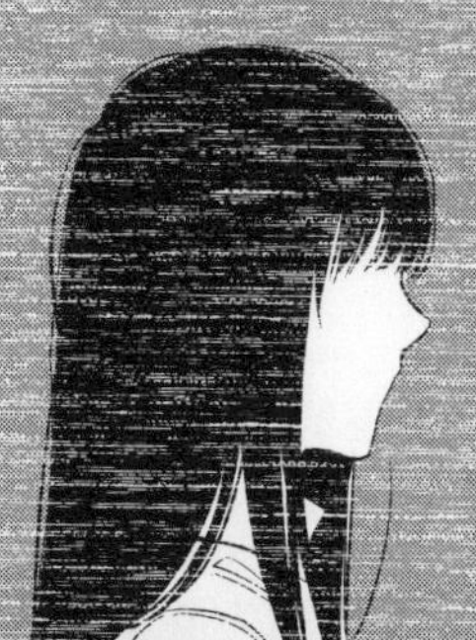

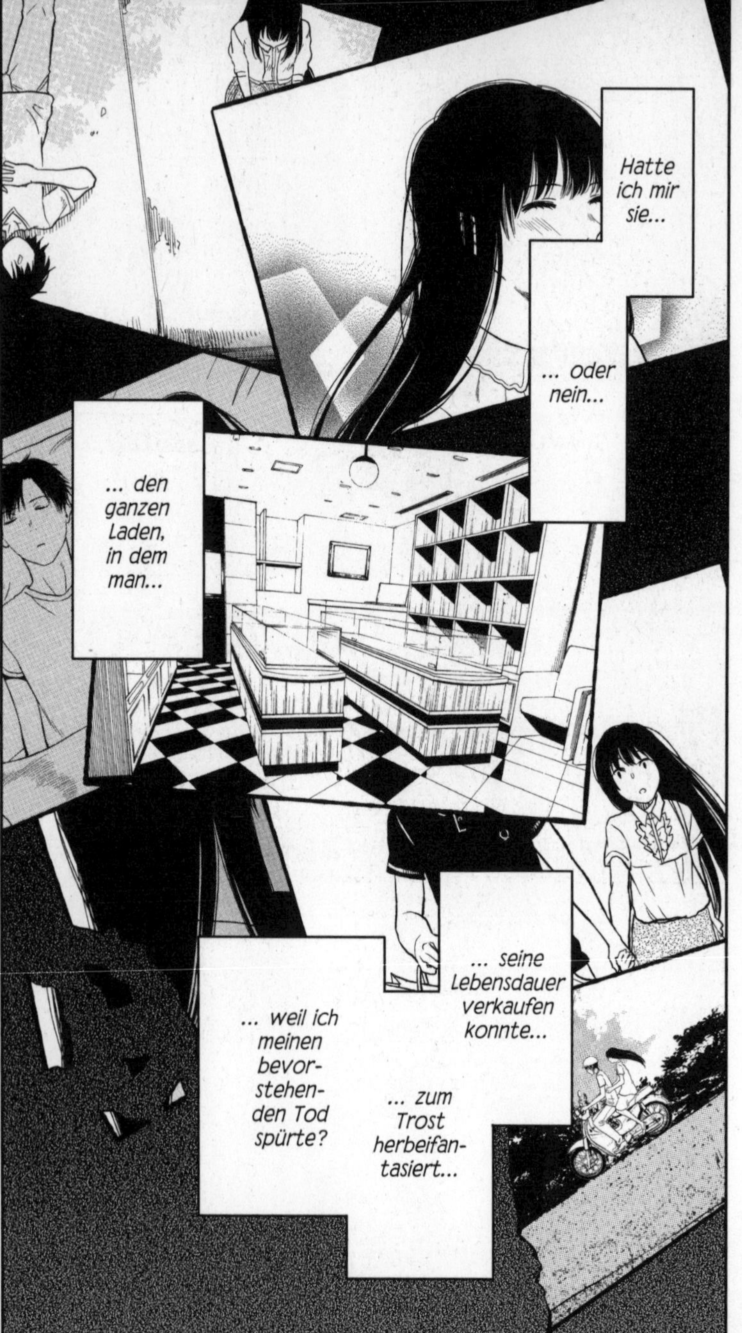
Hatte ich mir sie...
... oder nein...
... den ganzen Laden, in dem man...
... seine Lebensdauer verkaufen konnte...
... zum Trost herbeifantasiert...
... weil ich meinen bevorstehenden Tod spürte?

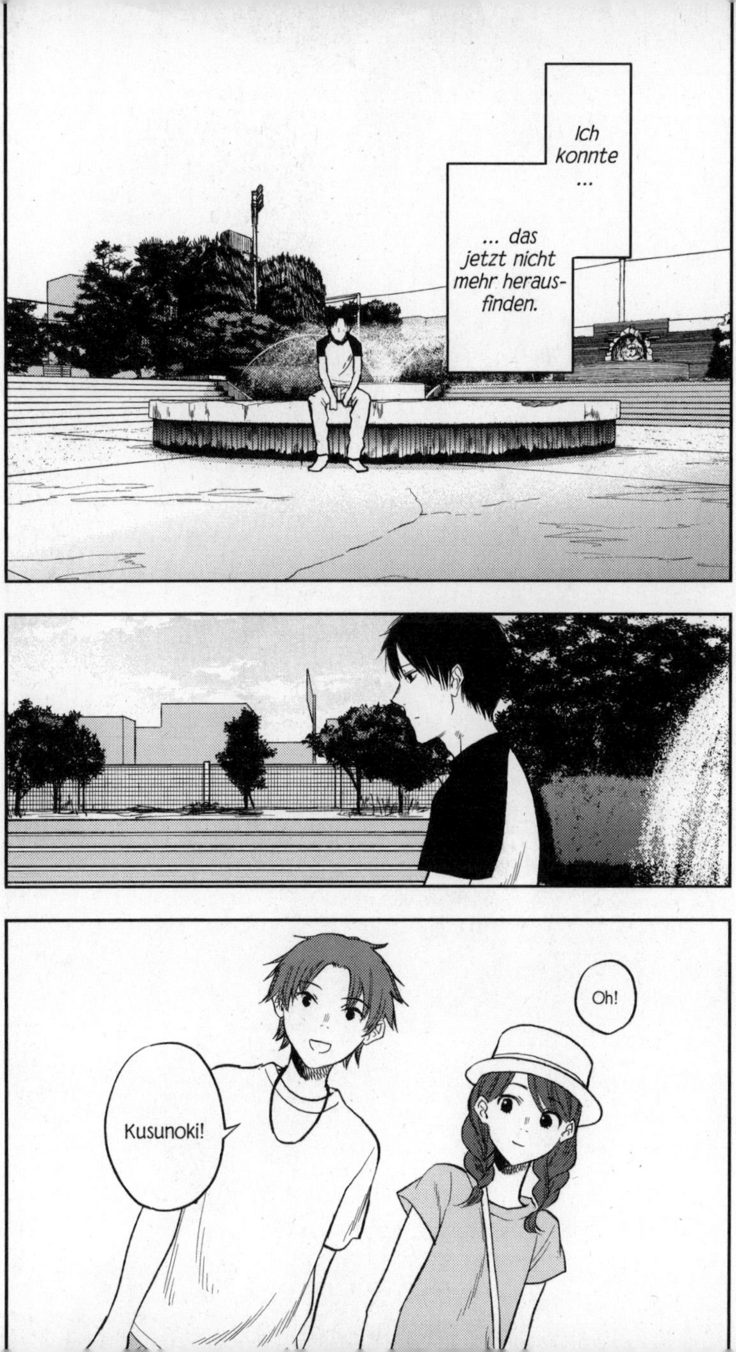

Ich konnte ...

... das jetzt nicht mehr heraus-finden.

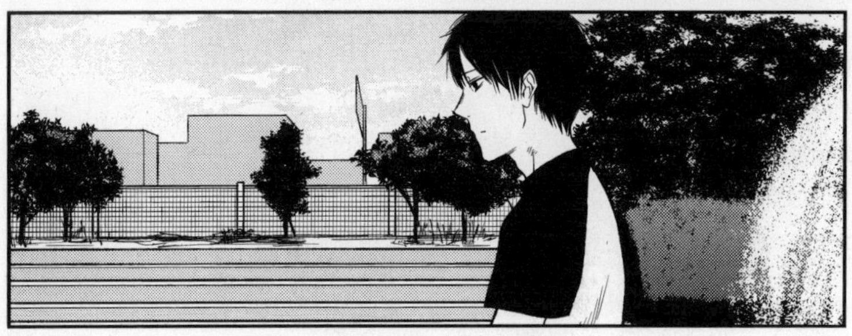

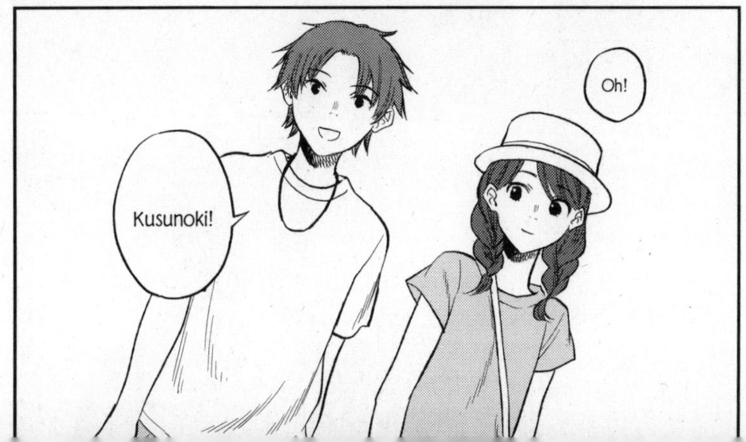

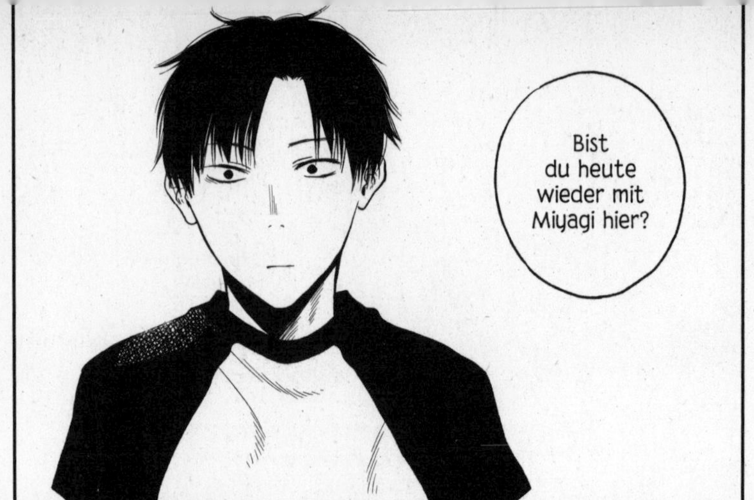
Bist du heute wieder mit Miyagi hier?

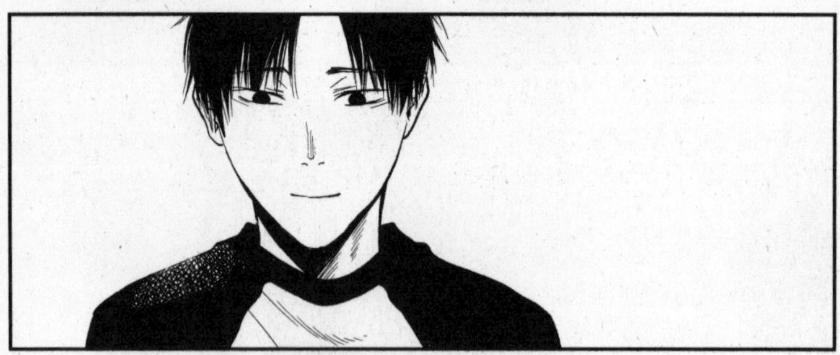

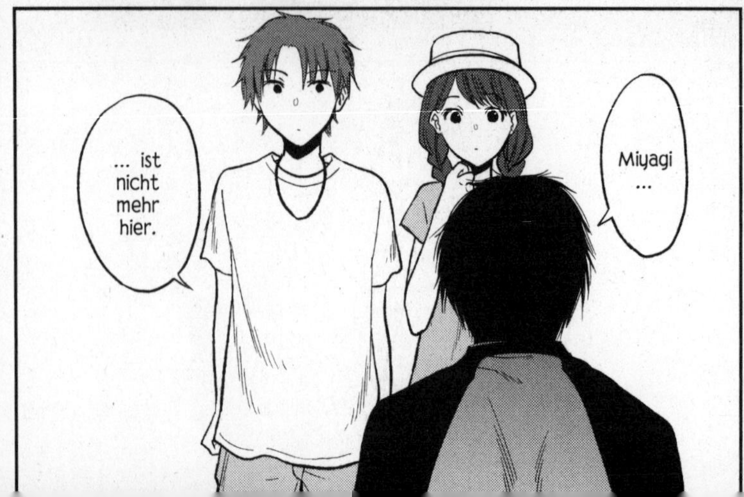
Miyagi ...
... ist nicht mehr hier.

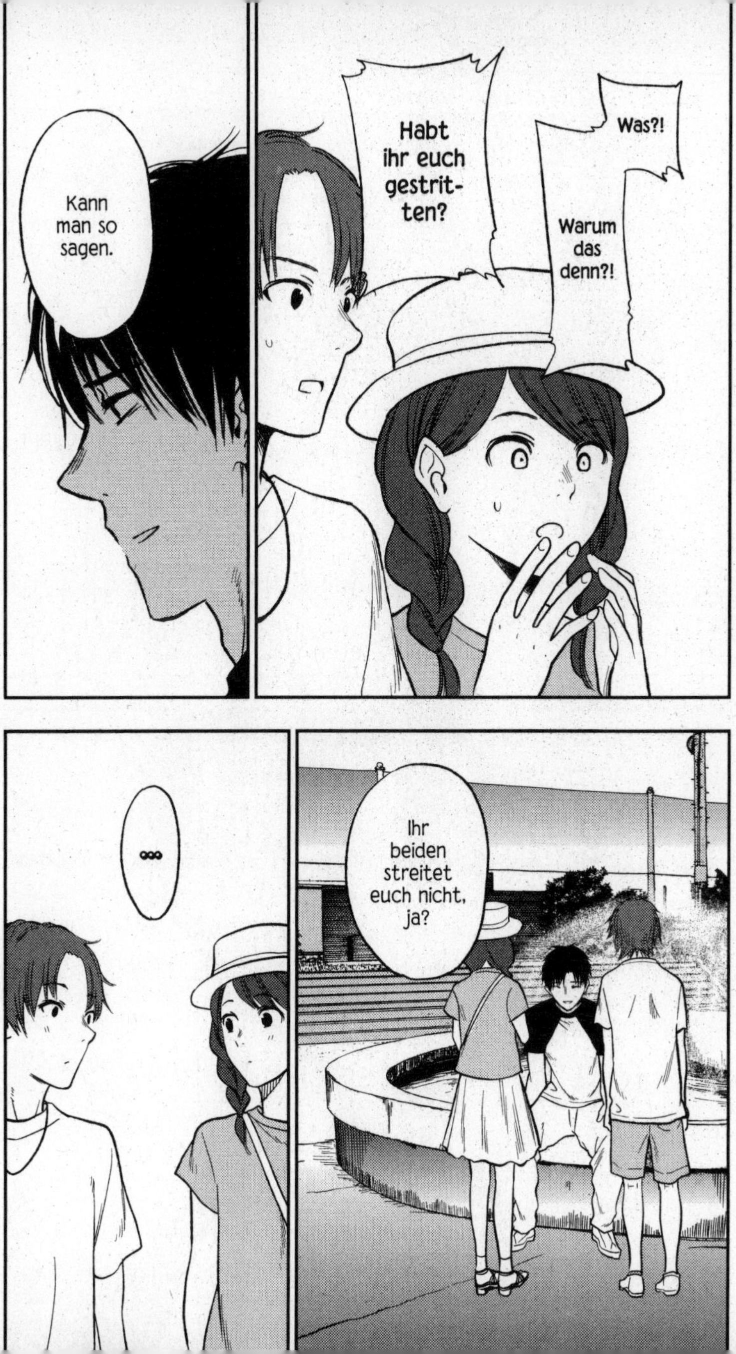

Was?!

Warum das denn?!

Habt ihr euch gestritten?

Kann man so sagen.

Ihr beiden streitet euch nicht, ja?

...

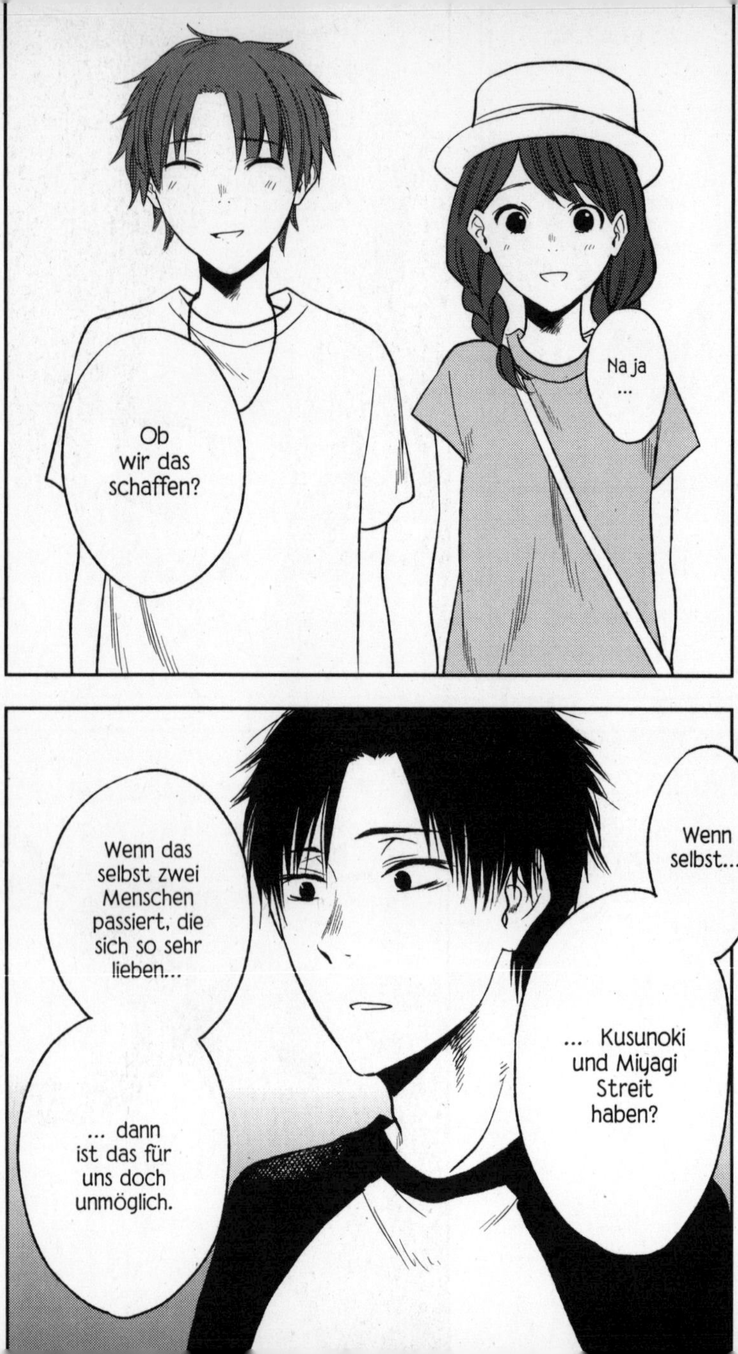

Na ja ...

Ob wir das schaffen?

Wenn selbst...

... Kusunoki und Miyagi Streit haben?

Wenn das selbst zwei Menschen passiert, die sich so sehr lieben...

... dann ist das für uns doch unmöglich.

„Da habt ihr recht"...

... wollte ich sagen.

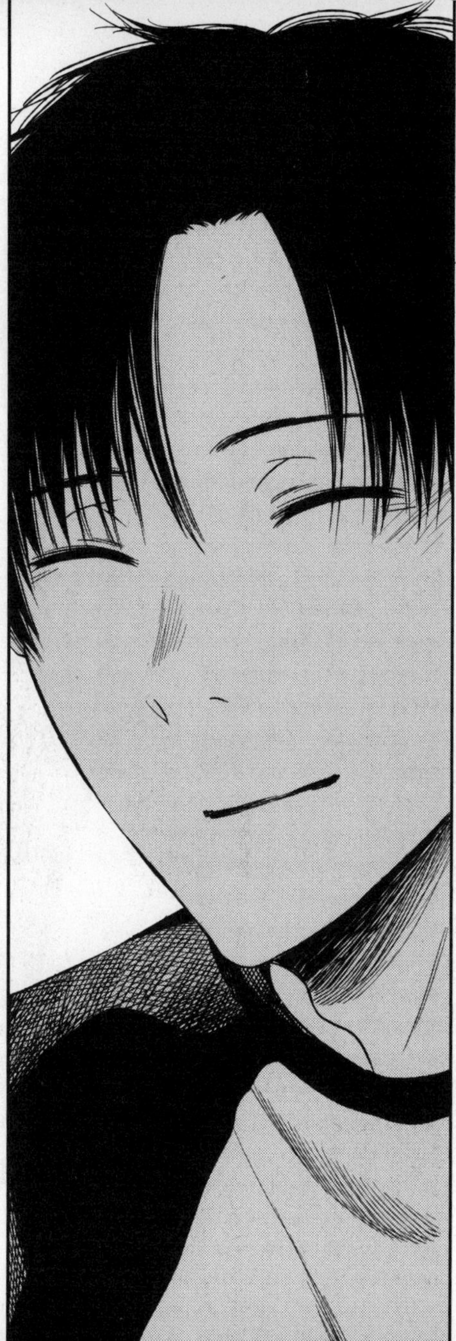

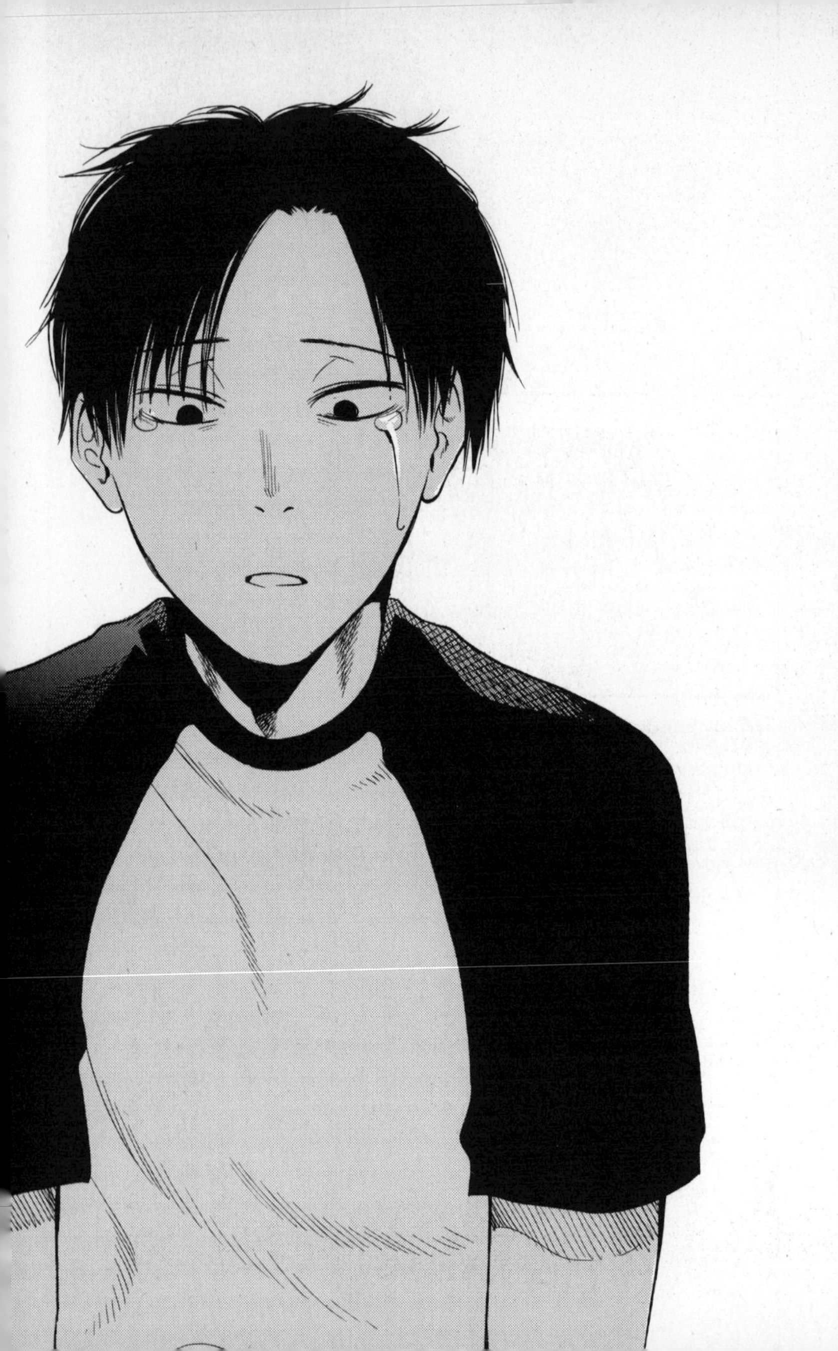

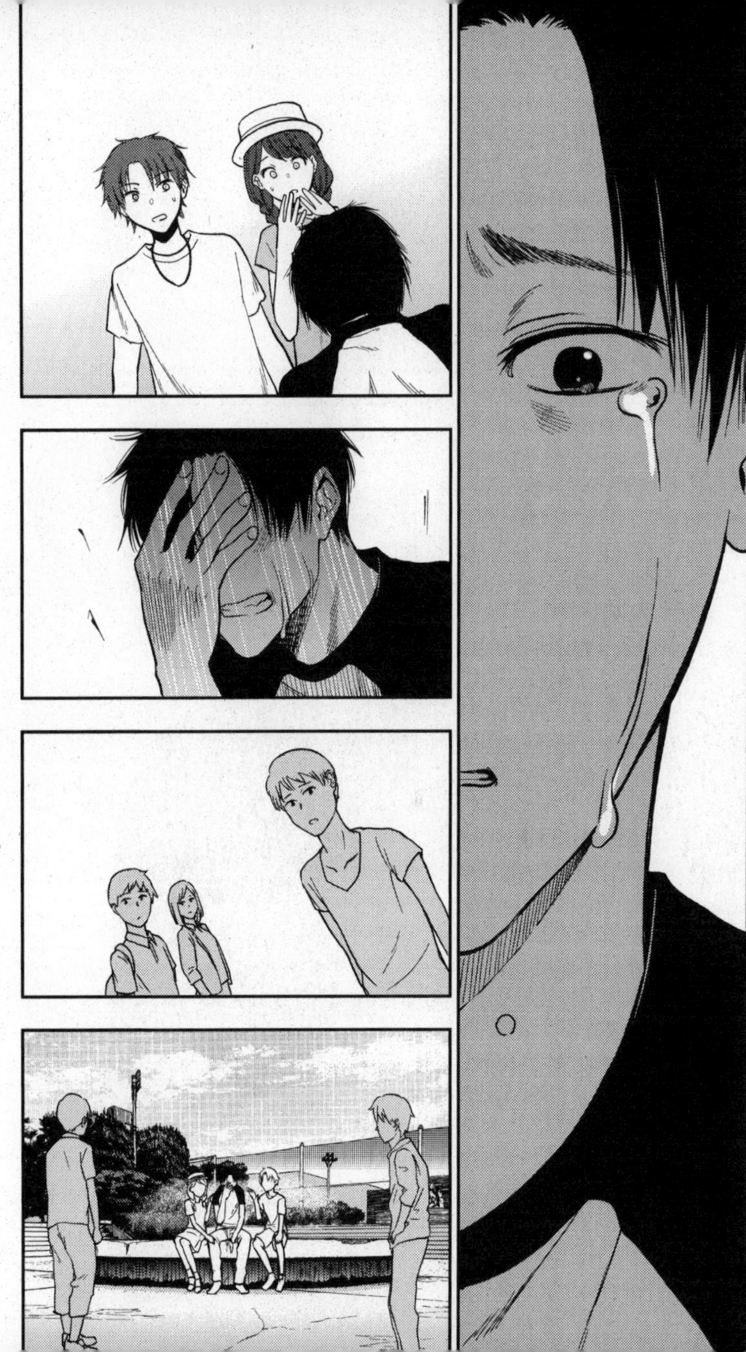

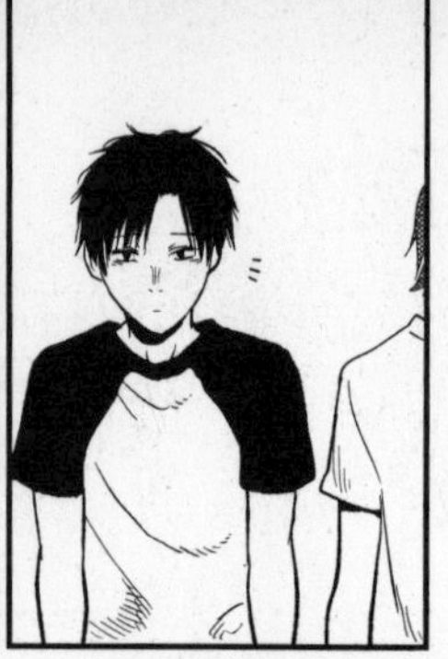

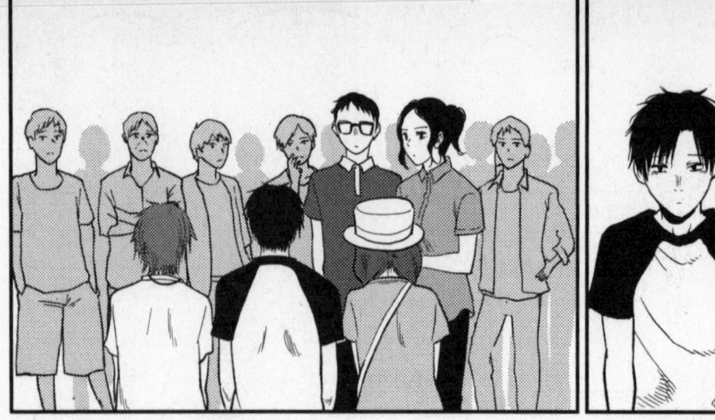

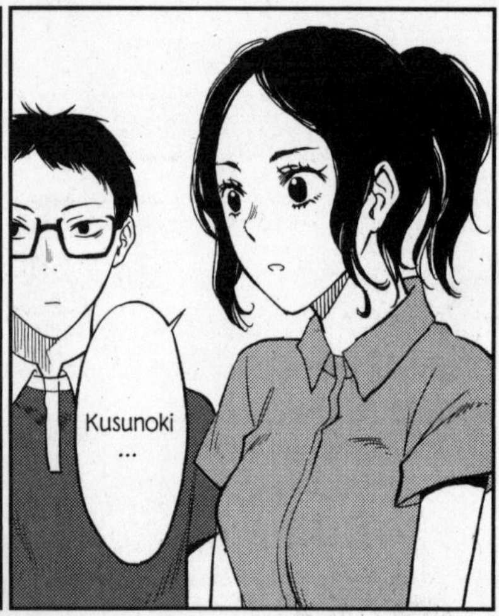

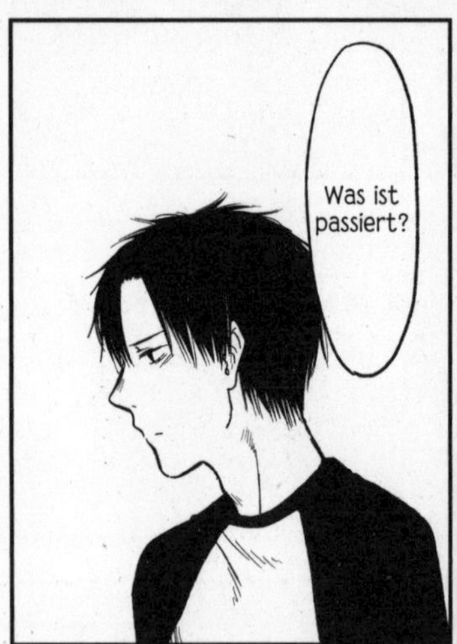

Mir fiel nichts Besseres ein...

... als zu behaupten, Miyagi und ich hätten uns im Streit getrennt.

Ich erfand eine Geschichte, wie sich mich sitzen gelassen hatte.

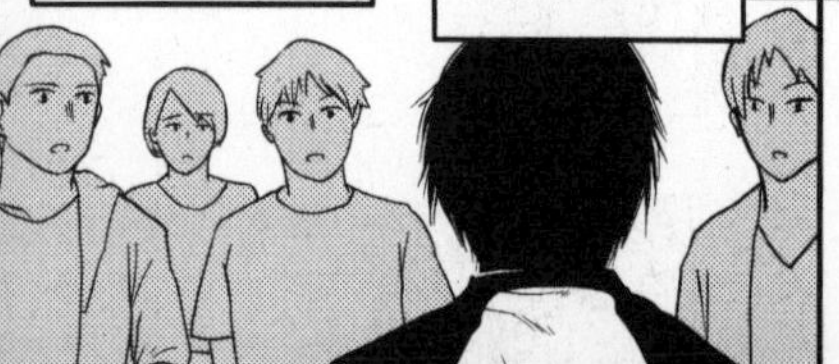

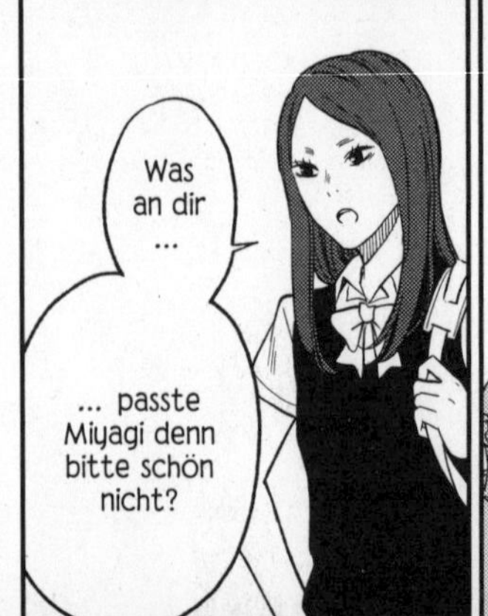

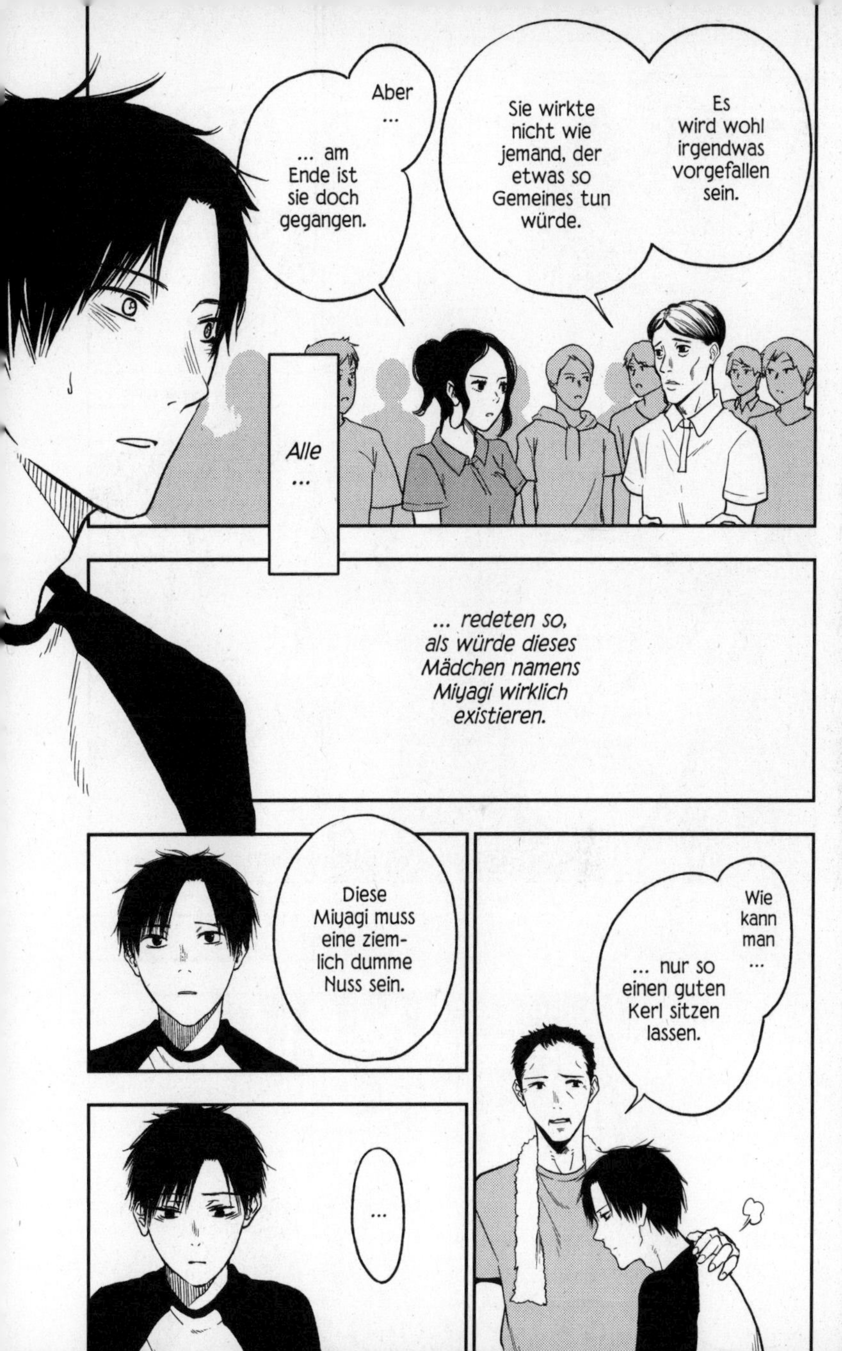
Es wird wohl irgendwas vorgefallen sein.
Sie wirkte nicht wie jemand, der etwas so Gemeines tun würde.
Aber …
… am Ende ist sie doch gegangen.
Alle …
… redeten so, als würde dieses Mädchen namens Miyagi wirklich existieren.
Wie kann man …
… nur so einen guten Kerl sitzen lassen.
Diese Miyagi muss eine ziemlich dumme Nuss sein.
…

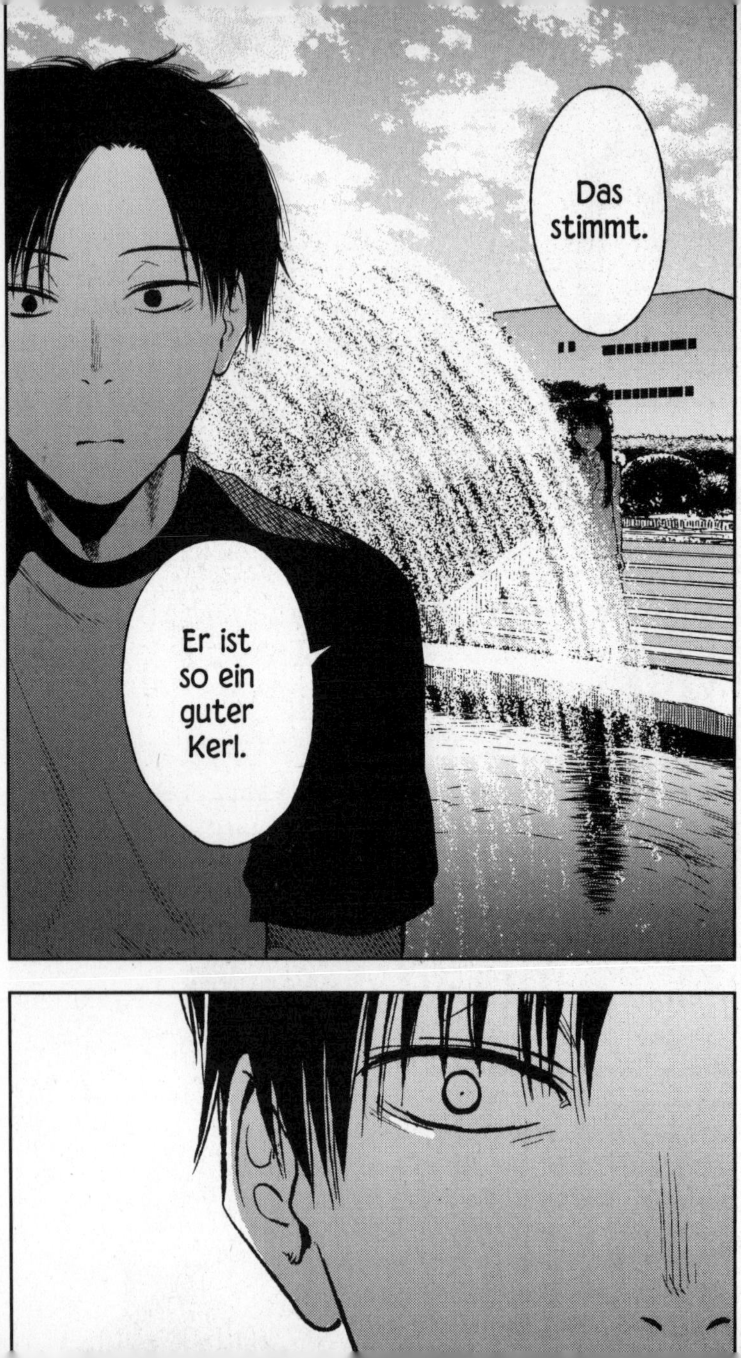

Das stimmt.

Er ist so ein guter Kerl.

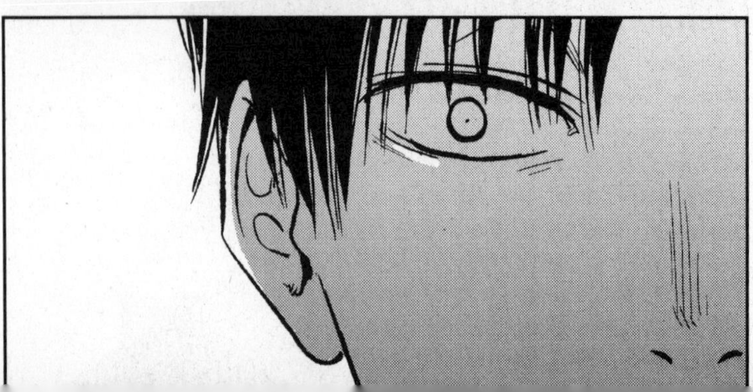

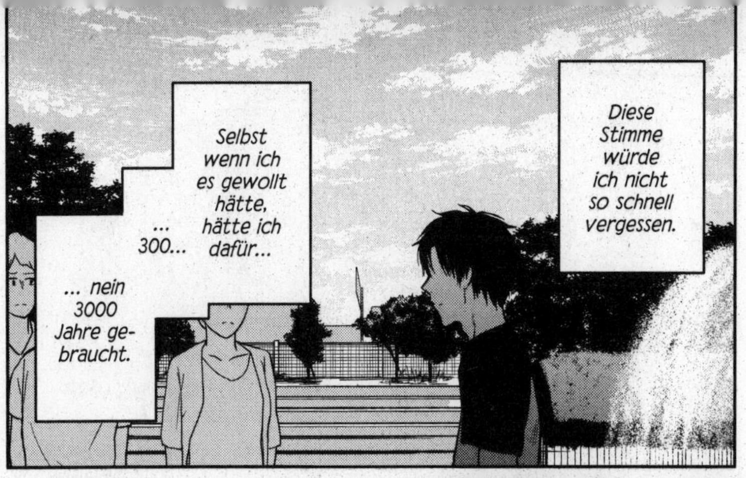
Diese Stimme würde ich nicht so schnell vergessen.
Selbst wenn ich es gewollt hätte, hätte ich dafür...
... 300...
... nein 3000 Jahre gebraucht.

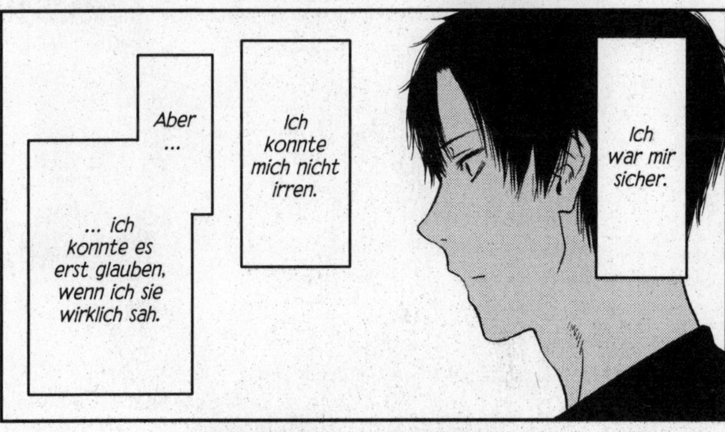
Ich war mir sicher.
Ich konnte mich nicht irren.
Aber ...
... ich konnte es erst glauben, wenn ich sie wirklich sah.

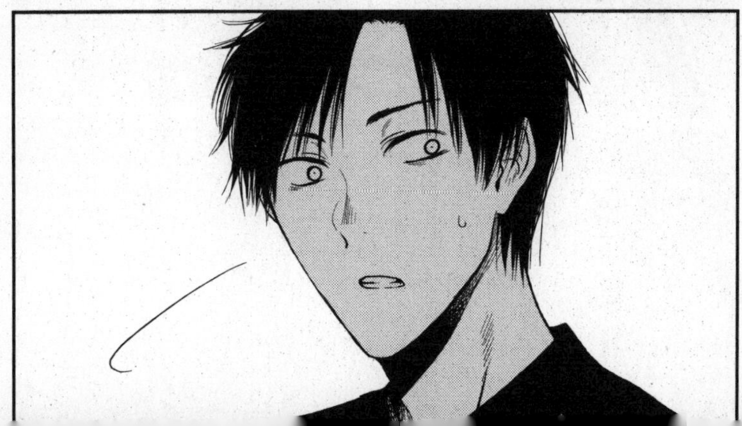

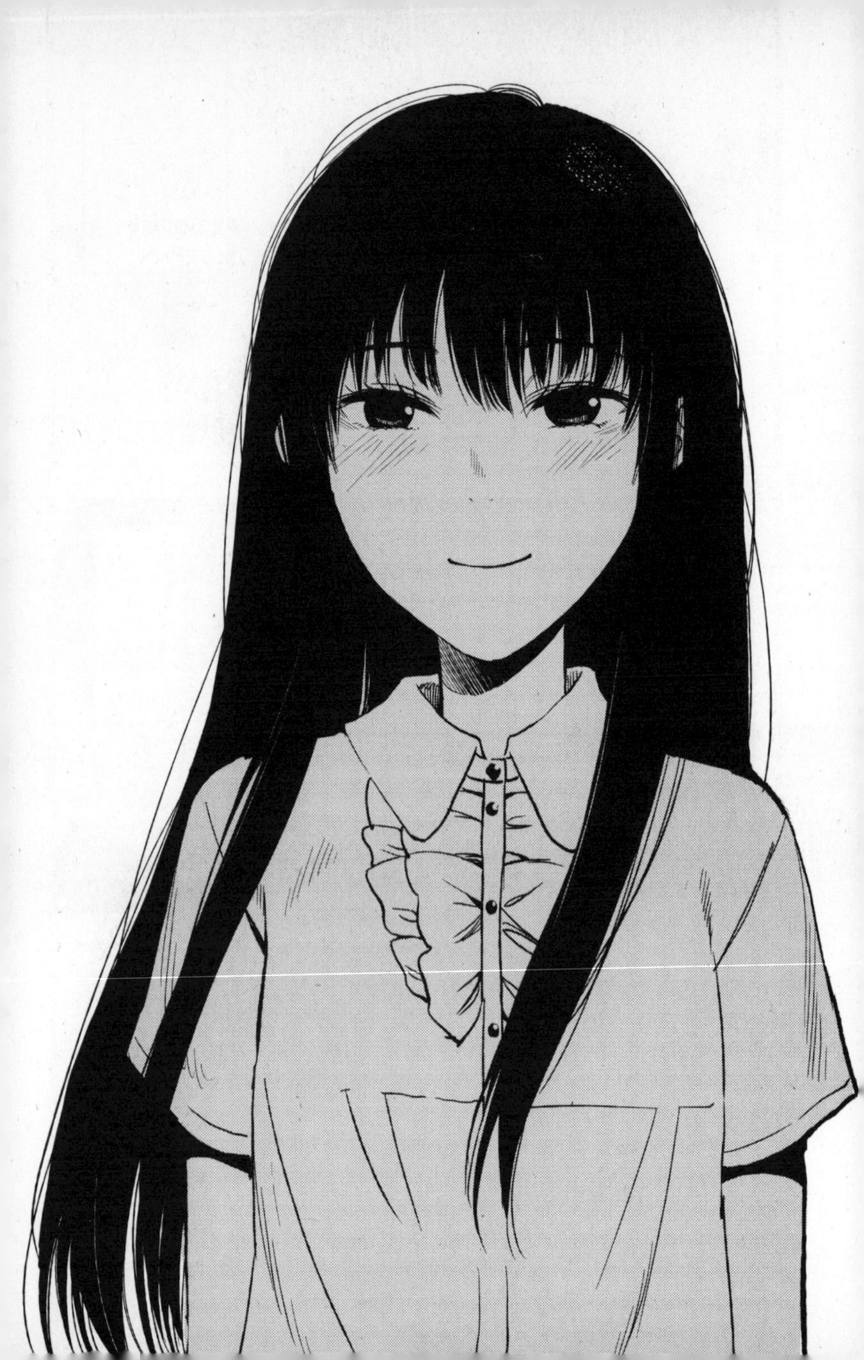

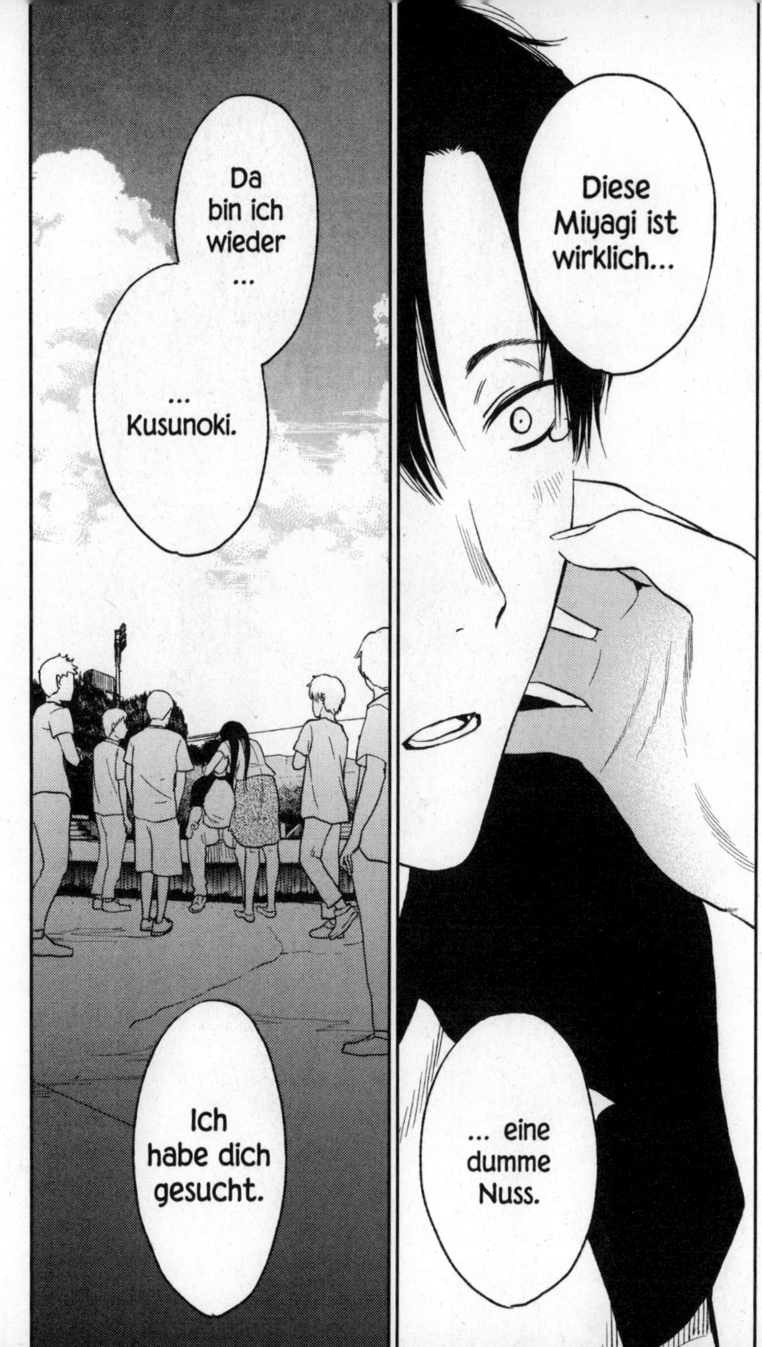
Diese Miyagi ist wirklich...
... eine dumme Nuss.
Da bin ich wieder ...
... Kusunoki.
Ich habe dich gesucht.

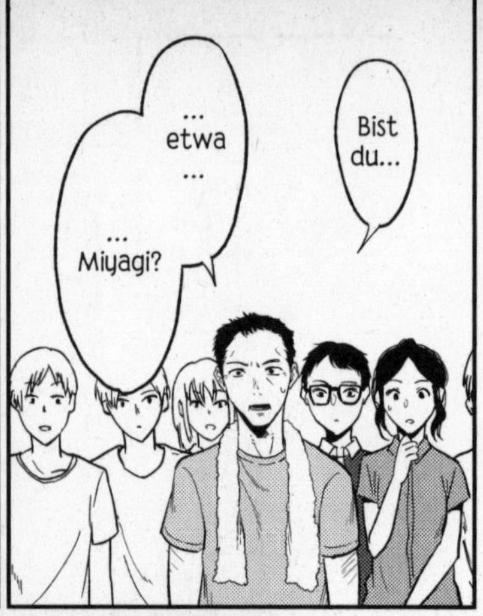
Bist du...
... etwa ... ... Miyagi?

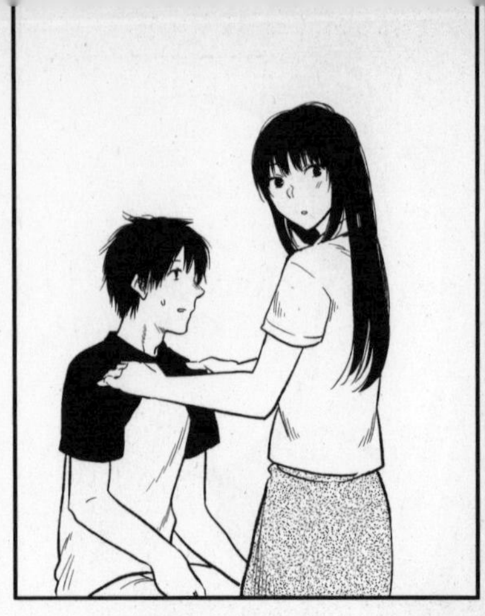

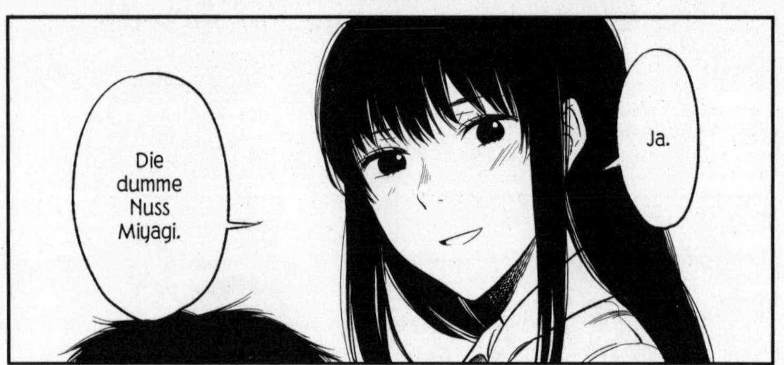
Ja.
Die dumme Nuss Miyagi.

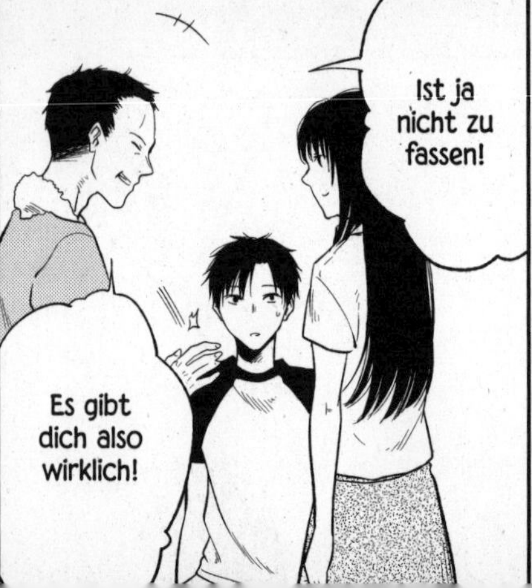
Ist ja nicht zu fassen!
Es gibt dich also wirklich!

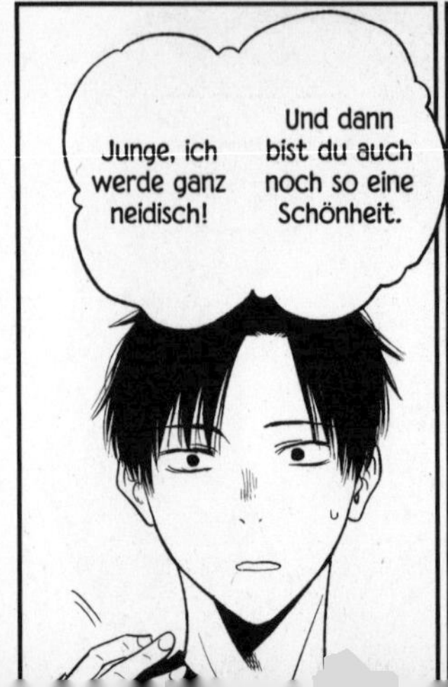
Und dann bist du auch noch so eine Schönheit.
Junge, ich werde ganz neidisch!

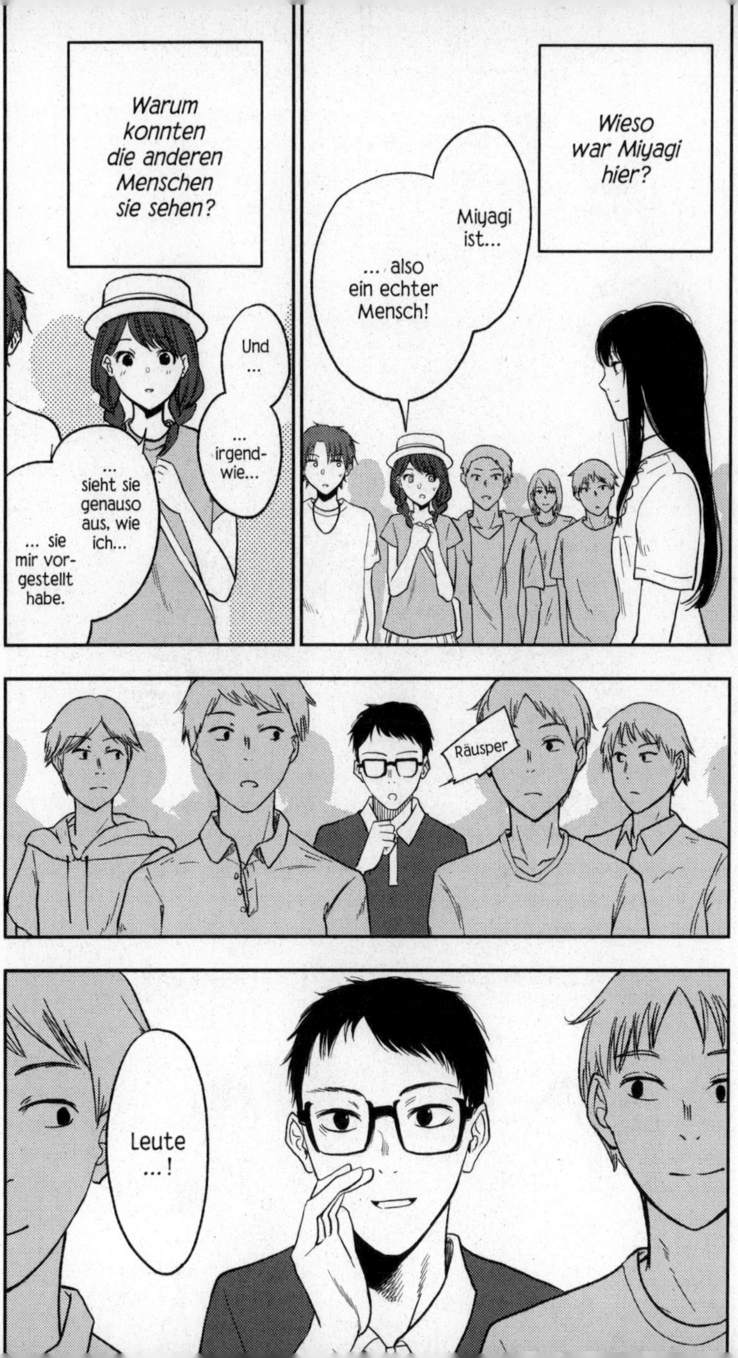

Wieso war Miyagi hier?

Miyagi ist...

... also ein echter Mensch!

Warum konnten die anderen Menschen sie sehen?

Und ...

... irgendwie...

... sieht sie genauso aus, wie ich...

... sie mir vorgestellt habe.

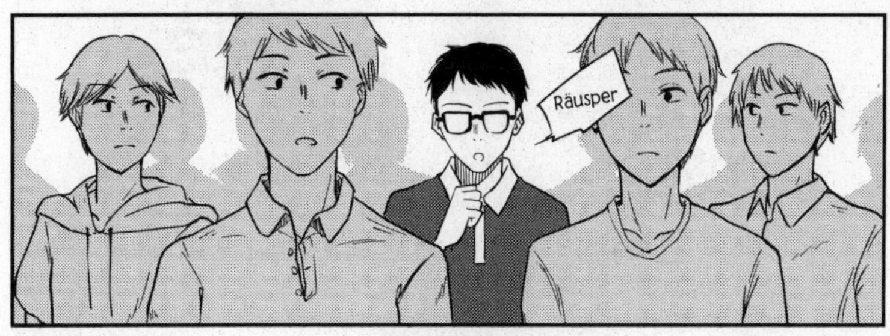

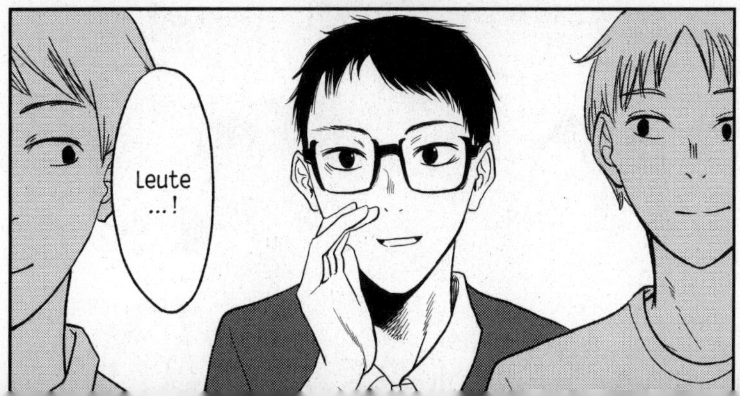

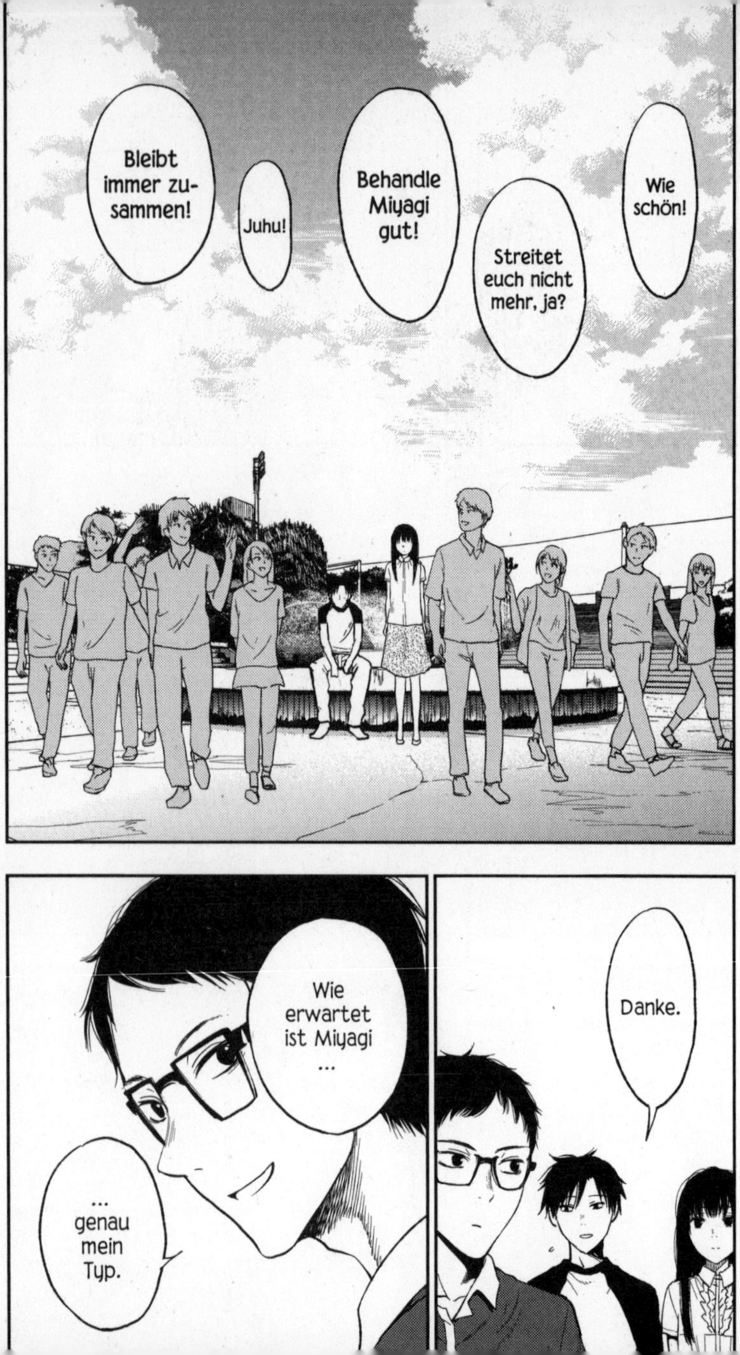

Wie schön!
Streitet euch nicht mehr, ja?
Behandle Miyagi gut!
Juhu!
Bleibt immer zusammen!

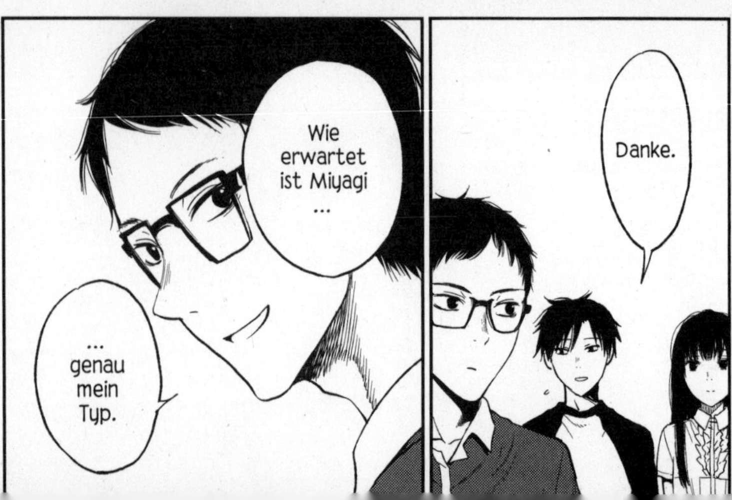

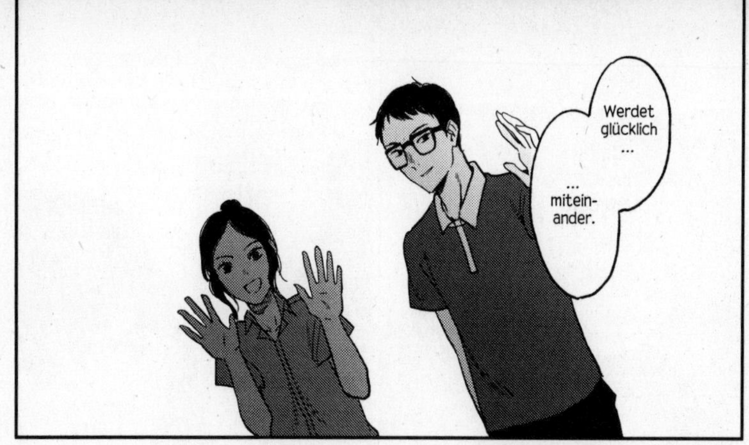
Werdet glücklich ...
... miteinander.

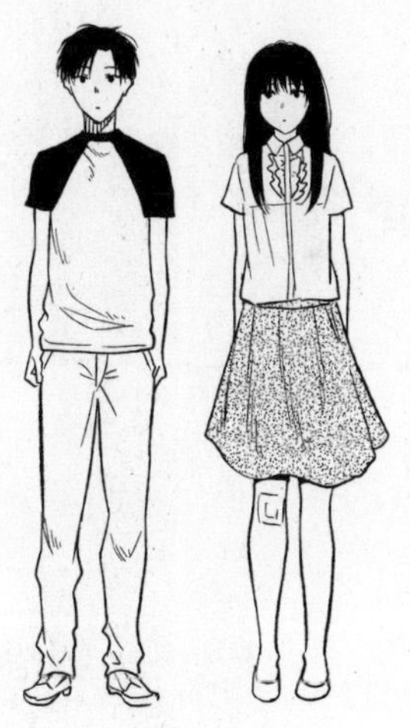

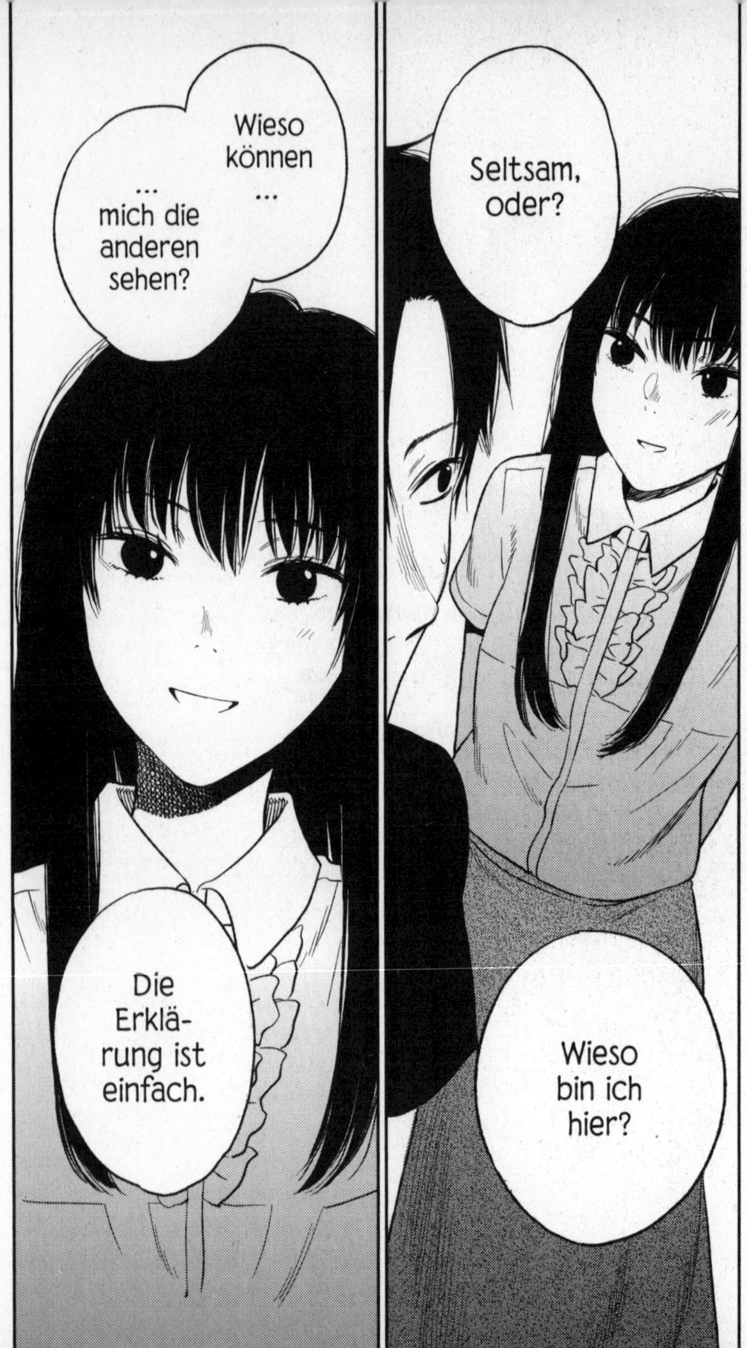
Seltsam, oder?
Wieso bin ich hier?
Wieso können ...
... mich die anderen sehen?
Die Erklä-rung ist einfach.

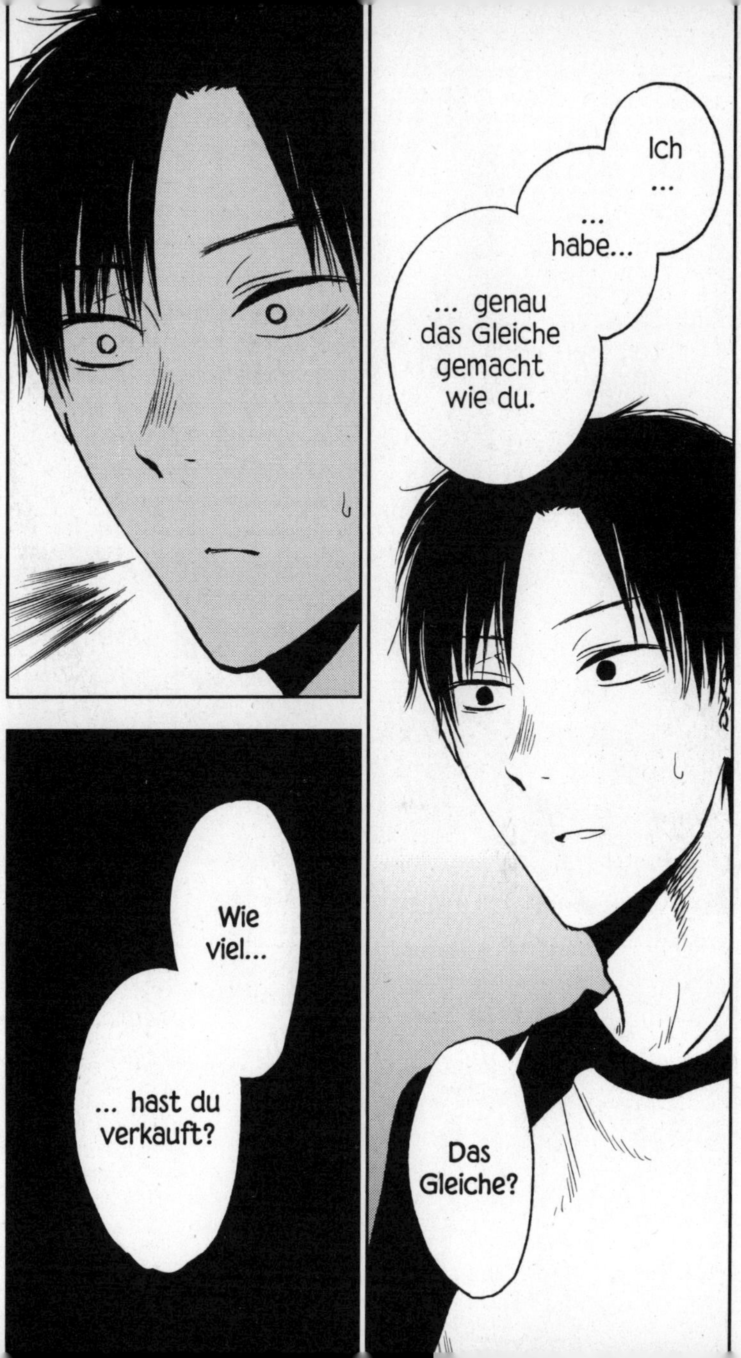

Ich ...

... habe...

... genau das Gleiche gemacht wie du.

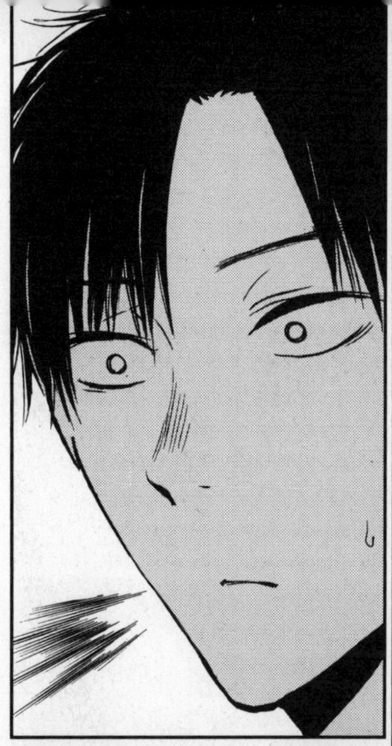

Das Gleiche?

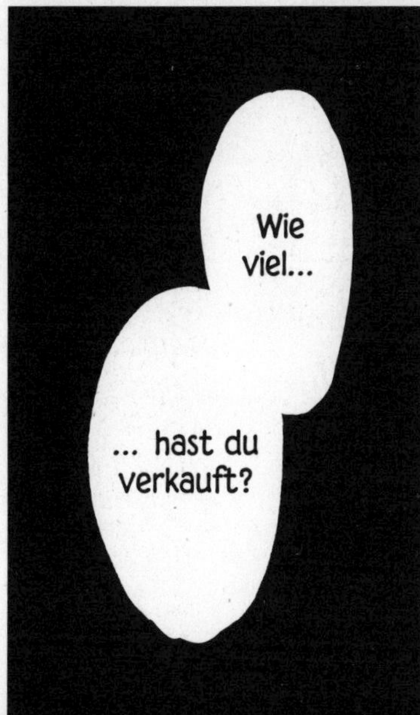

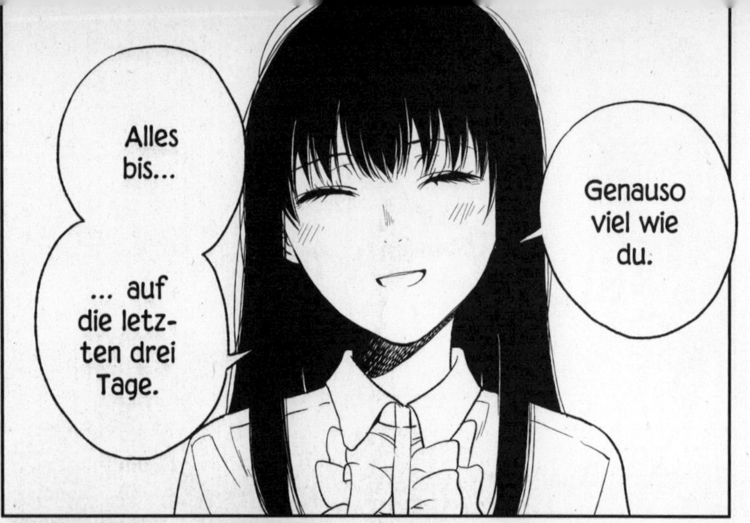
Genauso viel wie du.
Alles bis...
... auf die letzten drei Tage.

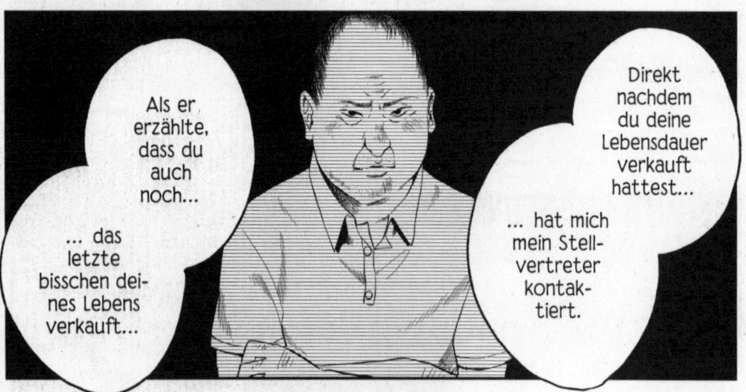
Direkt nachdem du deine Lebensdauer verkauft hattest...
... hat mich mein Stellvertreter kontaktiert.
Als er erzählte, dass du auch noch...
... das letzte bisschen deines Lebens verkauft...

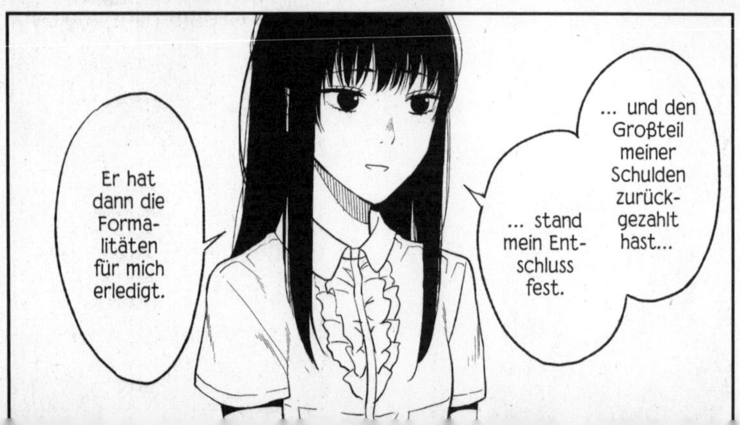
... und den Großteil meiner Schulden zurückgezahlt hast...
... stand mein Entschluss fest.
Er hat dann die Formalitäten für mich erledigt.

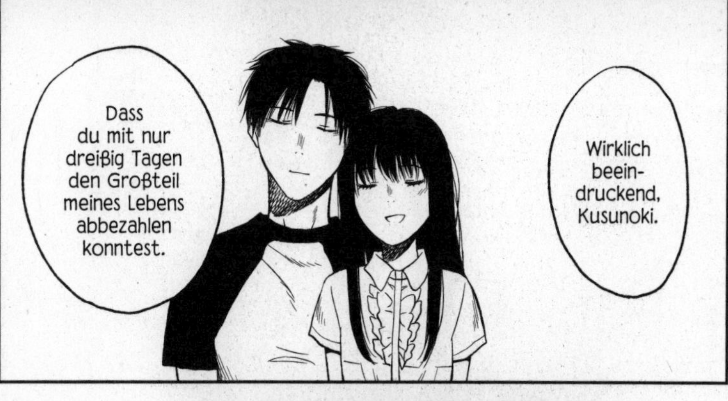
Wirklich beein- druckend, Kusunoki.
Dass du mit nur dreißig Tagen den Großteil meines Lebens abbezahlen konntest.

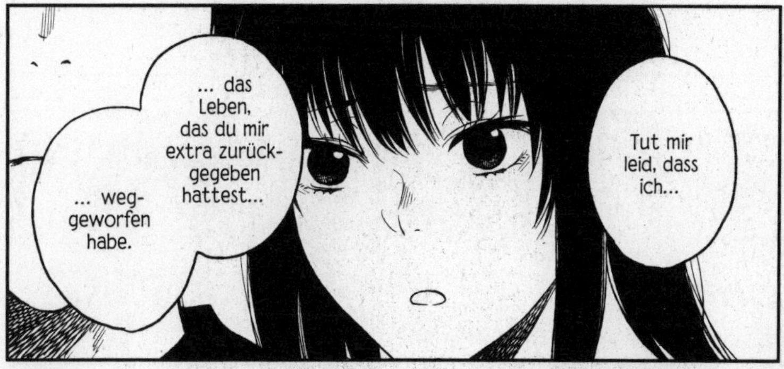
Tut mir leid, dass ich...
... das Leben, das du mir extra zurück- gegeben hattest...
... weg- geworfen habe.

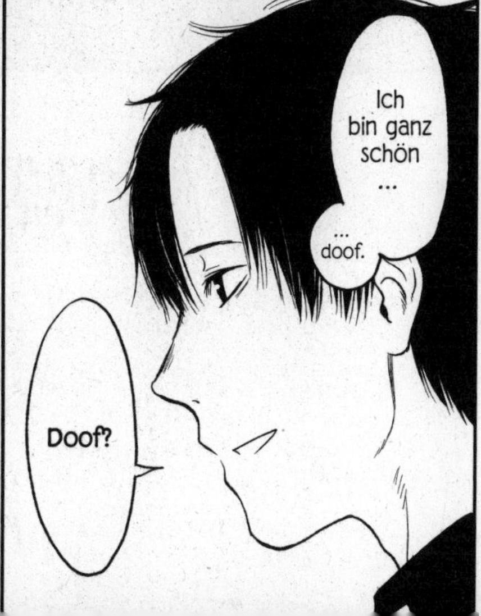
Ich bin ganz schön ...
... doof.
Doof?

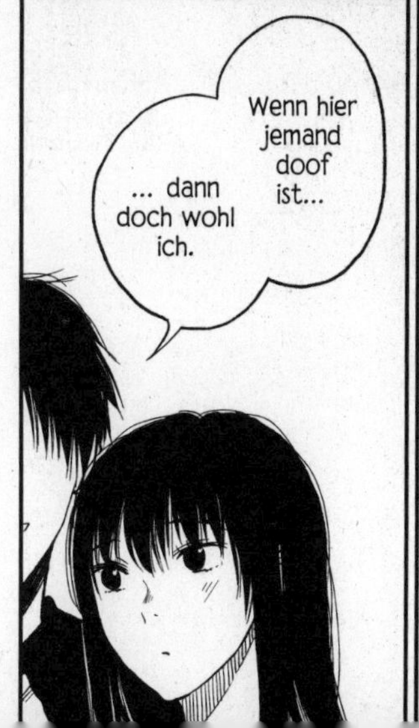
Wenn hier jemand doof ist...
... dann doch wohl ich.

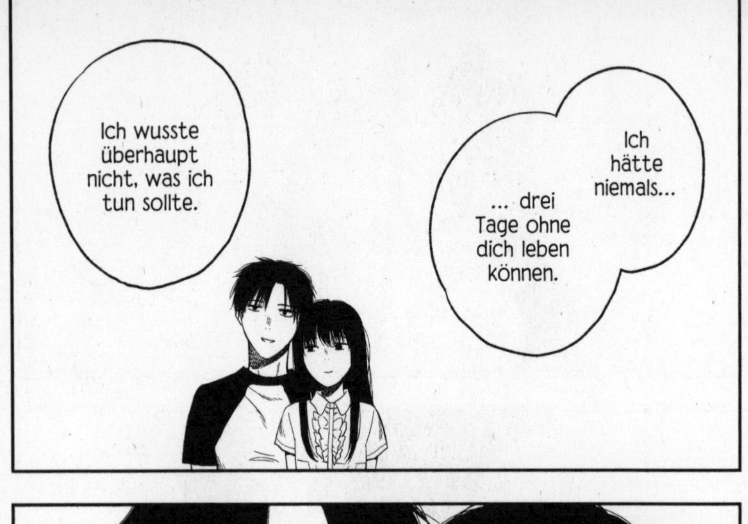
Ich hätte niemals... ... drei Tage ohne dich leben können.
Ich wusste überhaupt nicht, was ich tun sollte.

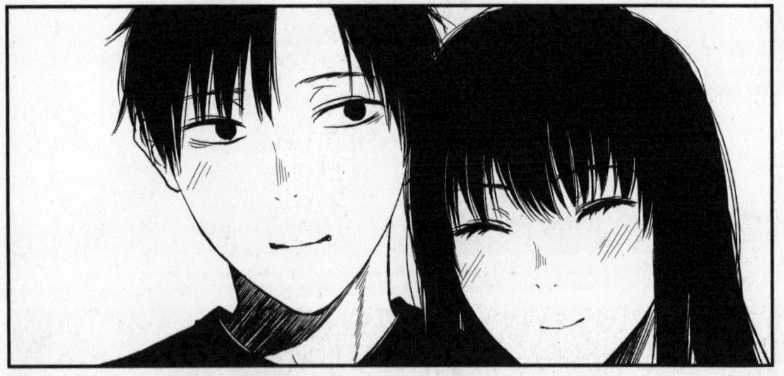

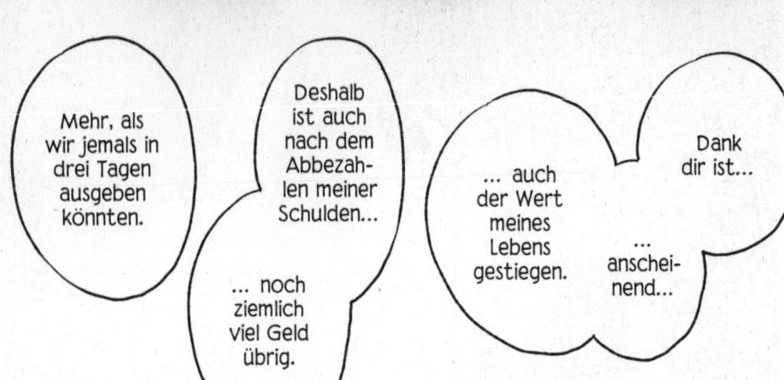
Dank dir ist... ... anscheinend... ... auch der Wert meines Lebens gestiegen.
Deshalb ist auch nach dem Abbezahlen meiner Schulden... ... noch ziemlich viel Geld übrig.
Mehr, als wir jemals in drei Tagen ausgeben könnten.

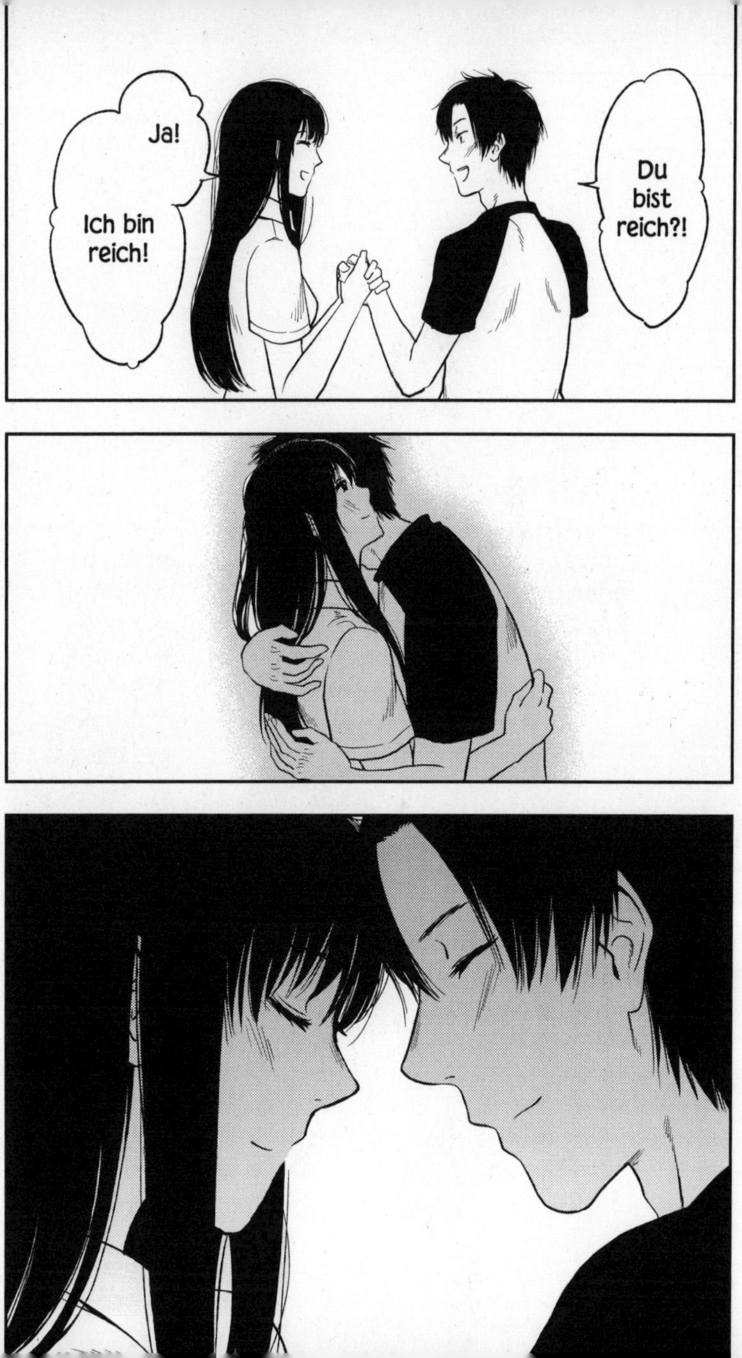

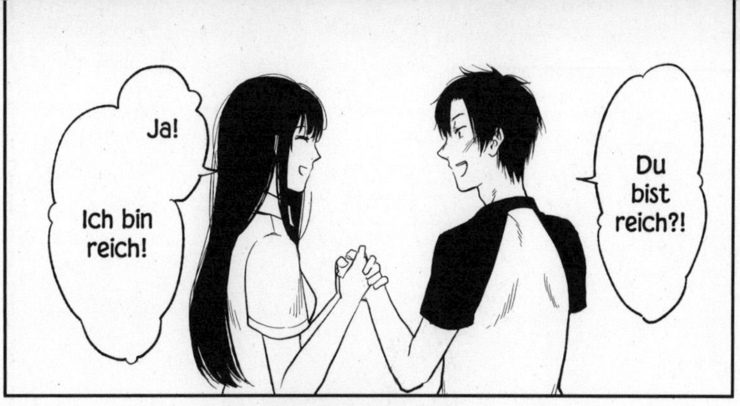
Du bist reich?!
Ja!
Ich bin reich!

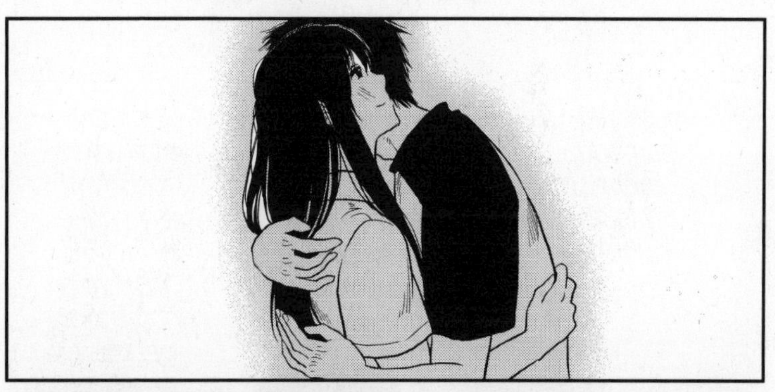

Ich werde sterben ...

... ohne etwas zu hinterlassen.

Aber das ist mir egal.

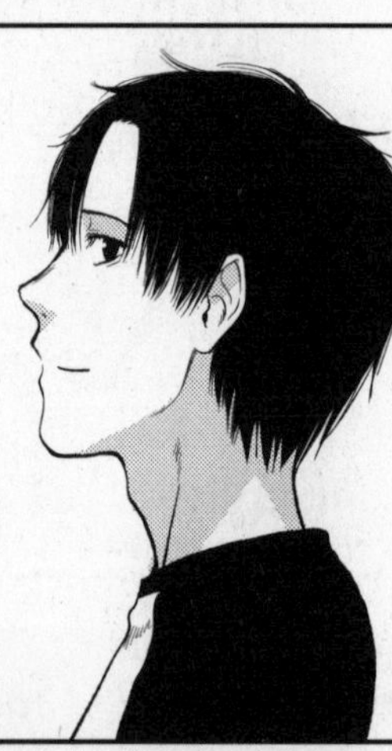

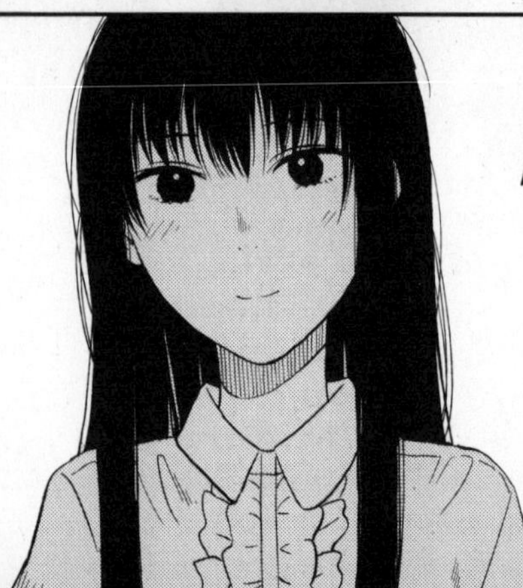

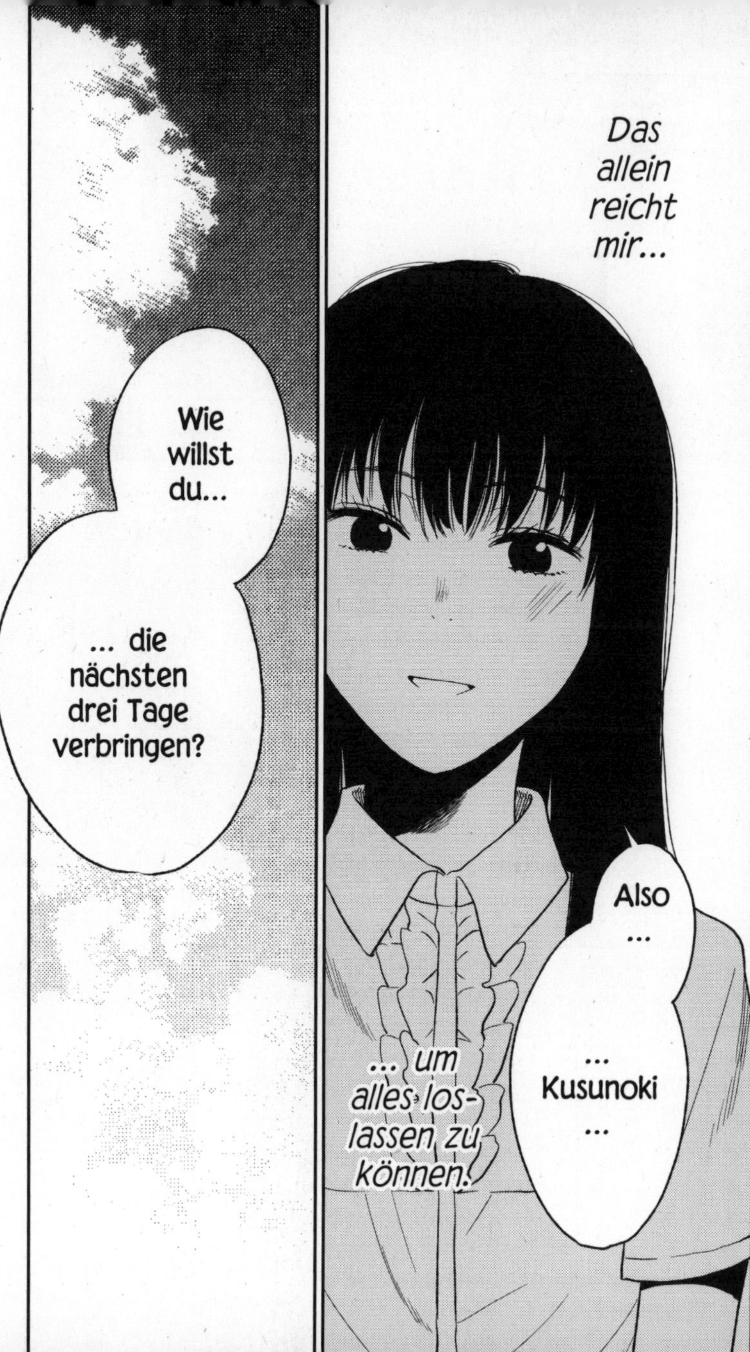
Das allein reicht mir...
Also ... ... Kusunoki ...
... um alles los-lassen zu können.
Wie willst du...
... die nächsten drei Tage verbringen?

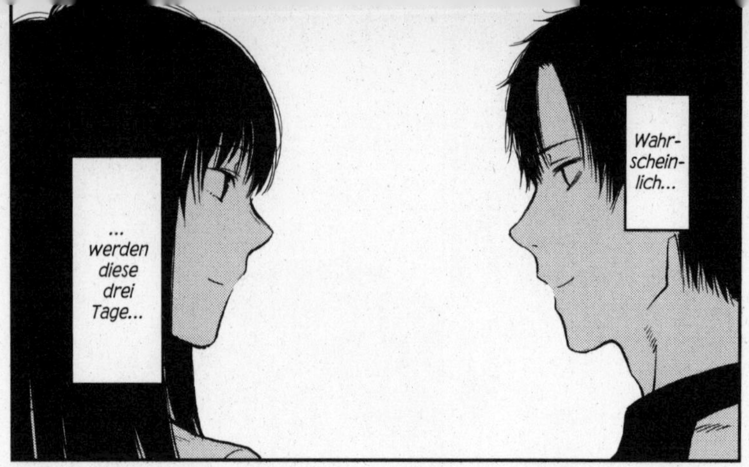
Wahrscheinlich...
... werden diese drei Tage...

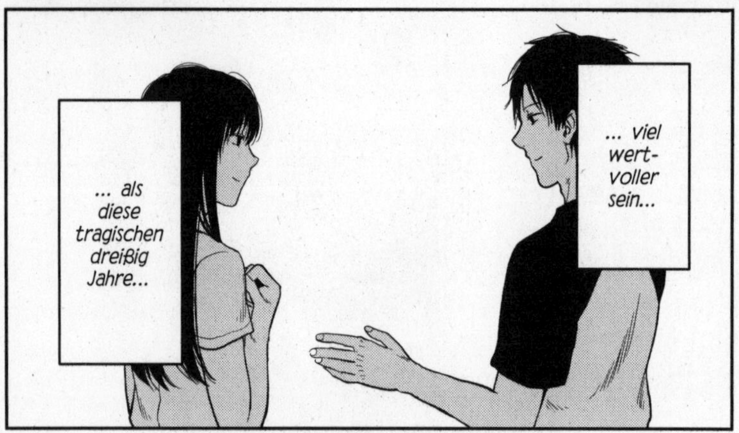
... viel wertvoller sein...
... als diese tragischen dreißig Jahre...

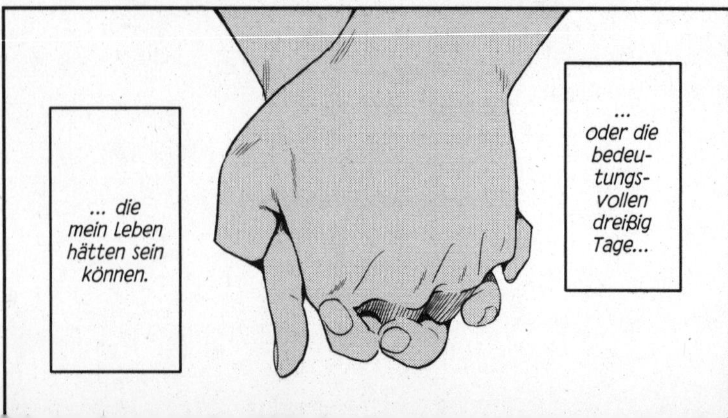
... oder die bedeutungsvollen dreißig Tage...
... die mein Leben hätten sein können.

Viel, viel wert-voller.

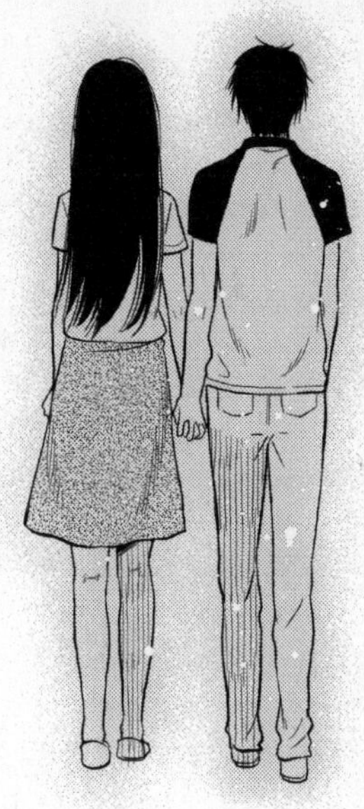

Ich habe meine Leben für 10.000 Yen pro Jahr verkauft – Ende

Ich habe mein
Leben für
10.000 Yen
pro Jahr
verkauft

Ich
wünsche
mir...

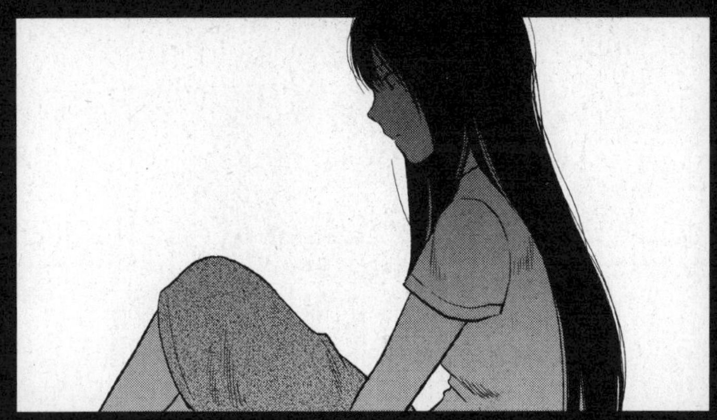

... dass
Kusunoki
so schnell
wie möglich
stirbt.

Bonus:
Ein kleiner Wunsch

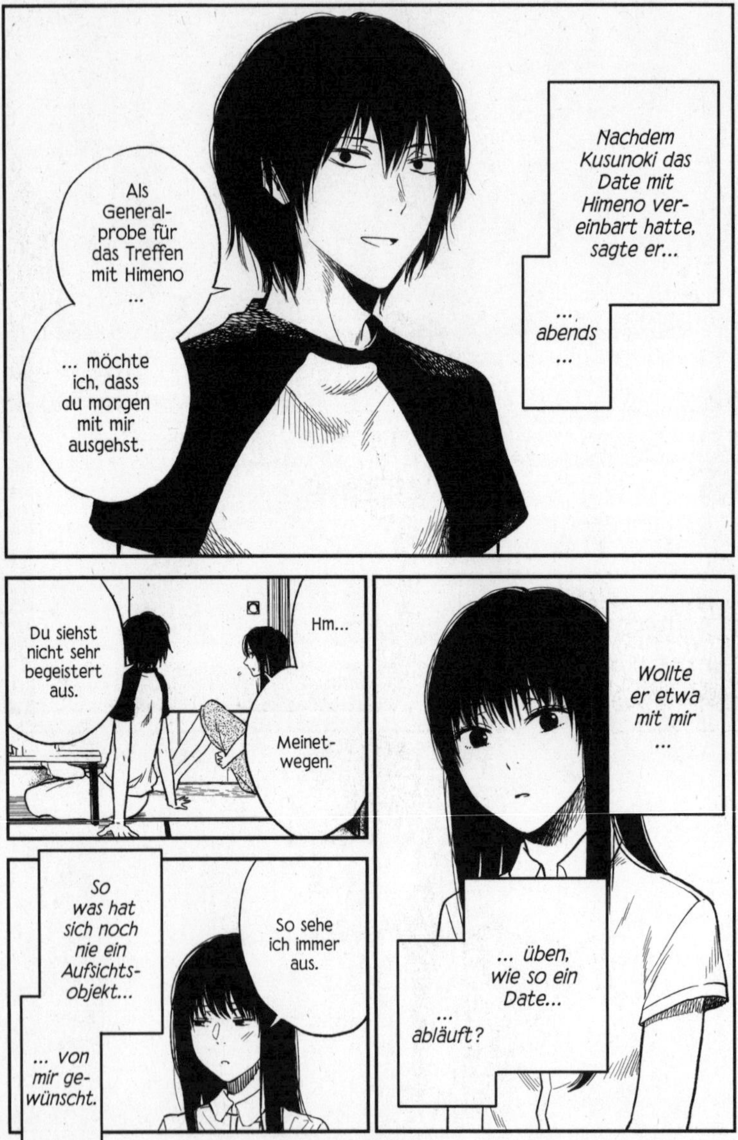

Nachdem Kusunoki das Date mit Himeno vereinbart hatte, sagte er...

... abends ...

Als Generalprobe für das Treffen mit Himeno ...

... möchte ich, dass du morgen mit mir ausgehst.

Wollte er etwa mit mir ...

... üben, wie so ein Date...

... abläuft?

Hm...

Meinetwegen.

Du siehst nicht sehr begeistert aus.

So sehe ich immer aus.

So was hat sich noch nie ein Aufsichtsobjekt...

... von mir gewünscht.

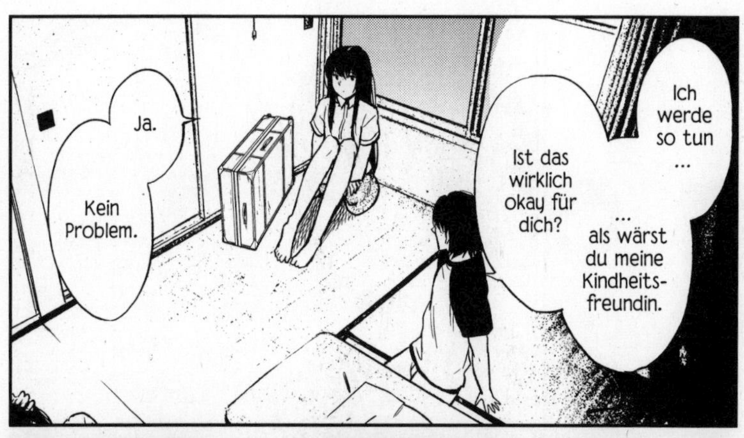

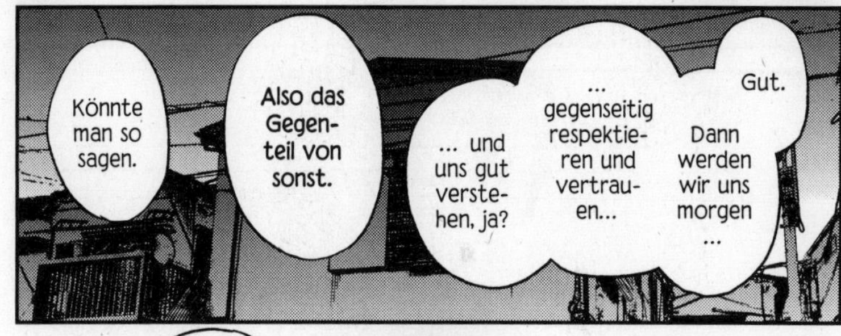

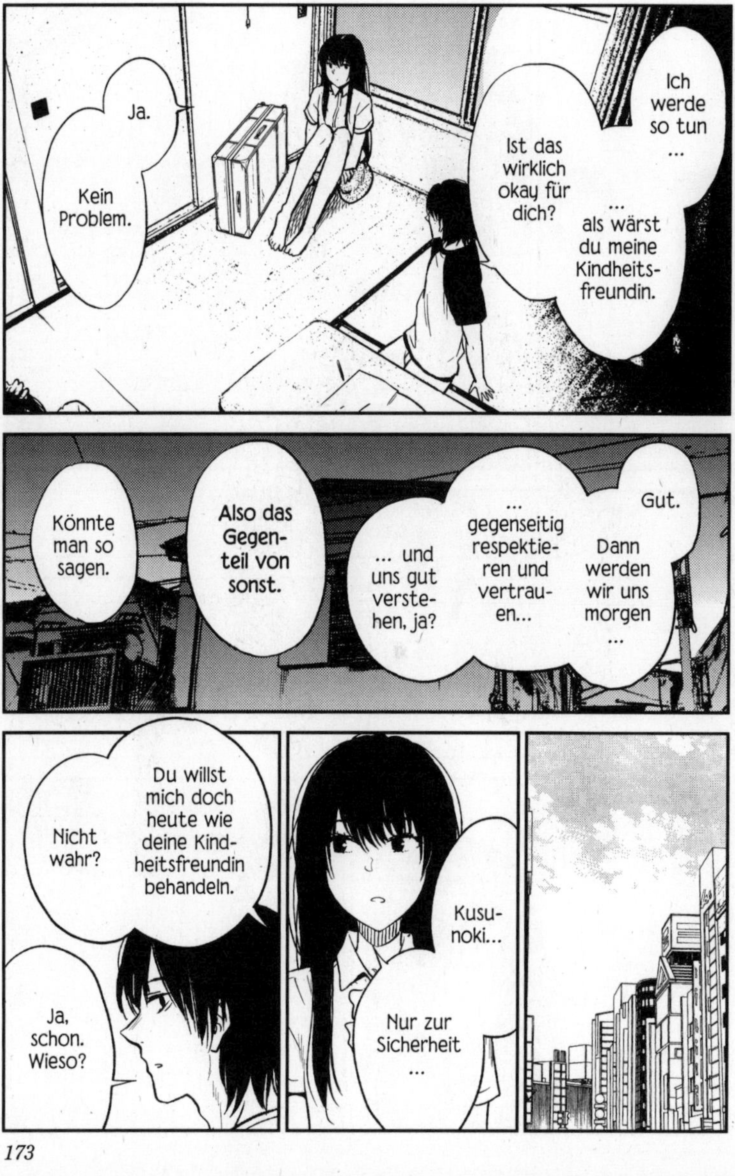

Kusunoki...

Nur zur Sicherheit ...

Du willst mich doch heute wie deine Kindheitsfreundin behandeln.

Nicht wahr?

Ja, schon. Wieso?

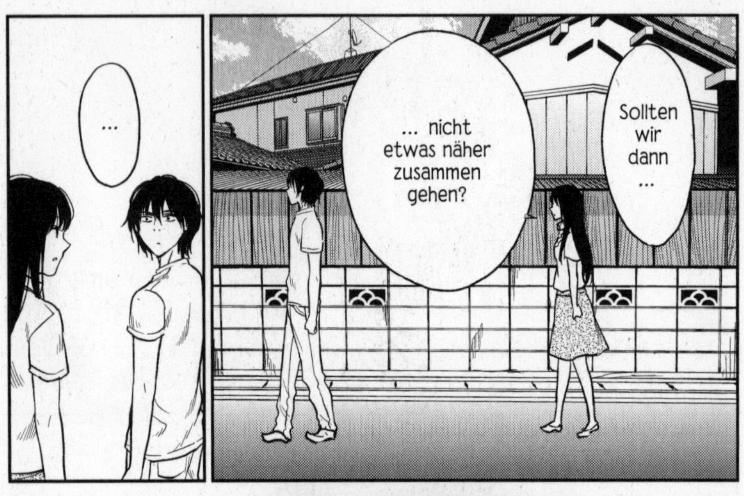
Sollten wir dann ...
... nicht etwas näher zusammen gehen?
...

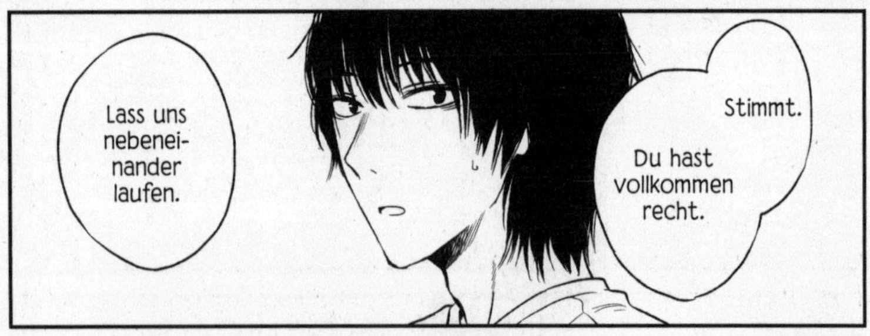
Stimmt.
Du hast vollkommen recht.
Lass uns nebeneinander laufen.

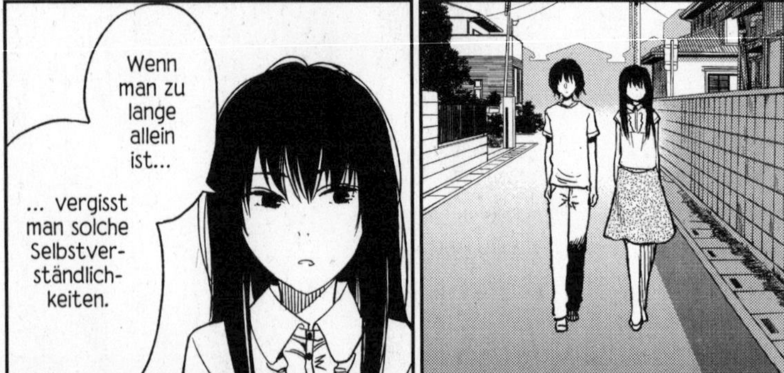
Wenn man zu lange allein ist...
... vergisst man solche Selbstverständlichkeiten.

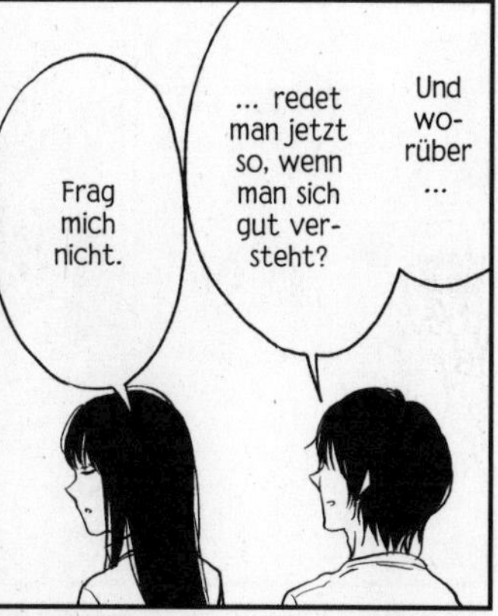
Und worüber ...
... redet man jetzt so, wenn man sich gut versteht?
Frag mich nicht.

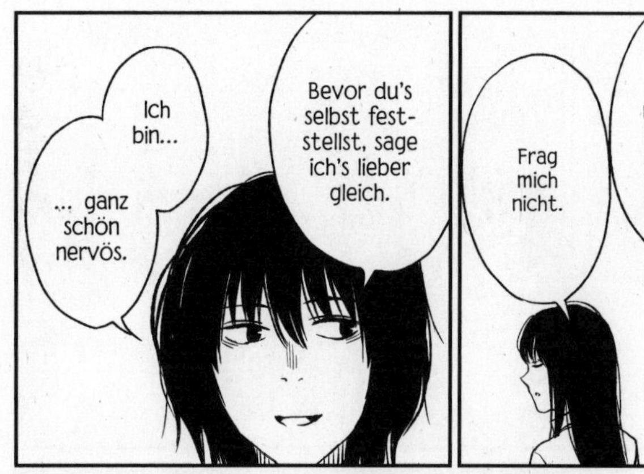
Bevor du's selbst feststellst, sage ich's lieber gleich.
Ich bin...
... ganz schön nervös.

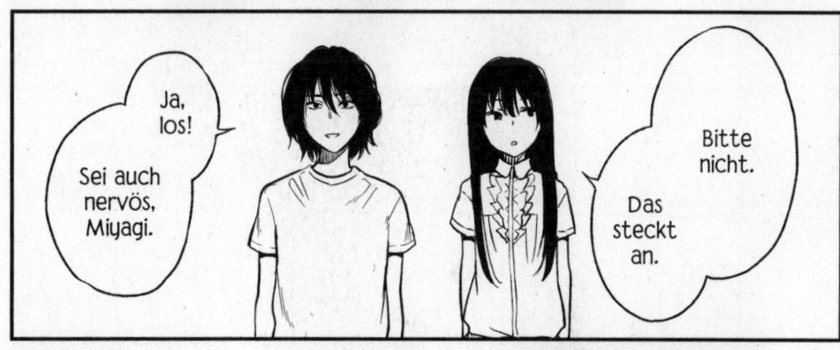
Ja, los!
Sei auch nervös, Miyagi.
Bitte nicht.
Das steckt an.

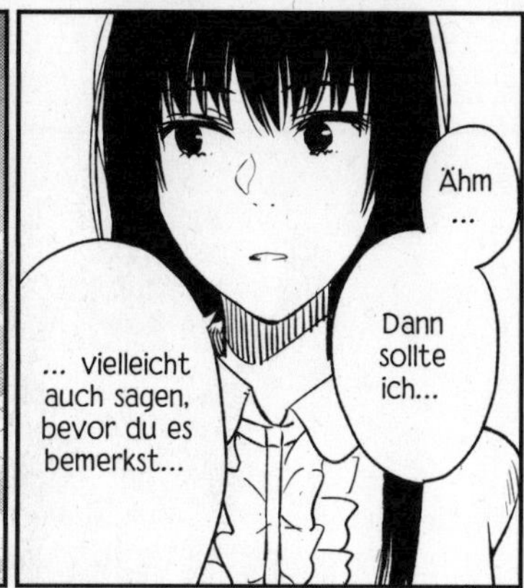
Ähm ...
Dann sollte ich...
... vielleicht auch sagen, bevor du es bemerkst...

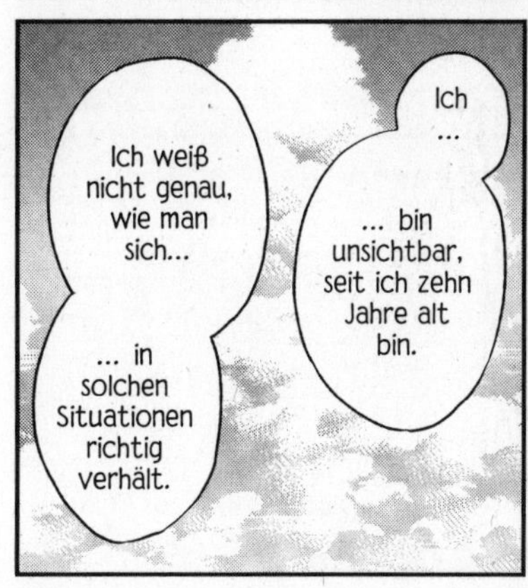
Ich ...
... bin unsichtbar, seit ich zehn Jahre alt bin.
Ich weiß nicht genau, wie man sich...
... in solchen Situationen richtig verhält.

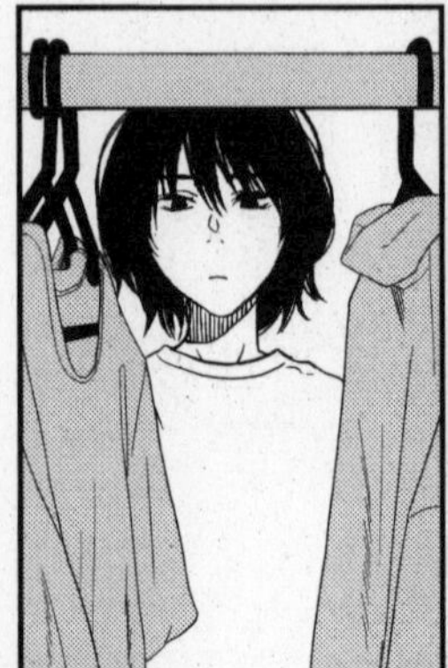
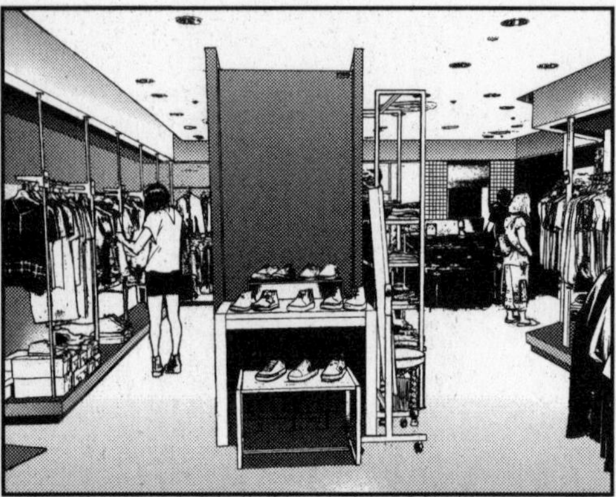
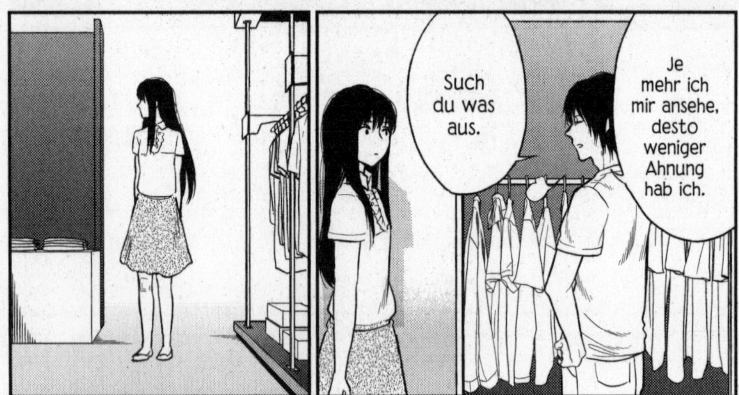
Je mehr ich mir ansehe, desto weniger Ahnung hab ich.
Such du was aus.
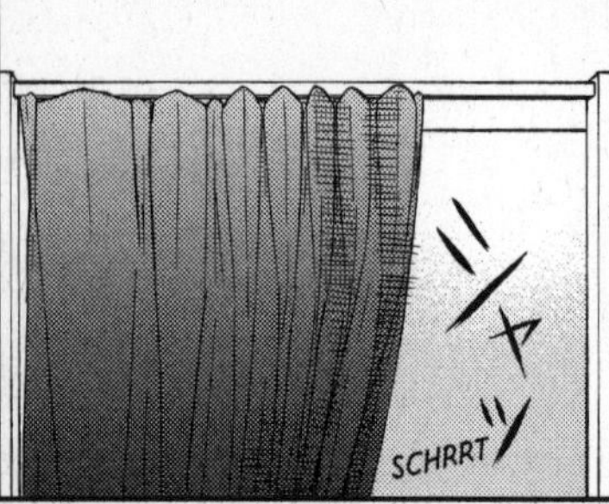
シャッ
SCHRRT
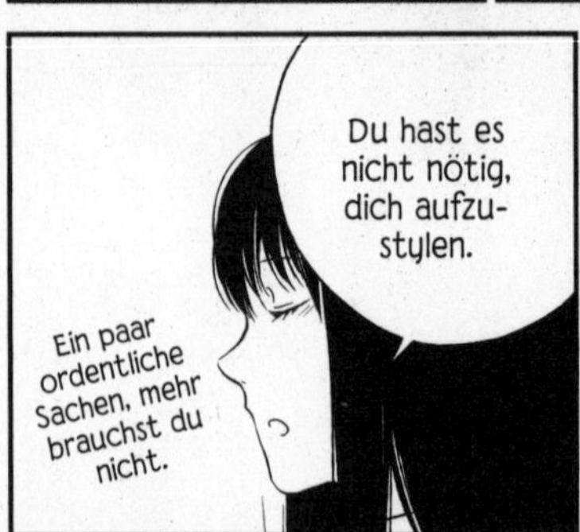
Du hast es nicht nötig, dich aufzu-stylen.
Ein paar ordentliche Sachen, mehr brauchst du nicht.

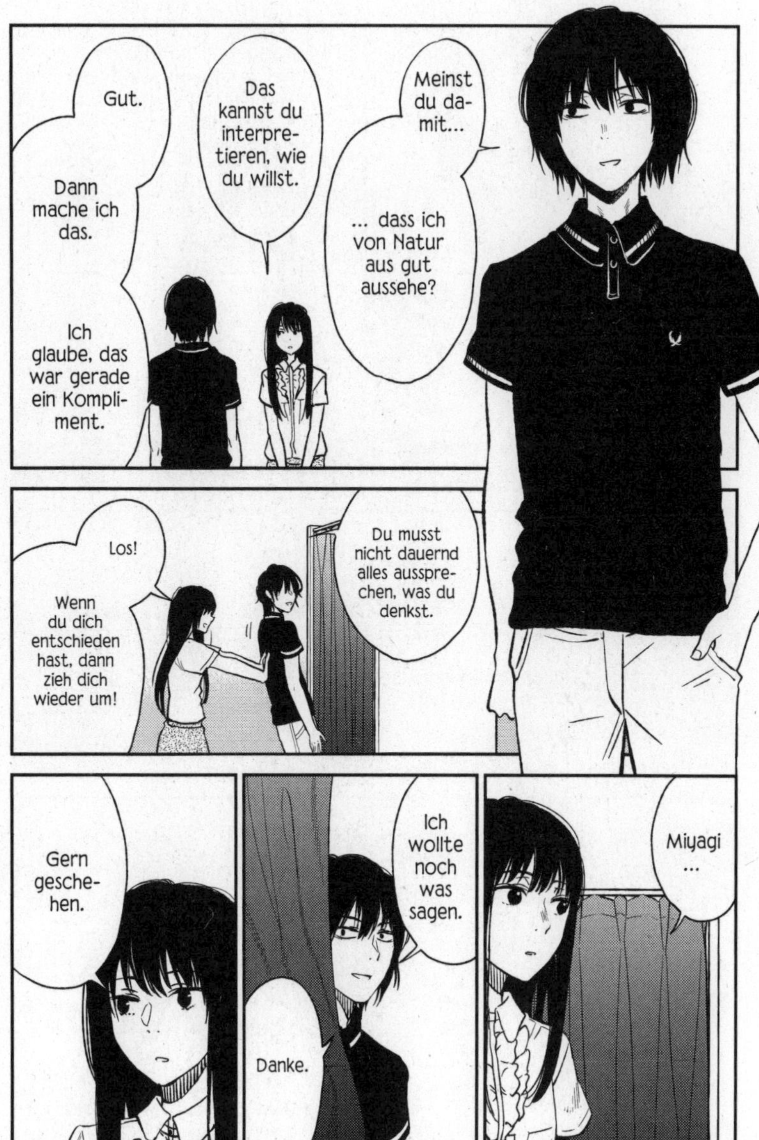
Meinst du damit...
... dass ich von Natur aus gut aussehe?
Das kannst du interpretieren, wie du willst.
Gut.
Dann mache ich das.
Ich glaube, das war gerade ein Kompliment.
Du musst nicht dauernd alles aussprechen, was du denkst.
Los!
Wenn du dich entschieden hast, dann zieh dich wieder um!
Miyagi ...
Ich wollte noch was sagen.
Danke.
Gern geschehen.

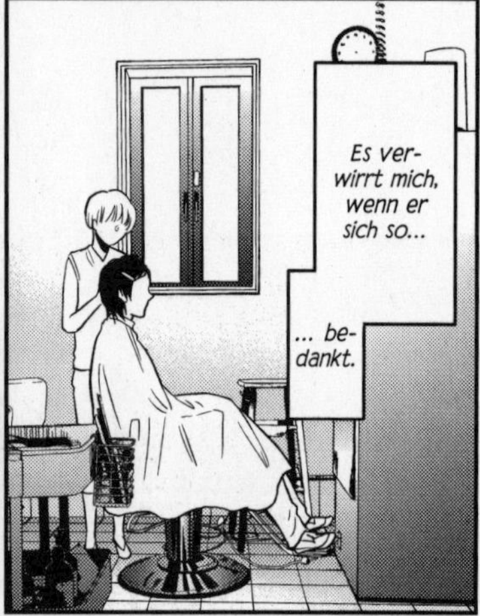
Es verwirrt mich, wenn er sich so...
... bedankt.

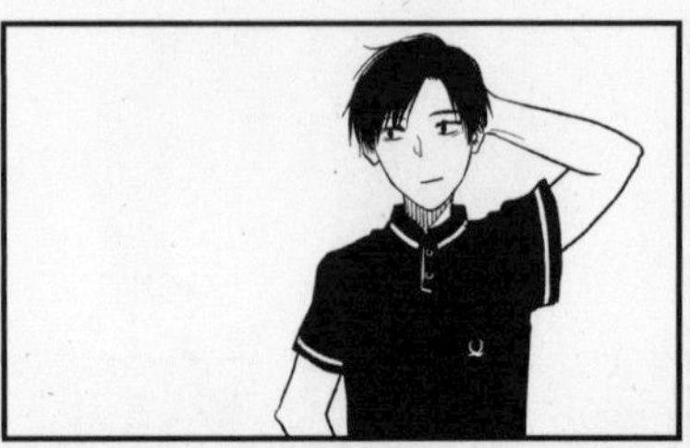

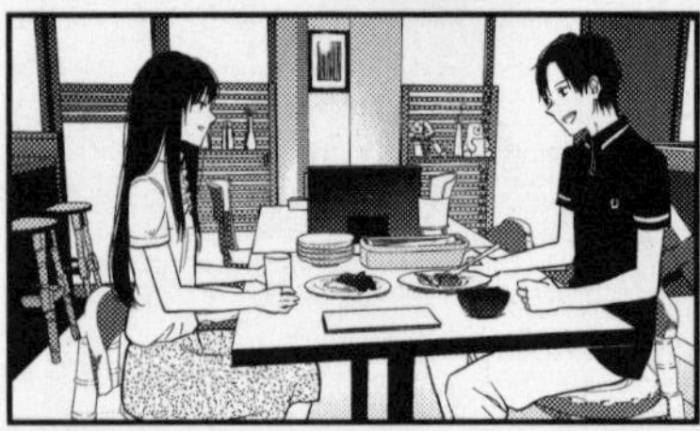

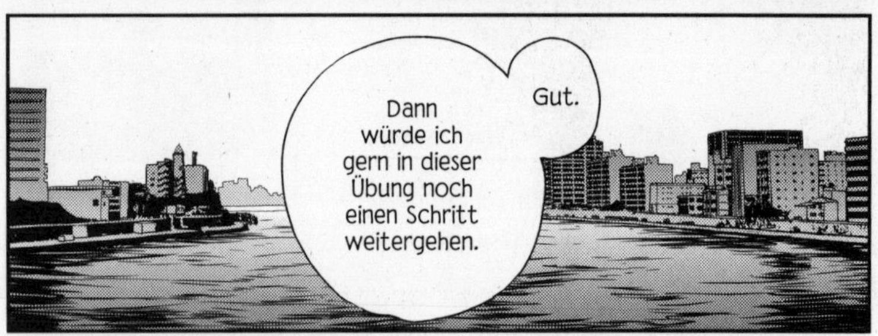
Gut.
Dann würde ich gern in dieser Übung noch einen Schritt weitergehen.

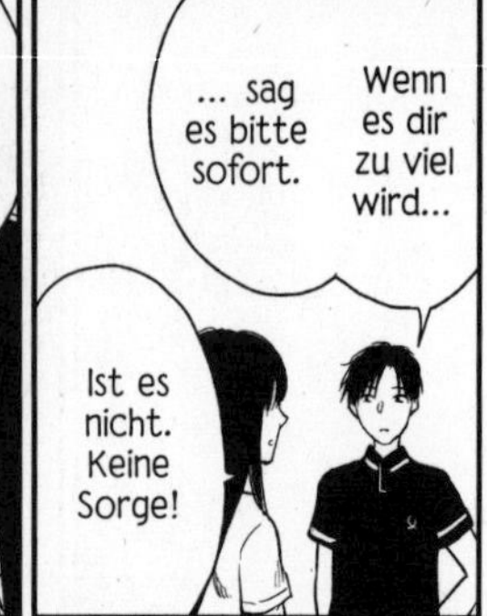
Wenn es dir zu viel wird...
... sag es bitte sofort.
Ist es nicht. Keine Sorge!

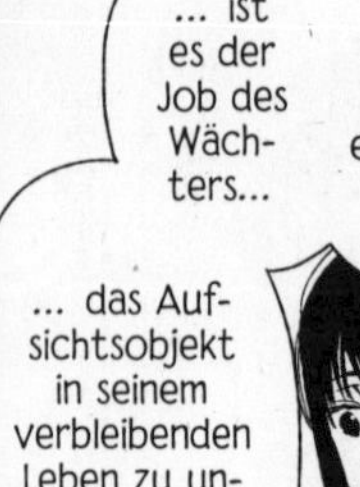
Wie bereits erklärt...
... ist es der Job des Wächters...
... das Aufsichtsobjekt in seinem verbleibenden Leben zu unterstützen.

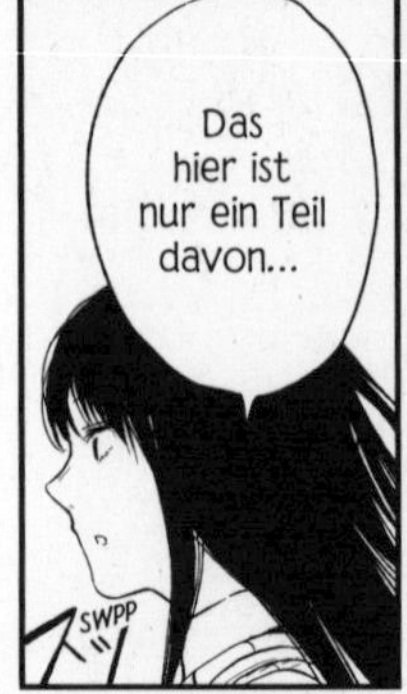
Das hier ist nur ein Teil davon...
SWPP

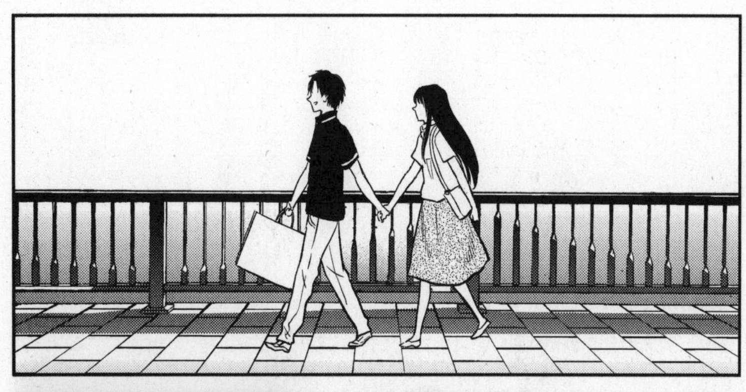

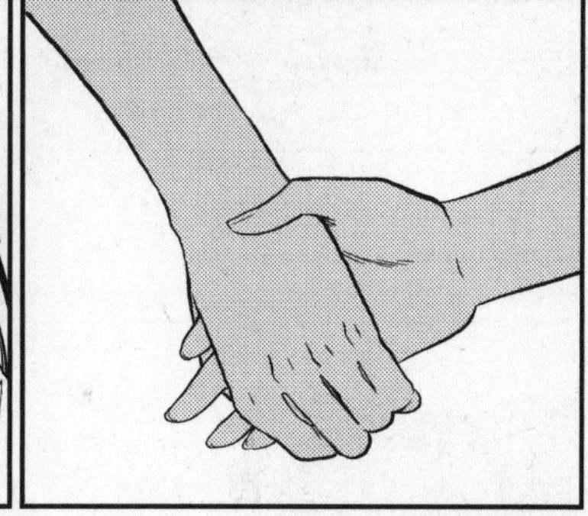

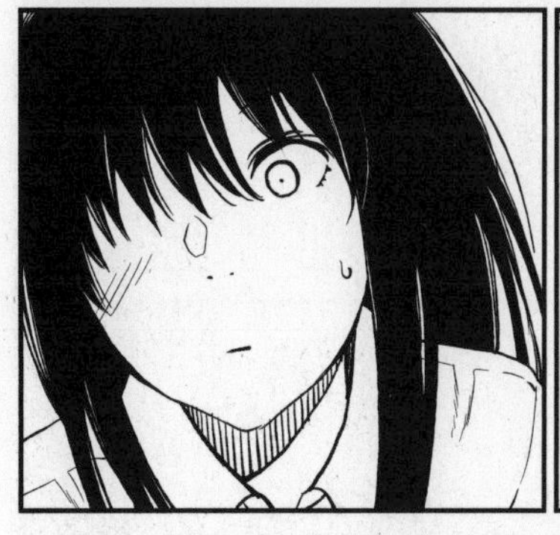

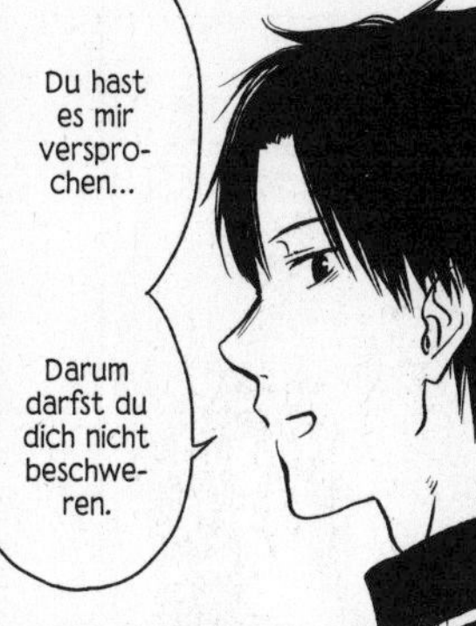
Du hast es mir verspro-chen...
Darum darfst du dich nicht beschwe-ren.

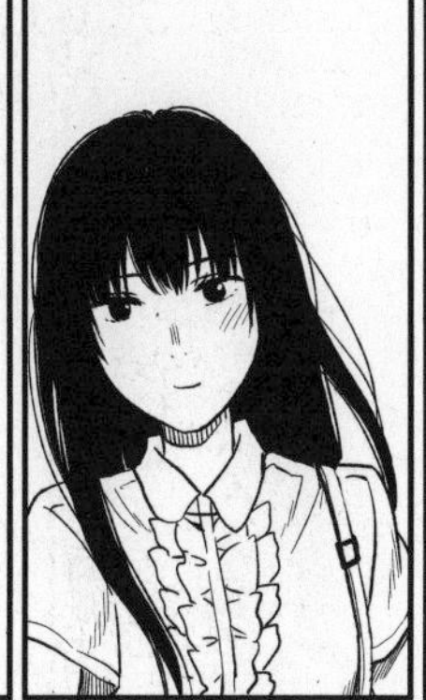

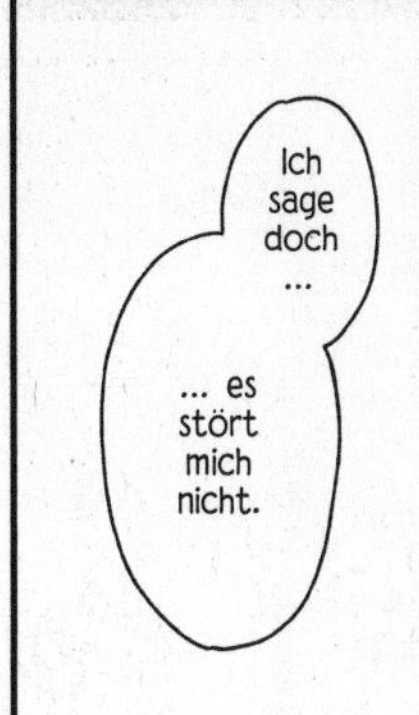
Ich sage doch ...
... es stört mich nicht.

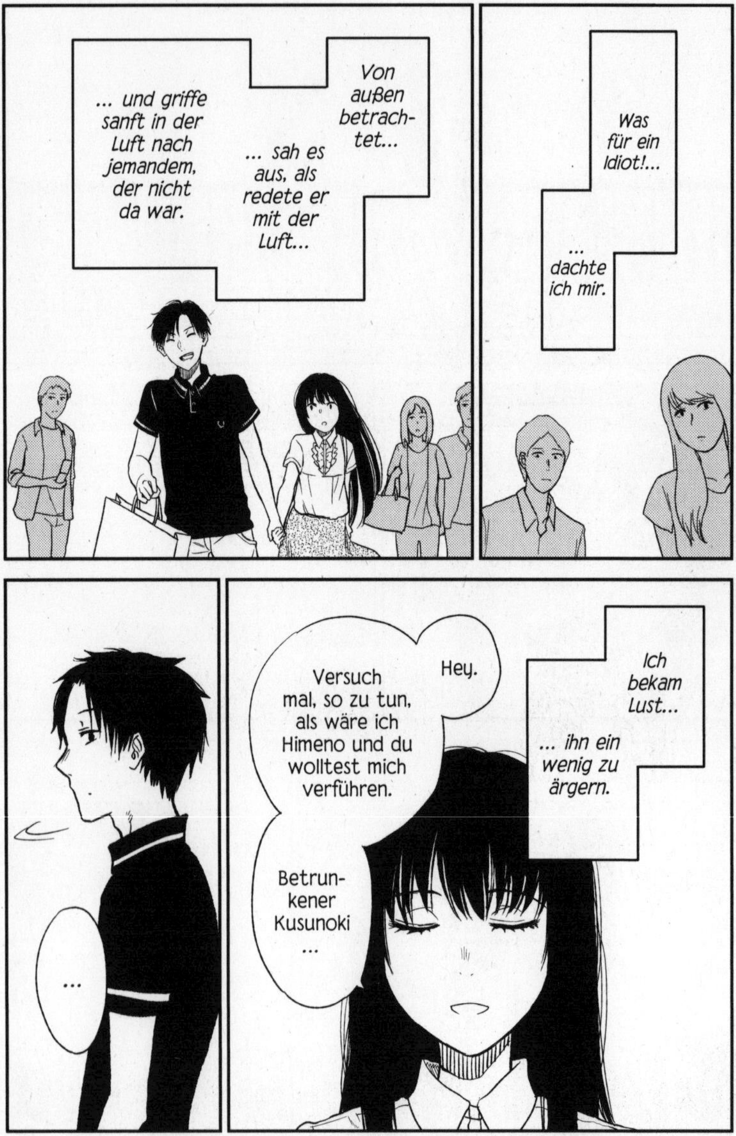

Von außen betrachtet...

... sah es aus, als redete er mit der Luft...

... und griffe sanft in der Luft nach jemandem, der nicht da war.

Was für ein Idiot!...

... dachte ich mir.

Ich bekam Lust...

... ihn ein wenig zu ärgern.

Hey.

Versuch mal, so zu tun, als wäre ich Himeno und du wolltest mich verführen.

Betrunkener Kusunoki ...

...

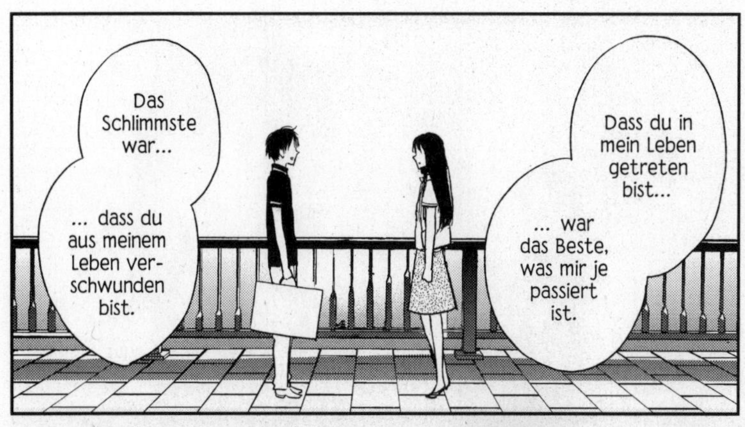
Dass du in mein Leben getreten bist...
... war das Beste, was mir je passiert ist.
Das Schlimmste war...
... dass du aus meinem Leben verschwunden bist.

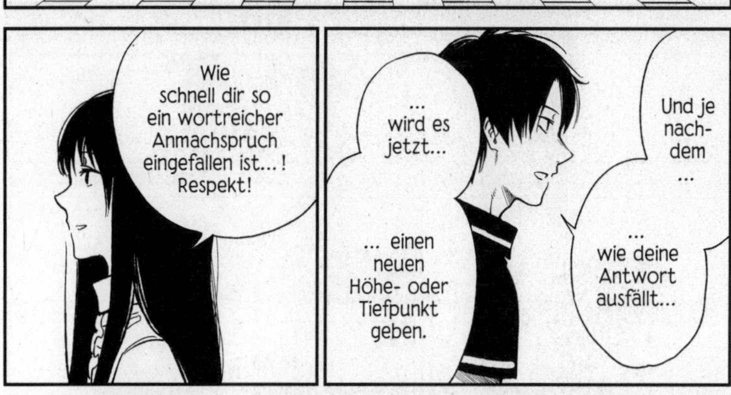
Und je nachdem ...
... wie deine Antwort ausfällt...
... wird es jetzt...
... einen neuen Höhe- oder Tiefpunkt geben.
Wie schnell dir so ein wortreicher Anmachspruch eingefallen ist...! Respekt!

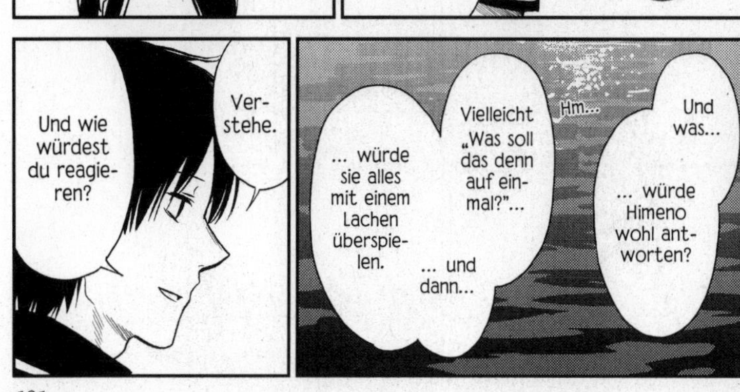
Und was...
... würde Himeno wohl antworten?
Hm...
Vielleicht „Was soll das denn auf einmal?"...
... und dann...
... würde sie alles mit einem Lachen überspielen.
Verstehe.
Und wie würdest du reagieren?

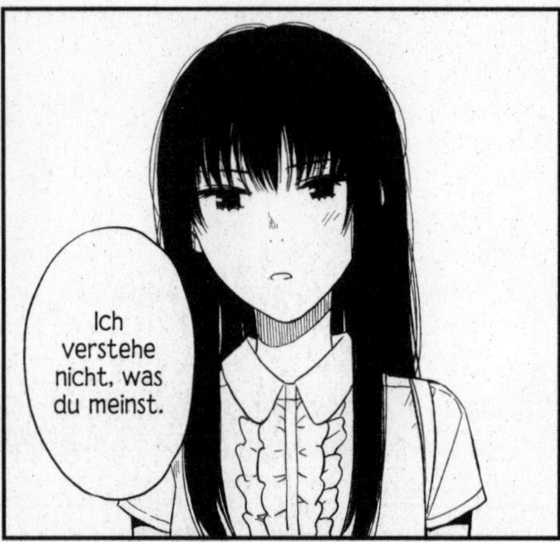
Ich verstehe nicht, was du meinst.

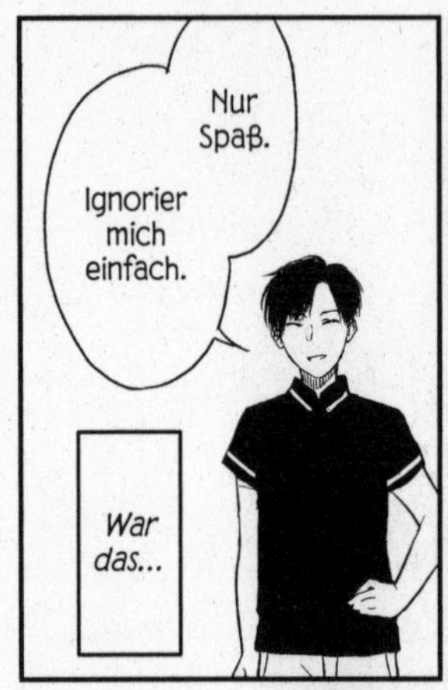
Nur Spaß.
Ignorier mich einfach.
War das...

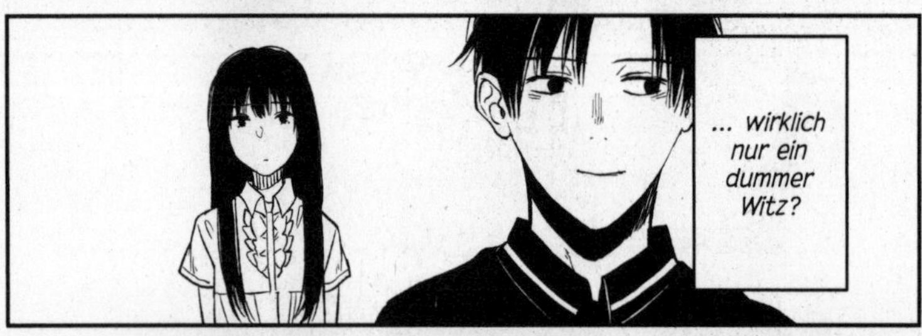
... wirklich nur ein dummer Witz?

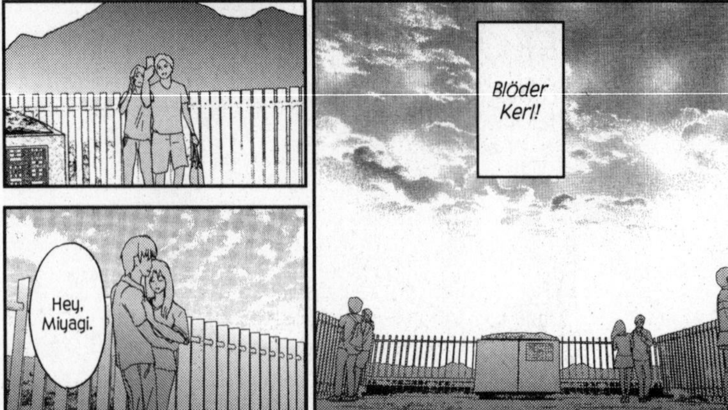
Blöder Kerl!
Hey, Miyagi.

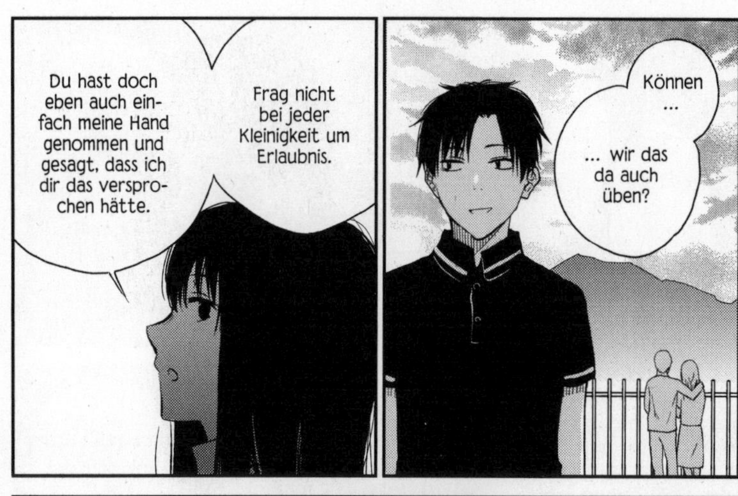
Können ...
... wir das da auch üben?
Frag nicht bei jeder Kleinigkeit um Erlaubnis.
Du hast doch eben auch einfach meine Hand genommen und gesagt, dass ich dir das versprochen hätte.

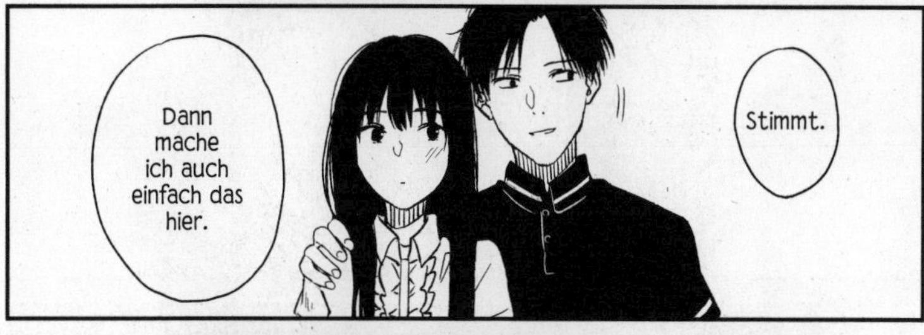
Stimmt.
Dann mache ich auch einfach das hier.

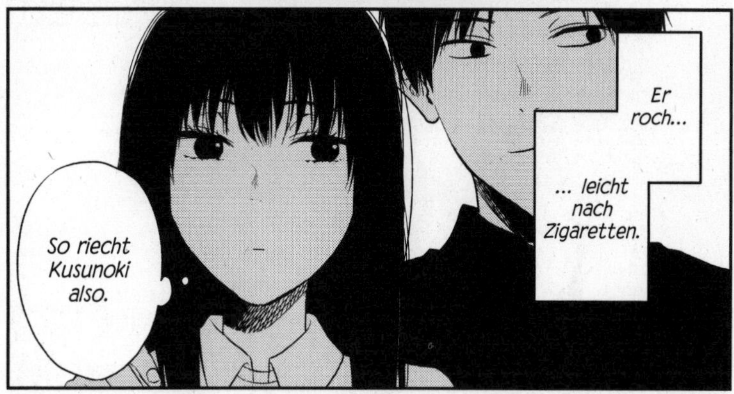
Er roch...
... leicht nach Zigaretten.
So riecht Kusunoki also.

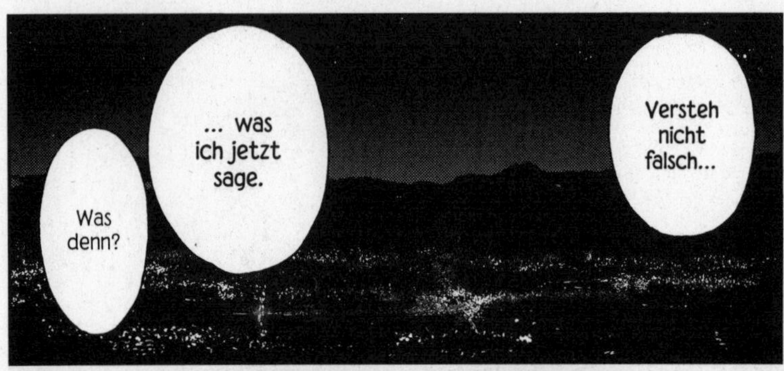
Versteh nicht falsch...
... was ich jetzt sage.
Was denn?

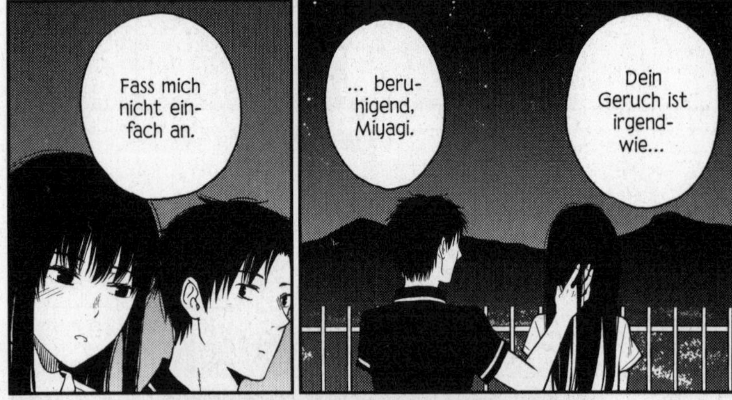
Dein Geruch ist irgendwie...
... beruhigend, Miyagi.
Fass mich nicht einfach an.

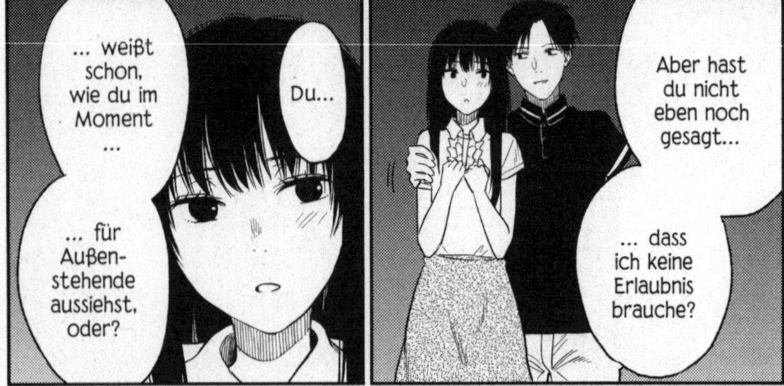
Aber hast du nicht eben noch gesagt...
... dass ich keine Erlaubnis brauche?
Du...
... weißt schon, wie du im Moment ...
... für Außenstehende aussiehst, oder?

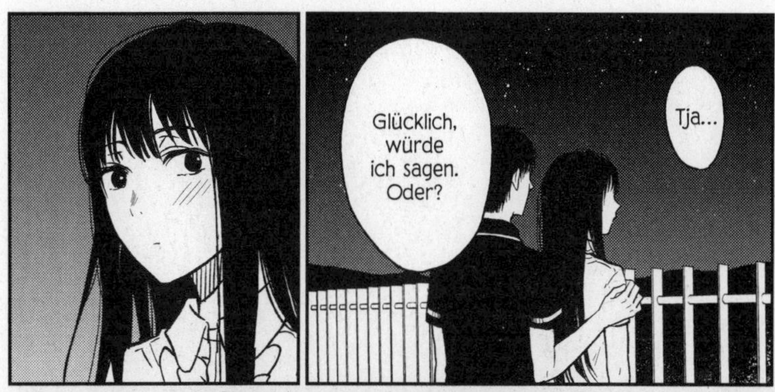
Tja...
Glücklich, würde ich sagen. Oder?

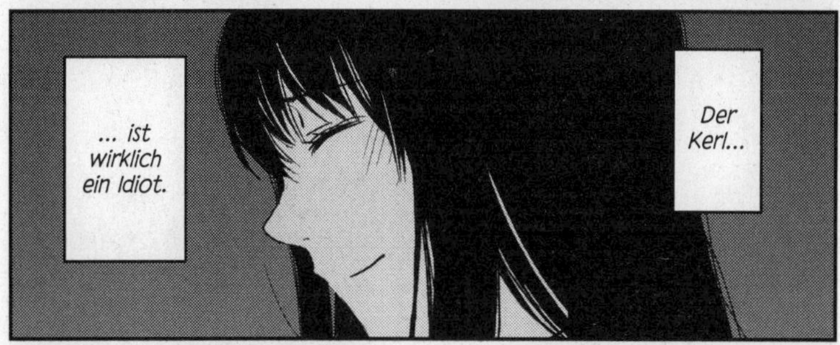
Der Kerl...
... ist wirklich ein Idiot.

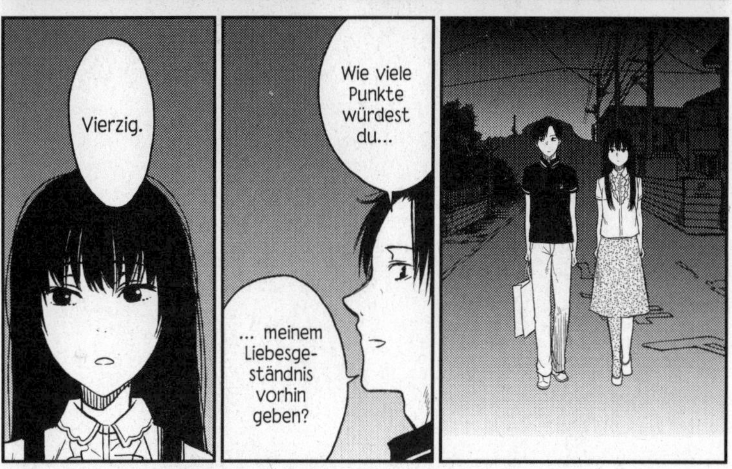
Wie viele Punkte würdest du...
... meinem Liebesgeständnis vorhin geben?
Vierzig.

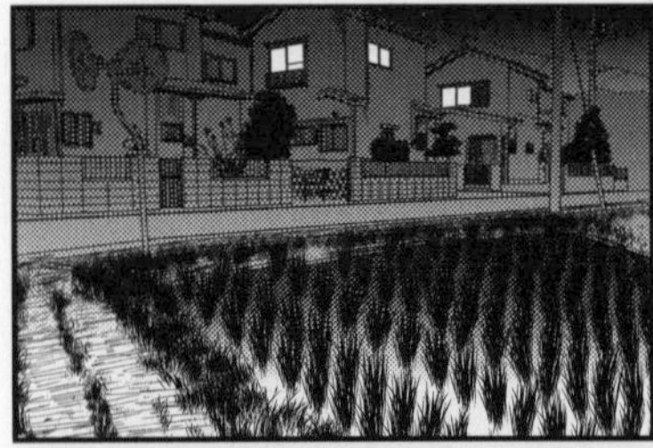

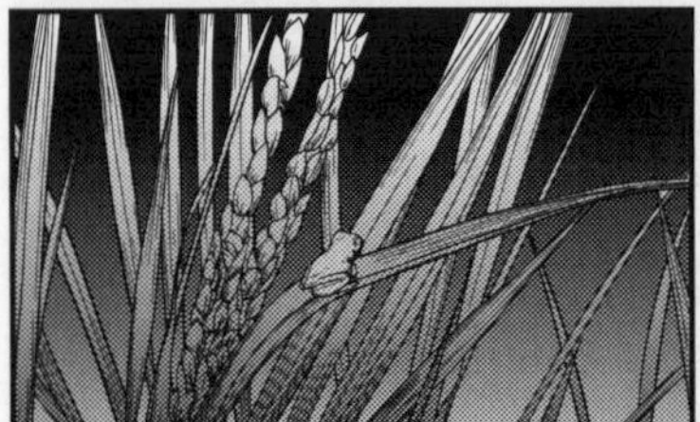

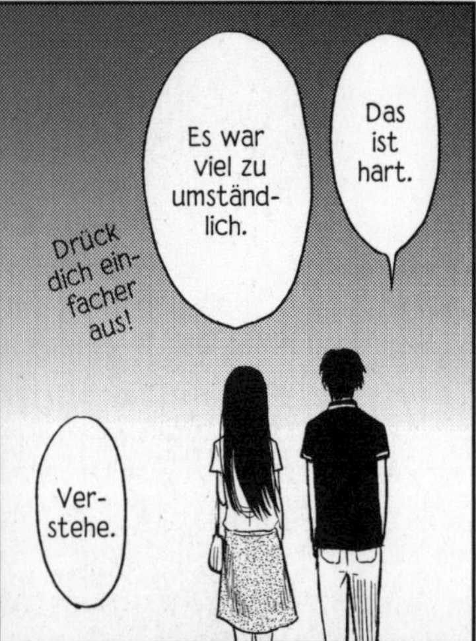
Das ist hart.
Es war viel zu umständlich.
Drück dich einfacher aus!
Verstehe.

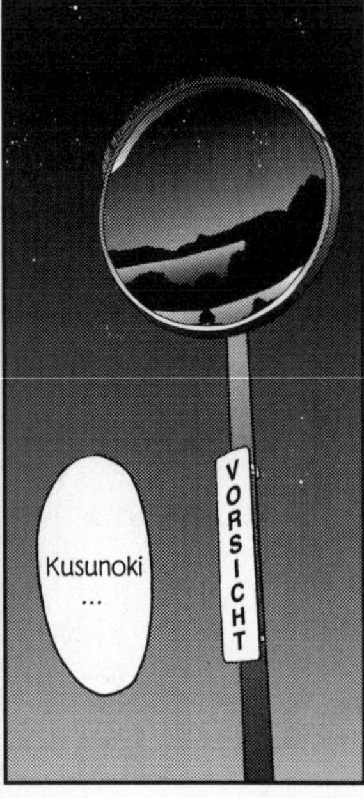
VORSICHT
Kusunoki ...

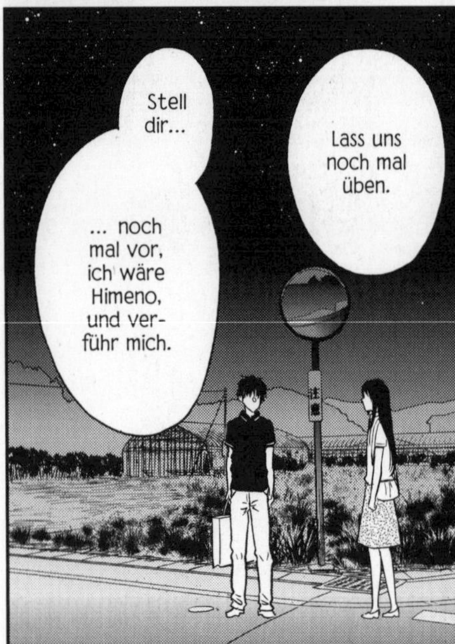
Lass uns noch mal üben.
Stell dir...
... noch mal vor, ich wäre Himeno, und verführ mich.

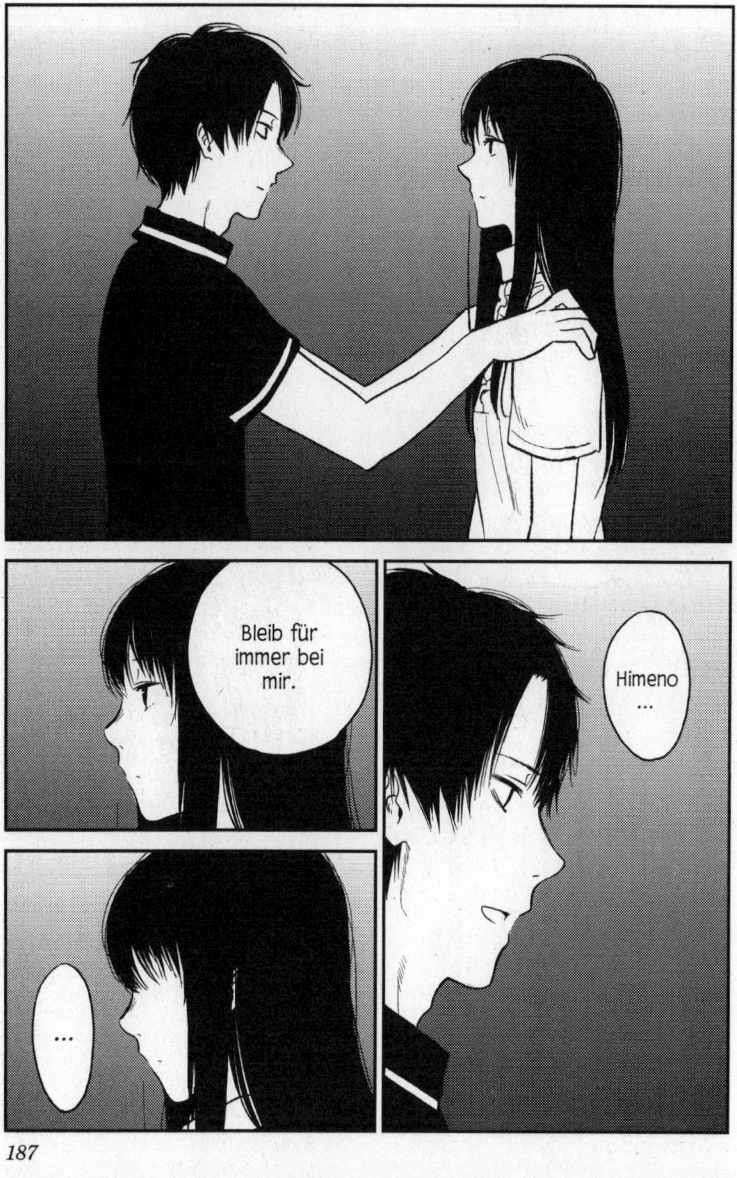

Himeno ...

Bleib für immer bei mir.

...

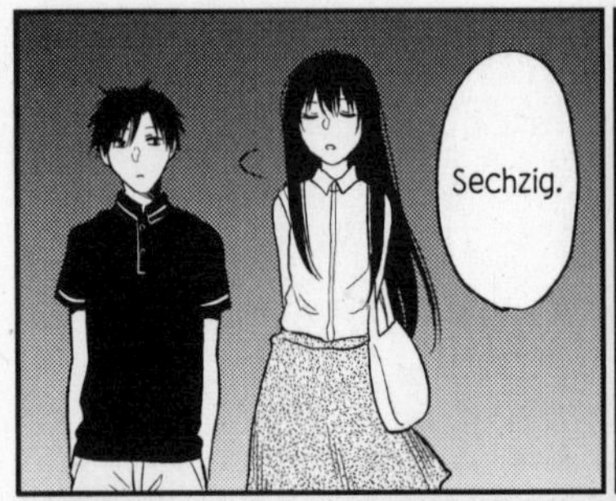
Sechzig.

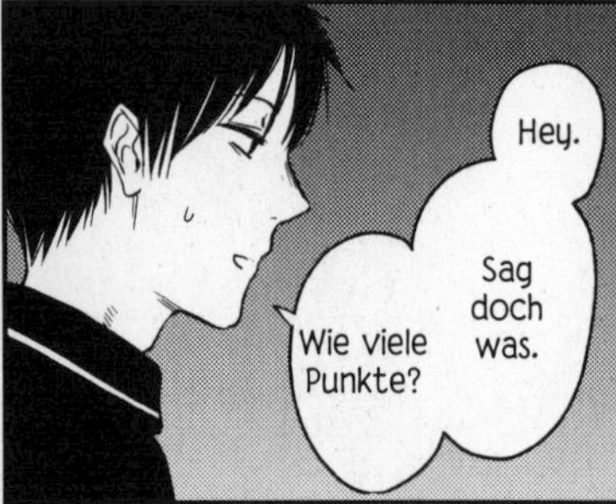
Hey.
Sag doch was.
Wie viele Punkte?

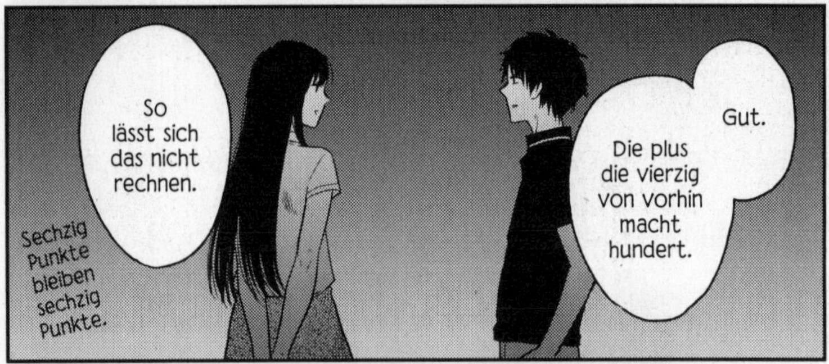
Gut.
Die plus die vierzig von vorhin macht hundert.
So lässt sich das nicht rechnen.
Sechzig Punkte bleiben sechzig Punkte.

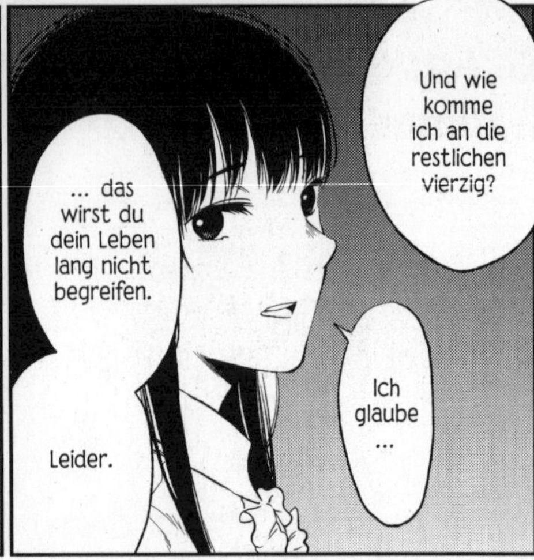
Und wie komme ich an die restlichen vierzig?
Ich glaube ...
... das wirst du dein Leben lang nicht begreifen.
Leider.

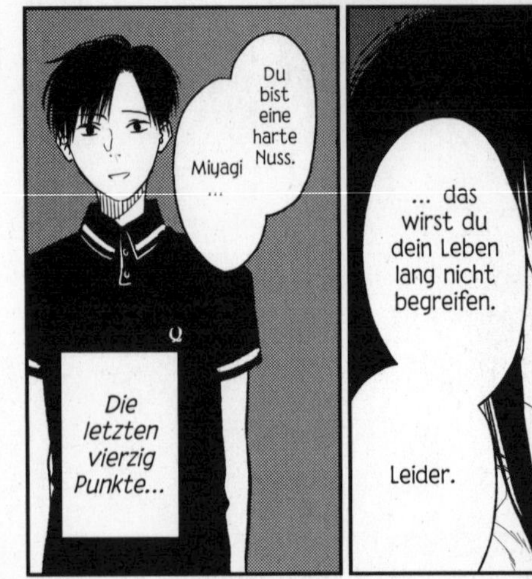
Du bist eine harte Nuss.
Miyagi ...
Die letzten vierzig Punkte...

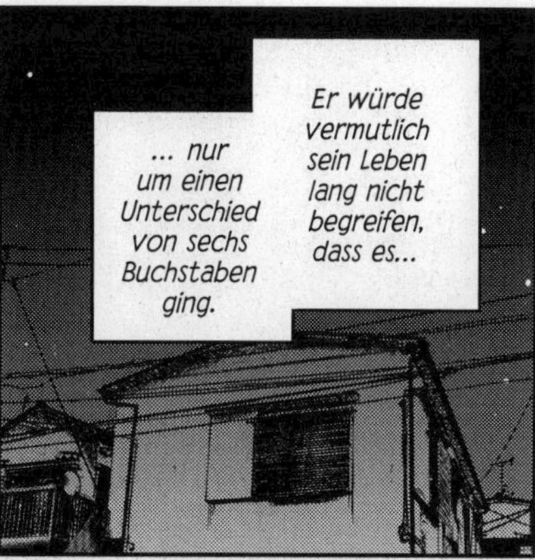
Er würde vermutlich sein Leben lang nicht begreifen, dass es...
... nur um einen Unterschied von sechs Buchstaben ging.

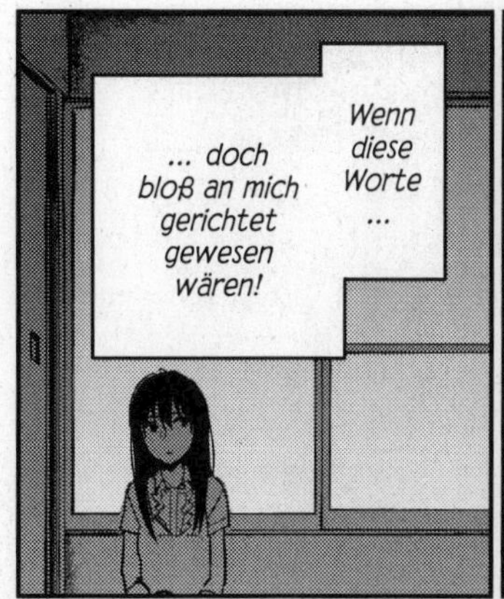
Wenn diese Worte ...
... doch bloß an mich gerichtet gewesen wären!

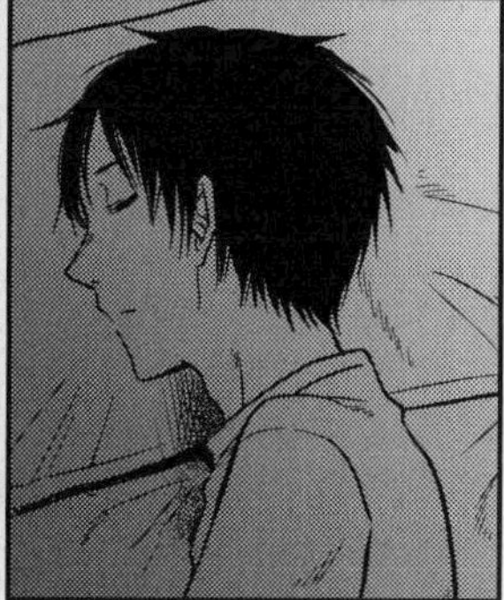

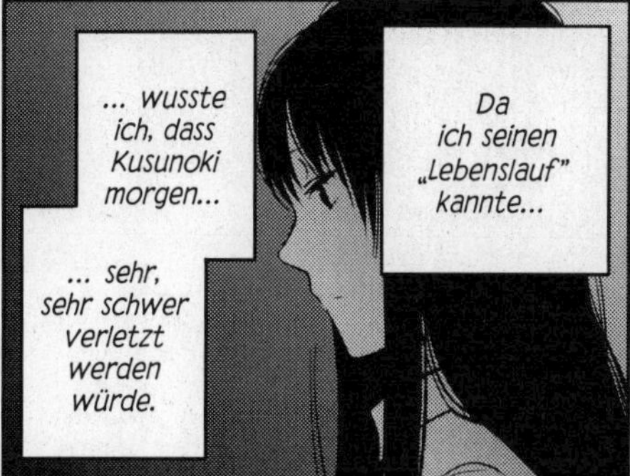
Da ich seinen „Lebenslauf" kannte...
... wusste ich, dass Kusunoki morgen...
... sehr, sehr schwer verletzt werden würde.

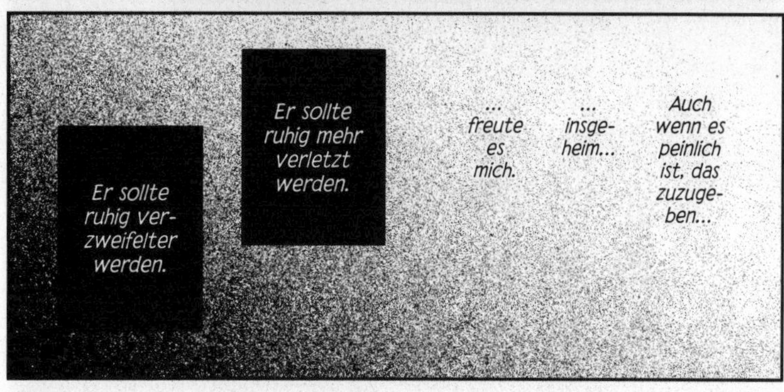
Auch wenn es peinlich ist, das zuzugeben...
... insgeheim...
... freute es mich.
Er sollte ruhig mehr verletzt werden.
Er sollte ruhig verzweifelter werden.

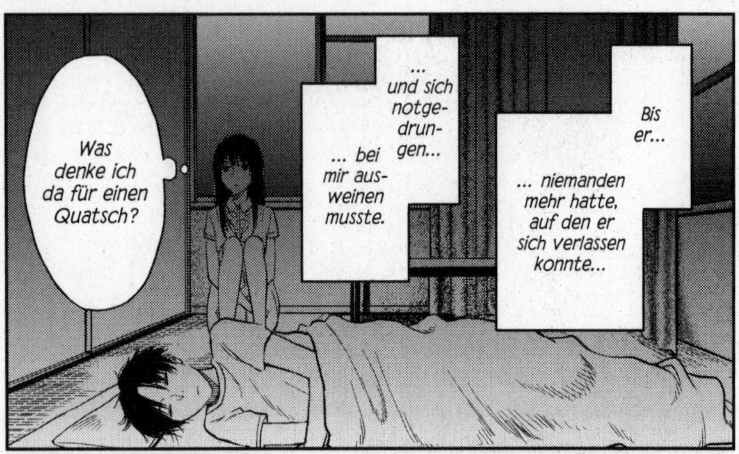
Bis er...
... niemanden mehr hatte, auf den er sich verlassen konnte...
... und sich notgedrungen...
... bei mir ausweinen musste.
Was denke ich da für einen Quatsch?

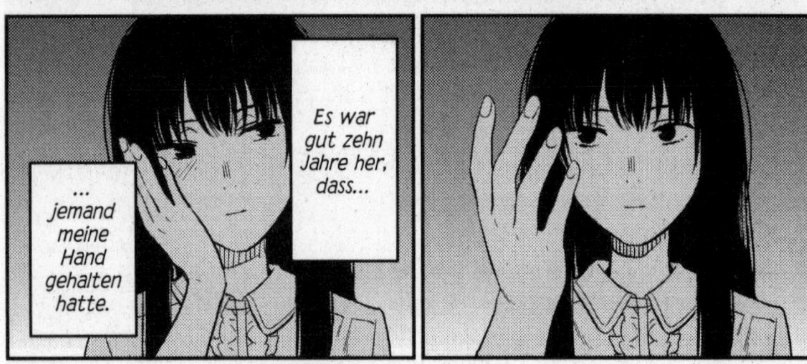
Es war gut zehn Jahre her, dass...
... jemand meine Hand gehalten hatte.

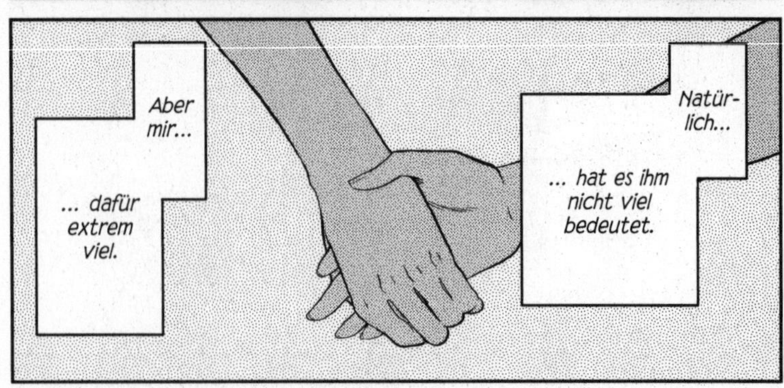
Natürlich...
... hat es ihm nicht viel bedeutet.
Aber mir...
... dafür extrem viel.

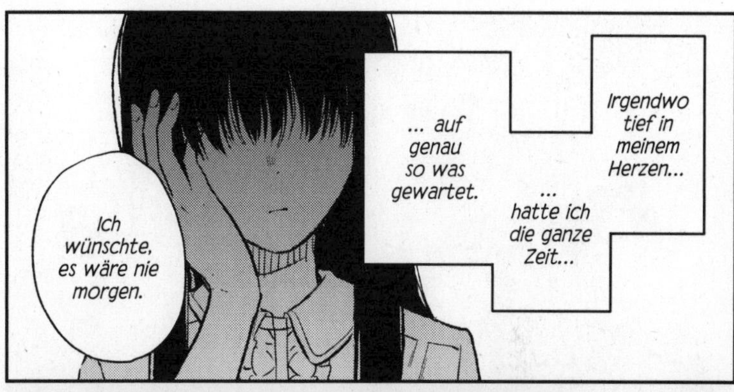
Irgendwo tief in meinem Herzen...
... hatte ich die ganze Zeit...
... auf genau so was gewartet.
Ich wünschte, es wäre nie morgen.

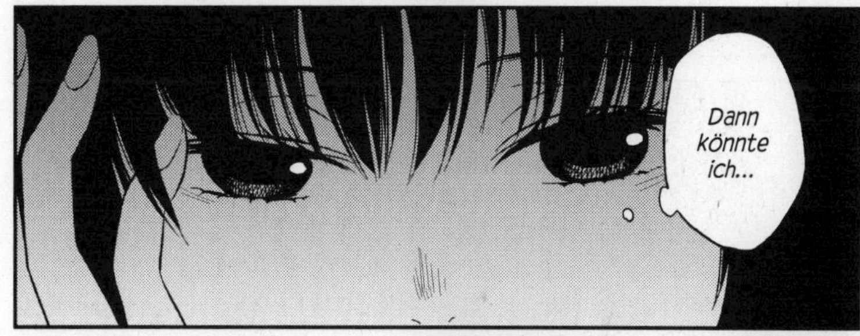
Dann könnte ich...

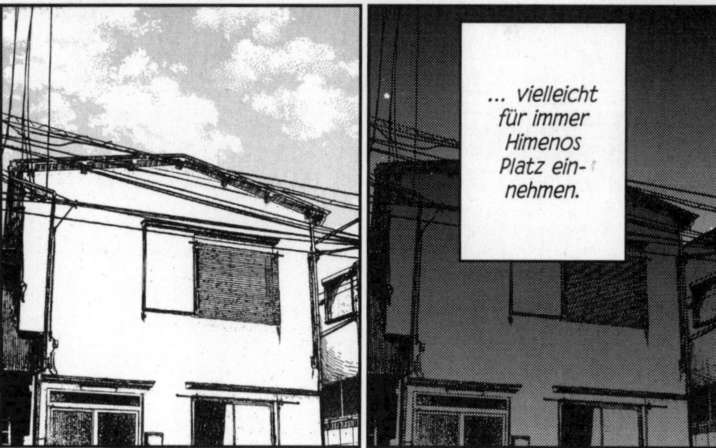
... vielleicht für immer Himenos Platz ein-nehmen.

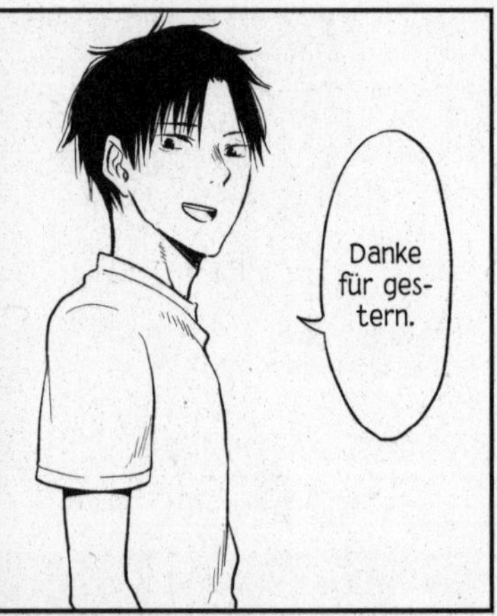
Danke für ges-tern.

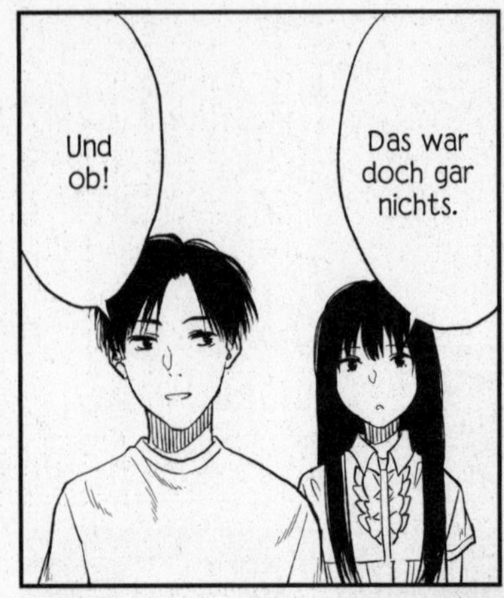
Das war doch gar nichts.
Und ob!

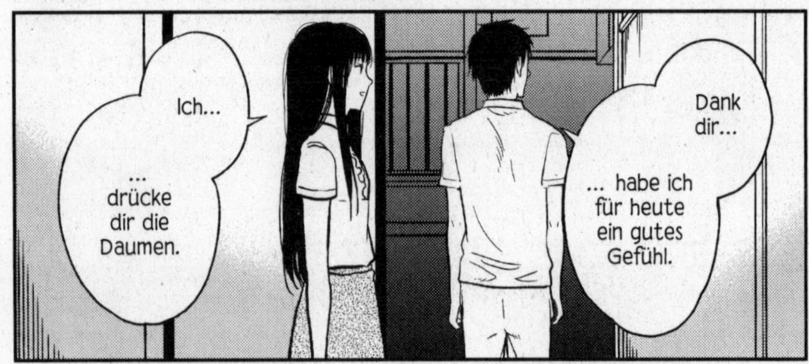
Dank dir...
... habe ich für heute ein gutes Gefühl.
Ich...
... drücke dir die Daumen.

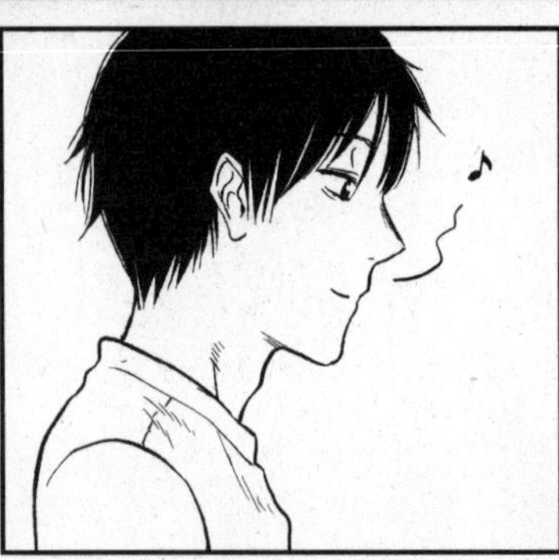
♪

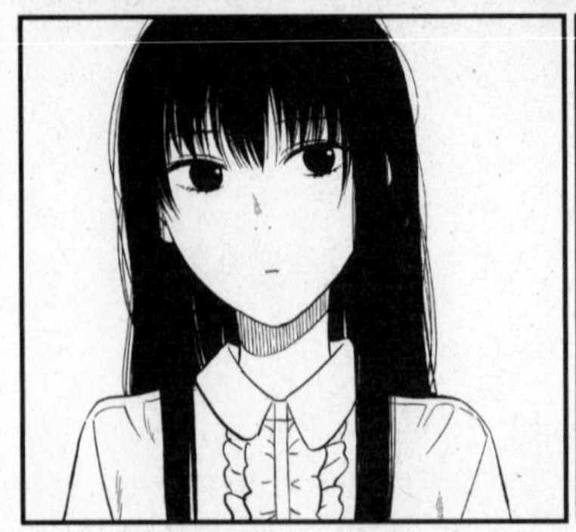

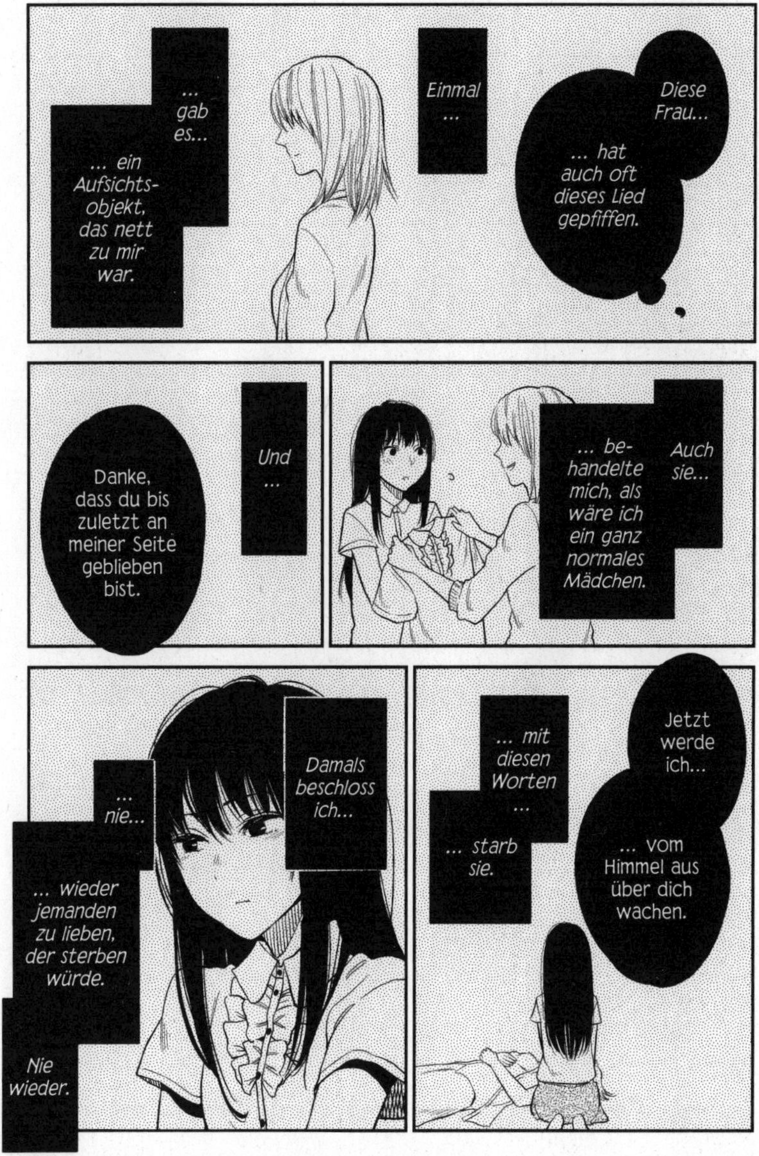

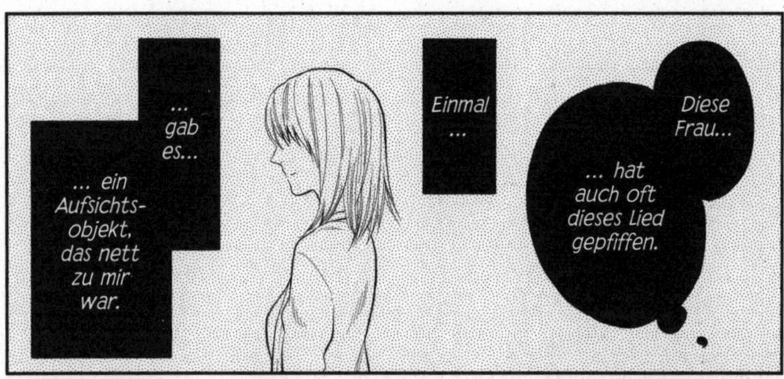

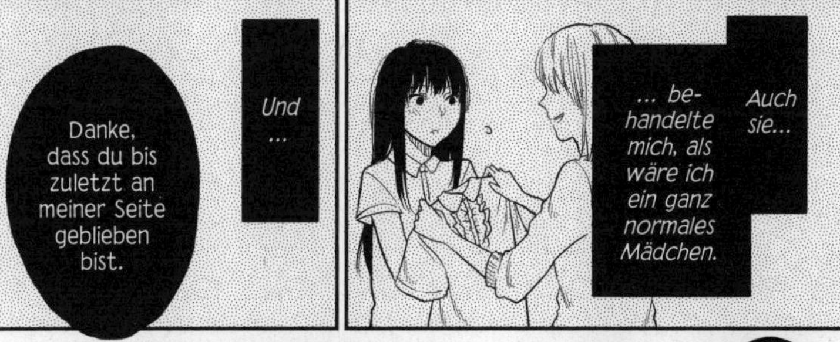

Jetzt werde ich...
... vom Himmel aus über dich wachen.
... mit diesen Worten ...
... starb sie.
Damals beschloss ich...
... nie...
... wieder jemanden zu lieben, der sterben würde.
Nie wieder.

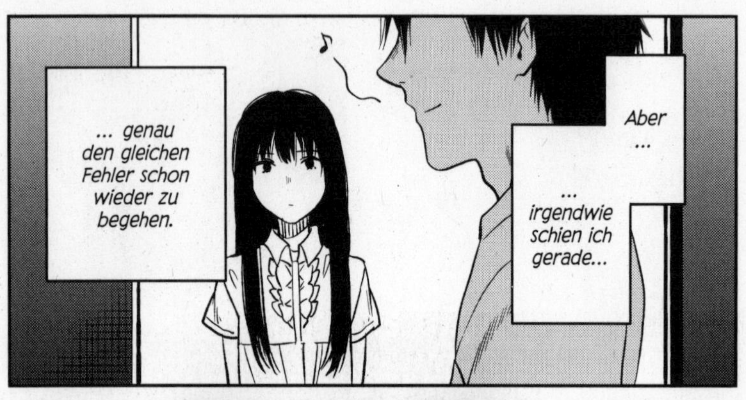
Aber ...
... irgendwie schien ich gerade...
... genau den gleichen Fehler schon wieder zu begehen.

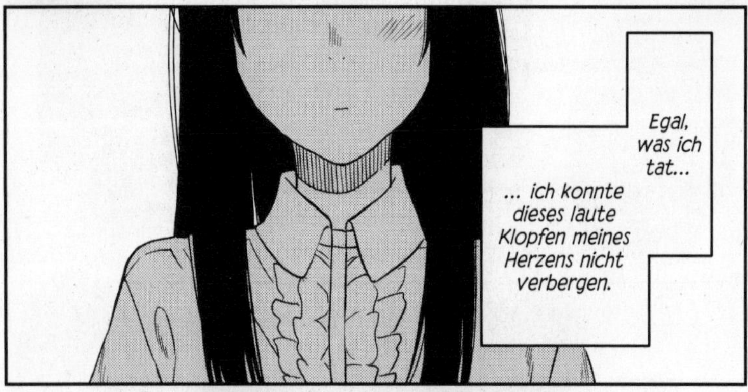
Egal, was ich tat...
... ich konnte dieses laute Klopfen meines Herzens nicht verbergen.

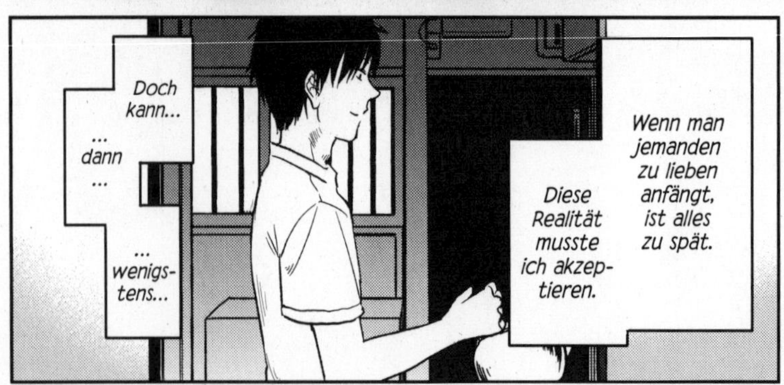
Wenn man jemanden zu lieben anfängt, ist alles zu spät.
Diese Realität musste ich akzep- tieren.
Doch kann...
... dann ...
... wenigs- tens...

... bevor es für meine Gefühle komplett zu spät ist...

... bevor mein Herz sich nie wieder von diesem Menschen lösen kann...

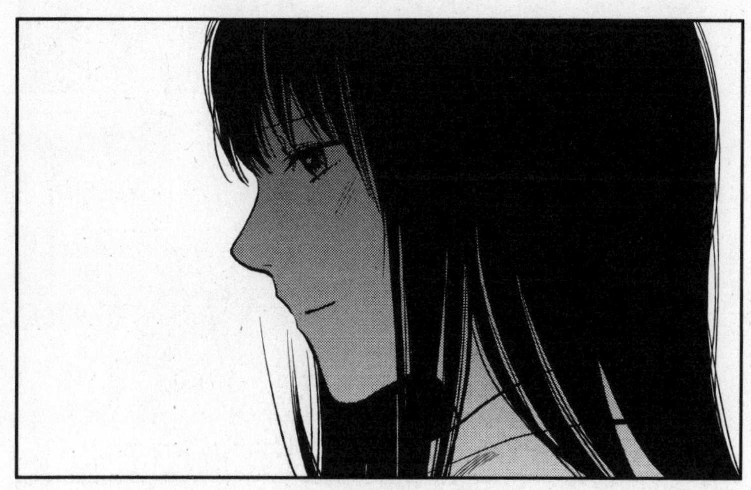

... kann Kusunoki bitte...

... so schnell wie möglich sterben?

Bonus – Ein kleiner Wunsch – Ende

Ich habe mein
Leben für
10.000 Yen
pro Jahr
verkauft

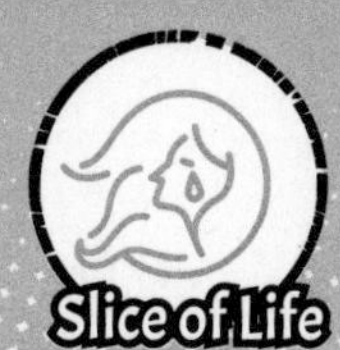

Tatsuki Fujimoto
LOOK BACK

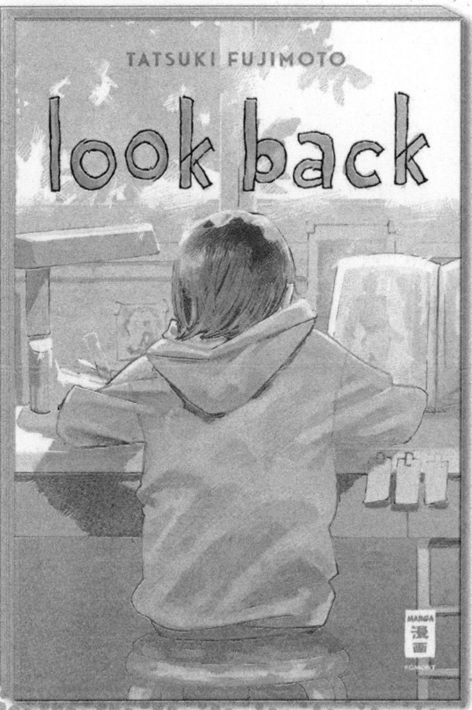

Seit frühester Kindheit verbringt Fujino ihre Zeit am liebsten mit Zeichnen. Für ihre Comicstrips in der Schülerzeitung wird sie von ihren Mitschüler:innen gefeiert. Eines Tages erfährt Fujino, dass auch die talentierte Kyomoto, eine Schülerin, die wegen ihrer Agoraphobie das Haus nie verlässt, für die Zeitung zeichnen möchte. Von der unerwarteten Konkurrenz angespornt gibt Fujino alles, um eine bessere Künstlerin zu werden. Doch wie sich herausstellt, ist Kyomoto ein begeisterter Fan von Fujinos Werken...

Look Back

Einzelband ISBN 978-3-7555-0093-3
€ 10,00 [D]

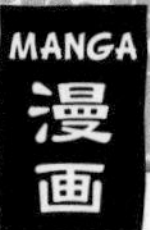

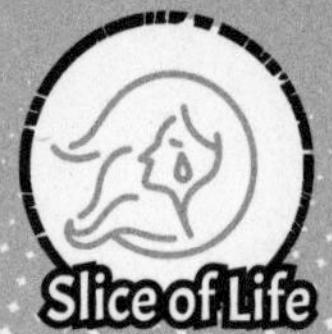
Slice of Life

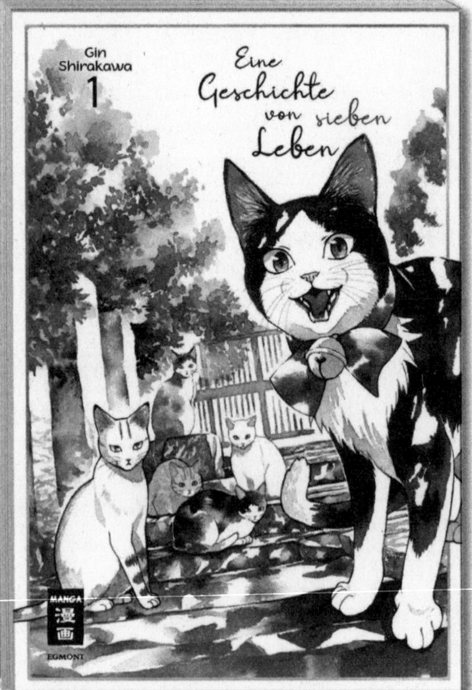
Gin
Shirakawa
1
Eine Geschichte von sieben Leben
MANGA
漫画
EGMONT

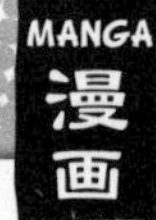
MANGA
漫画

Romance

Makoto Shinkai / Ranmaru Kotone

YOUR NAME.

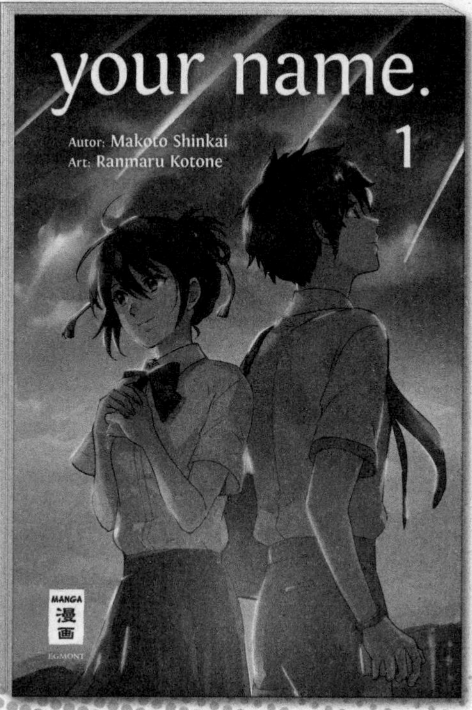

Die Oberschülerin Mitsuha lebt in einem kleinen Dorf in den Bergen und sehnt sich nach einem aufregenden Leben in einer Großstadt. Eines Tages träumt sie, dass sie zu einem Jungen wird, der in der Stadt lebt. Doch auch der in Tokio wohnende Oberschüler Taki hat merkwürdige Träume. Träume, in denen er als Oberschülerin in einem unbekannten Dorf in den Bergen lebt. Was für ein Geheimnis steckt hinter den Träumen der beiden?

Die fantastische Geschichte über ein Mädchen und einen Jungen, deren Schicksal unweigerlich miteinander verbunden ist, nimmt ihren Lauf.

your name. 01
ISBN 978-3-7704-9634-1
€ 7,50 [D]

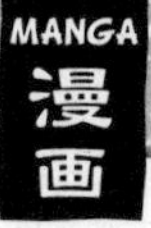

www.egmont-manga.de

EGMONT

Mystery

Miaki Sugaru
Yuuki Hotate
PARASITE IN LOVE

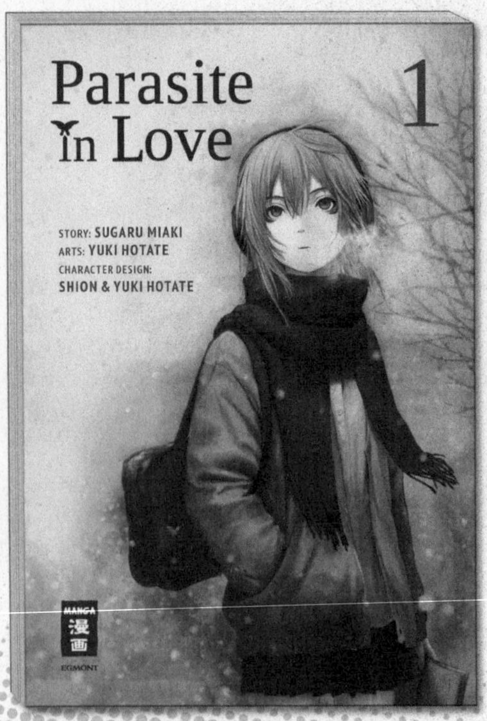

Die Angst vor Keimen hat den arbeitslosen Kengo in die Isolation getrieben. Dem Programmieren von digitalen Viren hingegen widmet er sich mit Hingabe. Kengos Leben ändert sich schlagartig, als ein mysteriöser Fremder vor seiner Tür steht und droht, ihn auffliegen zu lassen, sollte es ihm nicht gelingen, einen Zugang zu Schulschwänzerin Sanagi zu finden. Die 17-Jährige leidet an einer sozialen Phobie und hat ein ausgeprägtes Interesse an Insekten, doch haben die beiden vielleicht mehr gemeinsam, als sie glauben?

Parasite in Love 01

Band 1 ISBN 978-3-7704-3821-1

€ 7,50 [D]

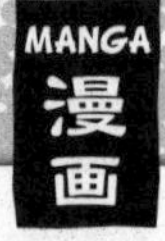

www.egmont-manga.de

EGMONT

Miaki Sugaru / loundraw

AZURE & CLAUDE

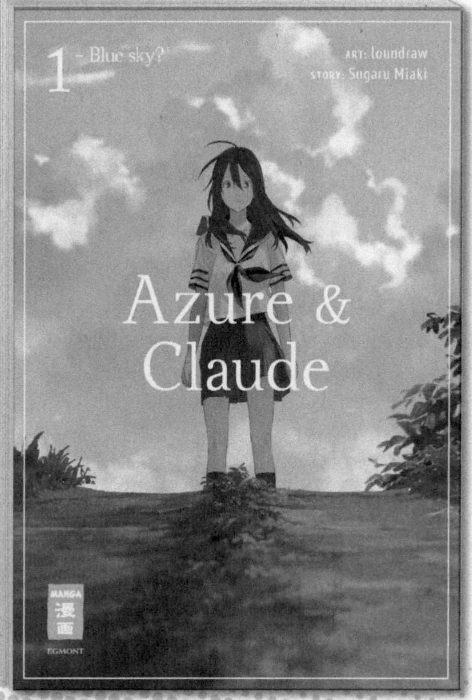

An seinem zwanzigsten Geburtstag wacht ein junger Mann mit der Fähigkeit auf, die Körper anderer Menschen zu kontrollieren. Seitdem führt er Aufträge aus, die die Inszenierung von vermeintlichen Selbstmorden beinhalten. Doch seine nächste Zielperson kann sich nicht nur seiner Kontrolle entziehen, die junge Frau scheint auch viel mehr über ihn zu wissen, als er denkt! Was muss er tun, um seinen Auftrag ausführen zu können?

Azure & Claude 01

ISBN 978-3-7704-4172-3

€ 7,00 [D]

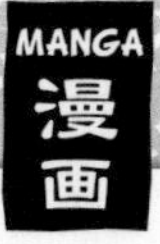

„Ich habe mein Leben für 10.000 Yen pro Jahr verkauft 03"
von Sugaru Miaki
MEDIA WORKS BUNKO "MIKKAKAN NO KOFUKU"
Character design : E9L · Shouichi Taguchi
Aus dem Japanischen von Cordelia Suzuki
Originaltitel: „JYUMYO WO KAITOTTE MORATTA. ICHINEN NI TSUKI, ICHIMANEN DE." Vol. 3

Originalausgabe:
JYUMYO WO KAITOTTE MORATTA. ICHINEN NI TSUKI, ICHIMANEN DE.

First published in Japan in 2016 by SHUEISHA Inc., Tokyo.
German translation rights in Germany, Austria and German-speaking Switzerland arranged by SHUEISHA Inc. through VME PLB SAS, France.

Deutschsprachige Ausgabe:

verlegt durch Egmont Verlagsgesellschaften mbH,
Ritterstrasse 26, 10969 Berlin

4. Auflage 2024
Verantwortliche Redakteurin: Inga Wurzbach
Gestaltung: Sonnenfisch Productions – Laura Bartels
Koordination: Angelika Schönhuber
Printed in the EU
ISBN 978-3-7704-2710-9

SUTOPPU!

**Koko wa kono manga no owari dayo.
Hantaigawa kara yomihajimete ne!
Dewa omatase shimashita!
Tanoshii hitotoki wo dozo!**

Egmont-Manga-Chiimu

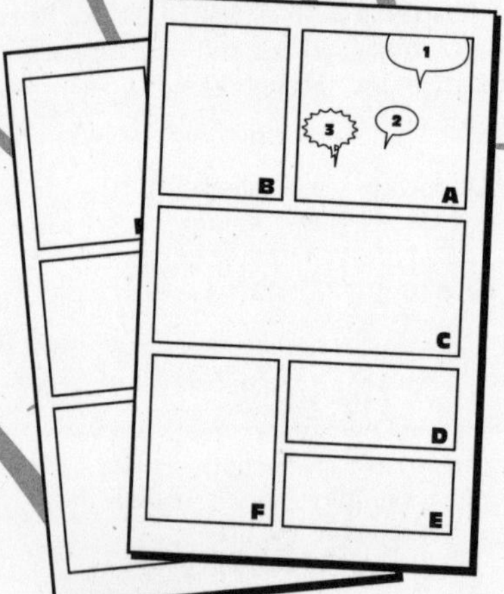

STOPP!

**Das ist der Schluss des Mangas.
Fangt bitte am anderen Ende an!
Und nun genug der Vorrede,
viel Spaß beim Lesen!**

Euer Egmont-Manga-Team